REI

«Emily es una gran estudiosa de la meditación, pero eso no impide que su método sea sumamente desenfadado, divertido y entretenido. *Rendir más con menos estrés* es de todo menos aburrido, y es posible que incluso te cambie la vida».

Dr. Andrew Huberman, catedrático de Neurobiología
en la Facultad de Medicina de la Universidad de Stanford

«Llevo más de dos décadas trabajando con atletas olímpicos y emprendedores, y me gusta elegir bien a los profesionales a los que derivo a mis clientes. Emily Fletcher ocupa un puesto destacado en mi lista porque su sistema funciona. Eleva los beneficios de la meditación a un nivel totalmente nuevo, pero sin amedrentar a los principiantes. ¡Invierte en ti mismo!».

Todd Herman, *coach* deportivo de atletas olímpicos
y autor de *The Alter Ego Effect*

«Deseo de todo corazón que la gente lea y adopte la práctica que Emily Fletcher enseña con tanta elegancia en *Rendir más con menos estrés*. Cuanto menos estrés tengas en tu vida, menos estrés les transmitirás a tus hijos».

Dra. Shefali Tsabary, autora de *Padres conscientes*

«He conocido a miles de instructores de meditación y Emily Fletcher destaca entre todos ellos. Su manera de enseñar, su intelecto y su encanto elevan los conceptos de mindfulness y meditación a nuevas cotas. Si deseas incorporar la meditación a tu vida, te recomiendo que leas este libro y estudies con Emily».

Vishen Lakhiani, fundador y director general
de Mindvalley y autor superventas del *New York Times* con
su libro *El código de las mentes extraordinarias*

«Tal como se enseña en *Rendir más con menos estrés*, la prodigiosa Técnica Ziva de Emily Fletcher se adapta al momento vital en el que cada uno de nosotros nos encontramos y nos ayuda a explotar todo nuestro potencial creativo, tanto a nivel personal como profesional».

Michael Bernard Beckwith, escritor superventas
y fundador de Agape International Spiritual Center

«Yo les prescribo a mis pacientes el tipo de meditación que Emily enseña para ayudarles a optimizar su salud mental y física. Incluso hemos invitado a Emily a Parsley Health para que forme a nuestros médicos. Ella hace que la meditación sea accesible para todo el mundo. De todos los que he probado (y he probado muchos), su estilo es el más sencillo de integrar en una vida ajetreada».

Dra. ROBIN BERZIN, directora general de Parsley Health

«Este libro tiene todos los ingredientes para que puedas lograr lo que no creías posible: dos sesiones de quince minutos al día se traducen en una mayor productividad, una mejor toma de decisiones y una superior calidad del sueño. También te hace ser más consciente, algo que puede tener un impacto positivo en las decisiones que tomas con respecto a la alimentación, todo lo cual es bueno para ti y para el mundo».

Dra. GUNHILD STORDALEN, presidenta de EAT Foundation

«Este libro es el antídoto para la mentalidad caótica actual. Emily le aporta cordura a tu día a día y paz a todos los aspectos de tu vida, […] sin que tengas que abandonar tus sueños ni tus aspiraciones. Es una lectura fantástica».

PEDRAM SHOJAI, médico especialista
en medicina tradicional china, autor superventas
del *New York Times* con su libro *El monje urbano*

Rendir más con menos estrés

MEDITACIÓN PARA CONSEGUIR
RESULTADOS EXTRAORDINARIOS

Emily Fletcher

Título original: *Stress Less, Accomplish More*

Traducción: Ainhoa Segura Alcalde

Diseño de cubierta: equipo Alfaomega

© 2019, Emily Fletcher
Publicado por acuerdo con DeFiore and Company Literary Management,
Inc, Nueva York, EE.UU.

De la presente edición en castellano:
© Gaia Ediciones, Distribuciones Alfaomega S.L., 2019
 Alquimia, 6 - 28933 Móstoles (Madrid) - España
 Tels.: 91 614 53 46 - 91 614 58 49
 www.alfaomega.es - E-mail: alfaomega@alfaomega.es

Primera edición: marzo de 2020

Depósito legal: M. 1.794-2020
I.S.B.N.: 978-84-8445-840-1

Impreso en España por: Artes Gráficas COFÁS, S.A. - Móstoles (Madrid)

Este libro está dedicado a todos aquellos que han «probado la meditación» y han sentido que han fracasado.

Tú no eres un meditador fracasado; es que todavía no te han enseñado a meditar.

Este libro lo hará.

Índice

Prólogo

CUANDO CONOCÍ A EMILY, ambos estábamos participando como ponentes en un evento celebrado en Grecia. Mientras ella me explicaba su práctica de meditación, yo pensaba: «Sé de lo que hablas. He estudiado budismo zen. He hecho retiros. He llegado a meditar doce horas al día. También he sido profesor de yoga y sigo siendo un practicante asiduo. Sé lo que hay que hacer para disfrutar de una buena salud». Creía que tenía el estrés bajo control, pero sus palabras despertaron mi curiosidad.

Cuanto más escuchaba a Emily, más consciente era de que estaba hablando de algo distinto, de algo más profundo, más poderoso y potencialmente transformador. Lo que verdaderamente captó mi atención fue su insistencia en que se podía rendir más haciendo menos.

Por supuesto, la idea de arañarle más tiempo a mi jornada, aunque solo fueran quince minutos dos veces al día, me parecía una locura. Llevo una vida extremadamente ajetreada: además de ser médico, escritor y padre, doy conferencias y colaboro en numerosos programas de televisión de forma regular. Incorporar una obligación más a mi agenda se me antojaba imposible.

Pero Emily es una persona muy persuasiva. Accedí a probar su método mientras estábamos en Grecia y me sorprendió lo mucho que esta forma de meditación difería de todo lo que yo había hecho en el pasado. Decidí apuntarme a las clases que imparte en su centro, Ziva Meditation, y enseguida comencé a dormir mejor, aunque eso solo constituía una pequeña parte de los beneficios. También noté que podía pensar con más claridad, me concentraba con mayor facilidad e incluso empezaba a disponer de más tiempo libre. No me di cuenta de que estaba tenso y estresado... hasta que dejé de estarlo.

Los resultados me intrigaron tanto que resolví comprometerme otro mes más, simplemente para ver qué ocurría.

Decir que me asombró lo que el estilo de meditación de Emily hizo por mí es quedarme corto. Yo no era consciente de que estaba estresado y tenso; no creía estar nervioso. Y estaba rindiendo a un gran nivel. Pero tras solo dos meses me sentía más feliz, más calmado y menos tenso. Actualmente dispongo de mucha más energía. Y si no duermo bien, puedo practicar la Técnica Ziva y me siento tan fresco como si acabara de dormir una larga siesta. Antes solía llegar agotado al final de la jornada, pero ahora, tras mi segunda meditación, recupero las fuerzas y me siento capaz de salir por las noches y divertirme. A cambio de los pocos minutos que dedico a meditar cada día, obtengo al menos tres horas adicionales de concentración y buen rendimiento. Los beneficios de la meditación impregnan todo lo que hago.

Quizá el aspecto más sorprendente del enfoque de Emily es lo sencillo y accesible que es. Se trata de un tipo de meditación que se puede practicar a cualquier hora y en cualquier lugar. No es necesario dejar la mente en blanco, quemar incienso ni estar solo en el bosque. Yo he meditado en salas de reuniones, en aparcamientos, en aviones..., en cualquier sitio. Cuando les hablo a mis pacientes de Ziva, les digo: «Uno no se da cuenta de lo mal que está hasta que empieza a encontrarse mejor. Y no sabe de lo que es capaz hasta que prueba esta técnica».

Animo a todo el mundo a que pruebe la Técnica Ziva. Yo reconozco que no puedo vivir sin ella. Ahora no tengo tiempo para *no* meditar.

«Rendir más con menos estrés». Funciona, créeme.

DR. MARK HYMAN
Director del Center for Functional Medicine de la Cleveland Clinic y autor de
Food: What the Heck Shoud I Eat? y otros once libros superventas

Prefacio

COMO NEUROCIENTÍFICO INTERESADO también en temas de «bienestar» (sustituto moderno y menos vergonzante del término *autoayuda*), me encuentro en una posición estratégica interesante aunque en cierta medida incómoda. Por un lado, estoy siendo testigo del comienzo de una era nueva y excitante en la que la ciencia participa en el desarrollo de unas prácticas verdaderamente útiles para la mejora de la vida humana. Por otro, también puedo advertir el mal uso que a menudo se hace de la palabra *ciencia* como instrumento publicitario para vender cualquier cosa, desde suplementos hasta técnicas respiratorias esotéricas o interfaces cerebro-ordenador. Para que quede claro: en las distintas parcelas del ámbito del bienestar están apareciendo herramientas muy interesantes e incluso eficaces, pero la mayoría carece de los elementos esenciales que yo, personalmente, querría ver antes de invertir tiempo, energía y dinero en ellas.

Estos requisitos son:

1. Rigor descriptivo. He de saber qué implica la práctica.
2. Valor predictivo. He de saber qué esperar de ella durante y después (dentro de lo posible).
3. Viabilidad. Necesito una descripción precisa de qué hacer, cuándo hacerlo y cómo.
4. Propiedades transformadoras. Los resultados tienen que producir cambios sustanciales y positivos.

Estos requisitos podrían parecer exagerados, pero creo que es razonable pedirles a todos esos autodenominados maestros, *coaches*, gurús y personalidades de Internet dedicados a estos temas que los cumplan. Así que cuando oí que una tal Emily Fletcher iba a dar una charla sobre meditación en un congreso al que yo asistía, pensé que sería una pérdida de tiempo. Otra «yogui» estadounidense más. No, gracias. Afortunadamente para mí, la conexión a Internet solo funcionaba dentro del salón de actos, por lo que decidí revisar mi correo electrónico allí mientras Emily hablaba sobre el escenario.

Al echar la vista atrás me alegro muchísimo de haber tomado esa decisión. Las palabras de Emily —«Los neurocientíficos están descubriendo ahora lo que los meditadores saben desde hace miles de años: ¡que la meditación mejora el cerebro!»— captaron mi atención. En el fondo, las sentí como un ataque. Pero seguí escuchando, y al cabo de un rato comencé a pensar: «Esta mujer sabe de lo que habla». Para empezar, Emily posee la habilidad única de convertir una práctica tan «relajada» como la meditación en algo muy emocionante, al tiempo que la fundamenta tanto en sus raíces ancestrales como en investigaciones científicas actuales. Es conocedora de la jerga clásica, pero no le da miedo utilizar definiciones sencillas para explicar los distintos términos que rodean a la meditación y el mindfulness, lo que resulta tremendamente útil, y es que hoy en día la palabra *meditación* parece aplicarse a toda actividad que se realice con los ojos cerrados, con excepción de dormir y estar en coma. Y la definición de mindfulness es todavía más ambigua. Emily tiene un enfoque distinto y mucho más organizado. *Rendir más con menos estrés* enseña que el mindfulness se ocupa del presente, mientras que la meditación se encarga de liberar el estrés del pasado. Incluso concreta la manifestación (una palabra con la que, sinceramente, nunca me he sentido muy cómodo) en un conjunto de prácticos pasos. El que uno esté de acuerdo con estas definiciones no es tan importante como el hecho de que, al exponerlas, Emily derriba esa gran barrera que nos impide comprometernos con una práctica diaria.

En *Rendir más con menos estrés* se establece un porqué para cada una de las fases que componen la técnica. Todos esos increíbles beneficios de la práctica regular de la meditación de los que la gente habla —dormir mejor, un ánimo más relajado, menor reactividad, mejor vida sexual, etc.— están ahí, pero en esta obra Emily explica qué puedes esperar durante la práctica propiamente dicha. Es una herramienta única y muy poderosa que no requiere que pases diez días sentado en completo silencio. Aquí de lo que se trata es de dar pequeños pasos cada día para lograr unos beneficios grandes y específicos. Y ella te enseña cómo hacerlo.

Ahora, tres años después de haber oído hablar a Emily y de haber aprendido la Técnica Ziva, me he dado cuenta de lo equivocado que estaba: Emily no era una de esas estadounidenses que habían pasado una temporada en la India, habían aprendido un poco de jerga, habían hecho unos cuantos estiramientos y habían regresado a casa para contárnoslo. Emily es una estudiosa de la meditación, y nos explica qué son exactamente la meditación antigua y la moderna, cómo funcionan ambas y, lo que es más importante, qué pueden hacer por ti. En *Rendir más con menos estrés* encontrarás todo lo que necesitas saber sobre la meditación (el requisito número uno de mi lista), qué puedes esperar en cada fase (número dos), cómo llevar la teoría a la práctica (número tres) y algunos de los muchos beneficios increíbles que esta disciplina proporciona (número cuatro). De alguna forma (¿quizá por su experiencia en Broadway?), Emily también logra que el proceso sea sumamente desenfadado, divertido y entretenido. Eso no figuraba en mi lista de requisitos, pero quizá debería añadir un quinto punto, porque, como pronto descubrirás, *Rendir más con menos estrés* es de todo menos aburrido, y es posible que incluso te cambie la vida.

DR. ANDREW HUBERMAN
Profesor titular de Neurobiología, Facultad de Medicina
de la Universidad de Stanford

Introducción

QUIZÁ ESTÉS PENSANDO: «¿Yo? ¿Meditar?». Eso es lo que yo pensaba también. Cuando tu juventud transcurre en el Florida Panhandle[1] no es muy probable que entres en contacto con ningún tipo de meditación. Participé en concursos de belleza, canté el himno nacional en la inauguración de un hipermercado y acudí a multitud de fiestas. Pero ¿meditar? Eso jamás se me pasó por la cabeza.

A los veintisiete años estaba actuando en la obra *A Chorus Line*, en Broadway, como suplente de tres de los papeles principales. Actuar en Broadway había sido mi sueño desde que era niña, pero la realidad se había convertido en una pesadilla. Si no quedaba contenta con mi interpretación, me angustiaba. Mi ansiedad no dejaba de aumentar, no podía dormir y, a pesar de tener solo veintisiete años, habían empezado a salirme canas. Enfermaba o me lesionaba con frecuencia. Ahí estaba yo, viviendo mi sueño, haciendo lo único que había deseado hacer desde que tenía nueve años, y sintiéndome desgraciada. Se suponía que Broadway debía ser alborozo, rosas y martinis con Liza. En lugar de ello, mi experiencia en el Great White Way[2] consistía en

---

[1] Florida Panhandle o Mango de Florida es el nombre por el que se conoce la parte más noroccidental del estado de Florida debido a su forma, que recuerda al mango de una sartén (*panhandle* en inglés). En Estados Unidos hay otras zonas que también reciben este nombre por el mismo motivo, como, por ejemplo, el Mango de Alaska o el Mango de Texas *(N. de la T.)*.

[2] Great White Way ('Gran Paseo Blanco') es el término que a principios del siglo xx se le dio a la avenida Broadway de Manhattan por ser una de las primeras calles iluminadas

compartir habitación en pisos demasiado caros, comer atún directamente de la lata y quejarme de mis juanetes.

Un día estaba en el camerino observando a otra actriz llamada Deonne. Ella tenía que saberse cinco de los papeles principales, pero, a diferencia de mí, se mostraba completamente tranquila y centrada. Era una persona chispeante y muy agradable. Cada canción que cantaba era una celebración. Cada baile que ejecutaba rebosaba alegría. Disfrutaba de cada bocado de comida como si fuera el último. Le pregunté cuál era su secreto y ella me respondió: «Medito».

Puse los ojos en blanco, convencida de que yo sería incapaz siquiera de intentarlo. Por entonces no había tantos estudios neurocientíficos sobre el tema como en la actualidad, por lo que me resultaba difícil comprender que algo como la meditación pudiera tener un impacto tan radical en su rendimiento. Pero yo continuaba empeorando. Llevaba más de un año y medio sin poder dormir toda una noche seguida, lo que estaba afectando enormemente a mi trabajo. Llegó un punto en el que me sentía tan avergonzada por mis mediocres actuaciones que me di cuenta de que tenía que hacer algo. Deonne comentó que su profesor de meditación estaba en la ciudad y me pidió que asistiera con ella a una charla de presentación. Todo lo que el profesor dijo parecía tener sentido, sonaba prometedor. Me apunté al curso. Al cabo de tan solo dos horas de formación, ya estaba «meditando», es decir, me hallaba en un estado de conciencia desconocido para mí, ¡y lo cierto es que me gustó!

Esa noche dormí del tirón por primera vez en dieciocho meses. Esto ocurrió hace más de diez años y desde entonces no he vuelto a padecer insomnio. Dejé de enfermar y dejaron de salirme canas (de hecho, mi cabello recuperó su tono natural), pero lo mejor de todo es que volví a disfrutar de mi trabajo y progresé mucho en él. Dejé de buscar la aceptación y la aprobación del público, lo que, paradójicamente, me llevó a convertirme en una mejor intérprete. Siempre estaba preparada y por fin fui capaz de salir al escenario tranquila y confiada, lo que me hizo pensar: «Un momento, ¿por qué no todo el mundo hace esto?».

---

con luz eléctrica. Hoy en día se la sigue llamando de esta manera por las miles de luces que adornan las marquesinas de los teatros *(N. de la T.)*.

Fue entonces cuando decidí enseñar a meditar. Abandoné Broadway y me marché a la India, donde comencé lo que acabaría siendo un proceso de formación de tres años para convertirme en profesora. No, no estuve en la India todo ese tiempo. No soy tan fanática. Esta experiencia resultó ser la más creativa y gratificante de mi vida. Cuando cuento mi historia, la gente siempre me pregunta cómo pude abandonar una carrera artística exitosa para arriesgarme a fundar Ziva Meditation. La respuesta es sencillamente que mis objetivos vitales se hicieron mucho más patentes cuando comencé a meditar a diario. Descubrí una energía y una percepción que ignoraba que tenía. Este libro te dará acceso a esta herramienta tan increíblemente poderosa. Te permitirá encontrar la misma conexión interior que mis más de doce mil alumnos y yo logramos dos veces al día. Aprenderás a mejorar tu rendimiento eliminando el estrés, aumentando tu energía y tu determinación, y, a la larga, aprenderás también a gestionar mejor tu vida.

» Este no es el típico libro de meditación

Antes de seguir adelante, me gustaría aclarar una cosa. Este no es otro de esos libros de meditación en los que se ensalzan los beneficios de los estados más profundos de la conciencia sin proporcionar verdaderas herramientas para acceder a ellos. Este libro está enfocado a lograr actuaciones extraordinarias. Y no me refiero solo a actuaciones artísticas. Este libro te ayudará a aumentar tu rendimiento, tanto a nivel personal como profesional, independientemente de cuál sea tu ocupación. No solo comprenderás en qué forma el estrés puede estar minando tu productividad, sino que, lo que es más importante, te facilitará herramientas prácticas que podrás comenzar a utilizar a diario para erradicar ese estrés y empezar a mejorar tu cerebro, tu cuerpo y, en definitiva, tu vida.

En las páginas siguientes te enseñaré una técnica específica que podrás poner en práctica por tu cuenta. Se trata de la Técnica Z —una adaptación de lo que yo misma enseño en nuestro centro de Nueva York y en nuestro curso virtual de quince días de duración, zivaON-LINE—, diseñada para asistirte en el trabajo y en la vida. Los pasos que aquí describo están concebidos específicamente para individuos emprendedores comprometidos con la mejora del rendimiento y con la excelencia. Tanto si te dedicas a cerrar tratos como a abrir vasos para bebés, la Técnica Z te aportará una agudeza mental que te ayudará a innovar y a adaptarte al ritmo que marca la tecnología. Invirtiendo en ti mismo quince minutos dos veces al día puedes transformar drásticamente tu actitud y tu productividad. Además de enseñarte una práctica diaria, al final de varios de los capítulos encontrarás unos ejercicios que podrás utilizar a la hora de afrontar ciertos desafíos y también para calibrar tus progresos.

Quizá te hayas dado cuenta de que, en poco tiempo, la meditación ha pasado de ser una actividad marginal a una práctica habitual entre los altos ejecutivos en Occidente y quieras averiguar el porqué. O puede que hayas probado a meditar en el pasado y abandonaras porque no conseguías dejar la mente en blanco o porque no te resultaba fácil encontrar un hueco en tu complicada agenda. También es posible que la meditación no te interese, pero que sí quieras dar con una herramienta capaz de mejorar la productividad y el rendimiento a la vez que reduce el estrés.

Sea cual sea el caso, estás en el lugar adecuado. *Rendir más con menos estrés* está pensado para servir de introducción no solo a la meditación, sino a los tres instrumentos mentales que componen la Técnica Ziva: mindfulness, meditación y manifestación. En este libro encontrarás una explicación de lo que son y de la ciencia que sustenta su funcionamiento como herramientas que potencian las funciones cognitivas y la creatividad al tiempo que eliminan el estrés y mejoran la salud mental y física en general.

En lo que a la meditación se refiere, actualmente existen más de seis mil estudios científicos revisados por pares al respecto. En las páginas siguientes te hablaré de los más interesantes, entre ellos algunos llevados a cabo en la Facultad de Medicina de Harvard, de Stanford y de la Universidad de Wake Forest, y te mostraré de qué manera estos hallazgos recientes afectan a tu ajetreada vida. Gracias a estos estudios se han descubierto beneficios físicos verificables a nivel médico, y nuevos análisis científicos apuntan a las ventajas neurológicas que aporta la meditación en términos de agudeza mental. Todos los hallazgos confirman lo que yo he observado en mis alumnos y lo que tú puedes experimentar si lees este libro y llevas a la práctica las técnicas que aprenderás en las siguientes páginas: la meditación puede hacer que disfrutes de un sueño más profundo y reparador y que dispongas de más energía a lo largo del día; te hará sentir más conectado, menos tenso y te capacitará para actuar de manera más juiciosa en situaciones complicadas; te ayudará a mejorar tus relaciones; ¡e incluso a disfrutar de un mejor sexo! Una de mis estudiantes comparó la meditación con utilizar unas gafas para leer que no sabía que necesitaba: de repente, la vida se ve más nítida.

Muchos de mis alumnos habían probado la meditación en el pasado, pero la habían abandonado por distintas razones. Con la Técnica Ziva, estas mismas personas han sido capaces de retomarla sin sentir culpa por sus fracasos anteriores ni por los límites de un sistema o una comunidad demasiado rígidos. Mi objetivo es que en el mundo no quede ni un solo exmeditador. Con esto quiero decir que lo que pretendo es proporcionarles a todos los que un día se sintieron como meditadores fracasados —por estar «muy ocupados» o no ser capaces de «dejar la mente en blanco»— el conocimiento que necesitan para evaluar sus progresos con precisión y una práctica que de verdad hará que el tiempo invertido en ella merezca la pena. A lo largo del libro te iré guiando mientras vas creando una práctica autónoma que se pueda integrar fácilmente en cualquier tipo de agenda, por repleta que esté. No hacen falta aplicaciones, ni auriculares inalámbricos, ni cristales, ni incienso ni llevar caftán. Como ya he dicho, la Técnica Z es una versión más ligera de la Técnica Ziva que enseño en mi centro y *online*; se trata de una manera sencilla de acondicionar el cuerpo y la mente para conseguir un mayor rendimiento. Da igual si este es tu primer acercamiento al mundo de la meditación o si llevas años practicándola; esta obra es tanto un punto de partida perfecto como un curso recordatorio para que aprendas a desarrollar todo tu potencial. Si eres alérgico a la palabra *meditación*, no llames así a esto; simplemente prueba la Técnica Z y observa cómo te sientes. Si llevas años meditando, pero te parece una práctica demasiado rígida o no estás obteniendo los beneficios que te gustaría, prueba la Técnica Z y fíjate si aprecias alguna diferencia.

No importa cuál sea tu profesión, tu meta, tu religión, tu área de especialización o tu experiencia. La meditación no es sino una herramienta que te ayudará a alcanzar tus objetivos, nunca el objetivo en sí misma. Su fundamento es el siguiente: meditamos para que se nos dé bien vivir, no para que se nos dé bien meditar.

Si quieres rendir más —eliminar los efectos del estrés, incrementar tu energía mental, mejorar tu salud física, expandir tu creatividad y afinar tu intuición—, estás en el lugar adecuado. Todo lo que necesitas es el deseo de mejorar tu vida y dos períodos diarios de quince minutos. ¿Estás preparado para invertir en ti mismo?

» 1 «
¿Por qué meditar?

«NO PUEDO MEDITAR».

Esta es la cantinela más repetida entre los aspirantes a meditadores que acuden a mí. Para algunos, «no puedo meditar» significa «quiero meditar, pero, en serio, ¿has visto mi agenda?». Para otros, «no puedo meditar» es una expresión bastante más literal: «He intentado meditar, pero soy incapaz de dejar la mente en blanco».

Ambos tipos de personas suelen tener un deseo muy sincero de practicar la meditación. Ambos tipos de personas creen que la meditación no es una opción viable para ellos. Y ambos tipos de personas están equivocados.

La discrepancia tiene su origen en una concepción cultural errónea del término *meditación*. Sospecho que hay alguien por ahí diciéndole a la gente que para meditar es necesario dejar la mente en blanco. Me encantaría dar con ese individuo y enseñarle a meditar. Aunque es posible acceder a distintos niveles de conciencia, y el ser humano es la única especie capaz de hacer esto a voluntad, el objetivo de la meditación no es dejar la mente en blanco. Yo diría que el «objetivo» de la meditación es poder disfrutar de una buena vida. Así que si ya has probado a meditar y te has sentido frustrado porque no hacías más que pensar en esto o aquello, tengo para ti una noticia estupenda: igual que el corazón late de manera involuntaria, la mente piensa de manera involuntaria. Una vez más, para que se te quede grabado: igual que el corazón late de manera involuntaria, la mente piensa de manera involuntaria. Solo por gusto, tómate un par de segundos y ordénale a tu corazón que deje de latir.

Si estás leyendo esto, asumiré que no lo has conseguido. Nos resulta fácil comprender que es inútil tratar de impedir que el corazón lata y aun así seguimos intentando que la mente deje de pensar. Es entonces cuando sentimos que hemos fracasado y abandonamos la meditación. ¿Quién quiere seguir probando algo que constantemente le hace sentir que está fracasando? Aquellos que piensan que un tipo de meditación no cumple sus expectativas, requiere demasiado tiempo o es demasiado difícil a menudo rechazan cualquier cosa que se llame igual. Sin embargo, lo mejor de la Técnica Z es que, además de ser una herramienta que te ayudará a aumentar el rendimiento en todas las áreas de tu vida, resulta prácticamente infalible. Este estilo de meditación es tan sencillo que, de hecho, tendrás que esforzarte para meter la pata. Combina esa sencillez con la circunstancia de que está científicamente probado que la meditación mejora casi todas las parcelas de la vida sin eliminar el carácter competitivo de la persona, y tengo la certeza de que tú también te convertirás en un meditador (o en un *exexmeditador*, si queremos complicar las cosas de verdad). Cuando dispones de una técnica pensada para ti y aprendes a evaluar tu práctica adecuadamente, la meditación se puede convertir en una parte muy placentera de tu rutina diaria.

Pero hay un problema: la palabra *meditación* hoy en día es como la palabra *comida*. Arándanos, perritos calientes, *sushi*, patatas fritas… Todos son alimentos, pero cada uno de ellos afecta a nuestro cuerpo de una forma completamente distinta. De igual manera, existen cientos de estilos diferentes de meditación, pero los occidentales tendemos a meterlos todos en el mismo saco a pesar de que cada una de esas técnicas incide de modos muy diversos en el cerebro y en el cuerpo.

Decir que no te gusta la meditación es como decir que no te gusta la comida. Imagina que vas a un restaurante y que al camarero le pides, simplemente, «comida». ¿Qué se supone que habría de servirte?

Dentro de la meditación existen numerosos estilos diferentes: mindfulness, zen, meditación trascendental, *Vipassana*, *Kundalini*, por poner unos pocos ejemplos. Algunas escuelas de pensamiento identifican únicamente cinco formas distintas; otras la desglosan en más de veinte. Para los fines de este libro dividiremos la meditación en tres categorías principales o, como a mí me gusta decir, en las tres emes: mindfulness, meditación y manifestación. De igual manera que comerte una hamburguesa tiene consecuencias distintas para tu cuerpo que beberte un batido de semillas de chía, los diversos tipos de meditación iluminan diferentes partes del cerebro y requieren distintos grados de esfuerzo y tiempo. Asimismo pueden tener diferentes niveles de efectividad en tu rendimiento fuera del cojín de meditación.

» ¿Qué estilo de meditación debería practicar?

Esta es una pregunta muy personal, una que en última instancia tendrás que responder por ti mismo. Yo haré todo lo que esté en mi mano para proporcionarte la información que necesitas para tomar una decisión razonada, basada en datos y en tu experiencia personal. En este libro aludiré con frecuencia a dos técnicas distintas: (1) la Técnica Ziva, que es la que enseño de manera presencial y en nuestro curso virtual zivaONLINE; y (2) la Técnica Z, que, insisto, es una adaptación de la Técnica Ziva. La Técnica Z combina la misma terna prodigiosa de mindfulness, meditación y manifestación, pero con un enfoque más suave y universal, ya que me es imposible proporcionar mantras individuales ni ofrecer formación ni orientación personalizadas como hago cuando trabajo cara a cara con alumnos.

Para empezar, vamos a aclarar las diferencias entre las tres emes que vas a estudiar en las siguientes páginas. Comenzaremos con las dos primeras: mindfulness y meditación. Mucha gente cree que son lo mismo e incluso utiliza los términos como sinónimos. Esto genera muchos problemas, especialmente ahora que ambas prácticas están ganando popularidad. Una de estas técnicas mentales fue concebida originalmente para monjes, mientras que la otra está dirigida a personas con mentes y vidas ajetreadas. Ahora que la meditación se está convirtiendo en una práctica generalizada, te será de gran utilidad conocer las diferencias entre las dos y adquirir un vocabulario específico para que no te sientas innecesariamente confuso ni frustrado.

El mindfulness es una práctica mental de «focalización», lo que quiere decir que durante el ejercicio has de contar con algún punto de concentración. Yo lo definiría como el arte de traer la conciencia al momento presente, y resulta muy efectivo para gestionar el estrés en el ahora.

MINDFULNESS: El arte de traer la conciencia al momento presente. Una herramienta muy efectiva para cambiar tu nivel de estrés en el ahora.

La mayoría de las prácticas de mindfulness están pensadas para ayudarte a traer la conciencia a tu cuerpo y al momento presente, lo que las convierte en recursos maravillosos para dejar de revisar constantemente el pasado y de ensayar el futuro. La confusión surge cuando la gente emplea la palabra *meditación* para referirse a algún tipo de ejercicio de mindfulness en el que la mente se enfoca en una dirección específica. Contar las respiraciones, visualizar, imaginar una cascada, escuchar un ejercicio guiado... todo esto serían distintas versiones del mindfulness. La mayoría de las aplicaciones de «meditación» o de los vídeos guiados de YouTube más populares son modalidades de mindfulness. Están muy bien y pueden ser sumamente útiles para cambiar tu estado mental en el ahora, pero yo utilizo el mindfulness como una pasarela hacia la meditación. Les proporciona a mis dinámicos alumnos algo que hacer con sus mentes ajetreadas mientras preparan el cuerpo para sumergirse en el descanso profundo y en la rendición que es la meditación. Yo veo el mindfulness como un aperitivo con respecto al plato principal de la Técnica Ziva: la meditación. El mindfulness es una herramienta magnífica para emplearla si estás estresado en el ahora y quieres sentirte mejor inmediatamente. Como cuando tienes dolor de cabeza y te tomas una aspirina, enseguida empiezas a notar sus efectos. Si estás estresado y escuchas un ejercicio guiado de mindfulness en tu teléfono móvil, te ayudará a sentirte mejor en el presente.

La meditación, como yo la defino, te ayuda a liberarte del estrés del pasado. Tu cuerpo lleva la cuenta de todas las noches que has permanecido despierto, de todos los bocados de comida rápida que has ingerido, de todos los chupitos de tequila que has tomado. Toda esa información está almacenada en la memoria celular. La meditación le proporciona al cuerpo un descanso profundo y sanador, un descanso que es, de hecho, más profundo que el procurado por el sueño. Cuando le concedes a tu organismo el descanso que necesita, él sabe cómo curarse a sí mismo. Una de las cosas de las que se cura es del estrés. Cuanto menos estrés tengas en el cuerpo, más sencillo será para ti rendir al máximo.

El estilo específico de meditación que enseño en Ziva tiene sus raíces en algo llamado *nishkama karma yoga*, un término sánscrito que significa 'alcanzar la unión mediante la inacción casi total'. Esta práctica tiene seis mil años de antigüedad y surgió de los Vedas, los ancestrales textos místicos originarios de la región del Himalaya. De los Vedas también proceden el yoga, la medicina ayurvédica, el *feng shui* y la acupuntura. El término *Veda* significa 'conocimiento', y este conocimiento es mil quinientos años más antiguo que la Gran Pirámide de Guiza; en otras palabras, no se trata de una pamplina *new age* ni de una moda hípster.

La meditación *nishkama karma* no requiere esfuerzo ni una concentración focalizada ni, afortunadamente, desvivirse para lograr «dejar la mente en blanco». Yo la veo como la «meditación del perezoso». En lugar de forzarse a uno mismo a entrar en un vacío cósmico, se le permite al cuerpo acceder a un estado de profunda relajación de una manera inocente y espontánea. Existe un elemento que ayuda a que esto ocurra; se llama mantra.

La palabra *mantra* también necesita algunas aclaraciones, ya que ha sido secuestrada por la industria del bienestar. Un mantra no es un eslogan. No es una afirmación del tipo «¡Soy una mujer fuerte y poderosa!» o «¡Merezco abundancia!». En realidad, un mantra —'vehículo de la mente', en sánscrito— es una palabra o un sonido que se utiliza a modo de anclaje para desexcitar el sistema nervioso, acceder a unos estados de conciencia más sutiles e inducir un descanso profundo y sanador.

VEDAS: Antiguos textos místicos originarios del norte de la India, concebidos para ayudar a los practicantes a encontrar la renovación, el equilibrio y la integridad de cuerpo, mente y espíritu. Son la interpretación humana de las leyes de la Naturaleza, no una doctrina ni un dogma.

MANTRA: Palabra formada por los vocablos sánscritos *man*, 'mente', y *tra*, 'vehículo'. Un mantra se utiliza a modo de anclaje para desexcitar el sistema nervioso, acceder a unos estados de conciencia más sutiles e inducir un descanso profundo y sanador.

En las clases presenciales, los alumnos reciben su propio mantra personalizado, que les ayuda a acceder a un cuarto estado verificable de conciencia que es diferente de la vigilia, el dormir o el soñar. En ese cuarto estado de conciencia le estás proporcionando al cuerpo un descanso entre dos y cinco veces más profundo que el sueño. En el capítulo 4 hallarás más información sobre la ciencia que sustenta este concepto. Una de las diferencias fundamentales entre nuestras clases presenciales, zivaONLINE y la Técnica Z son los mantras: qué tipos usamos en cada programa de formación y el tiempo que pasas en la fase de meditación. En zivaLIVE, que es presencial, se te da un sonido primordial, aunque carente de significado, personalizado; en zivaONLINE se enseña un protocolo para que puedas elegir tu propio mantra de una lista cerrada; en el caso de la Técnica Z, que ha de estudiarse por medio de un libro, emplearemos un mantra más ligero y universal para acceder a este descanso. Este descanso profundo luego te hará sentirte más despierto. Imagina una supersiesta reparadora, pero sin el aturdimiento posterior. Y en lugar de tener que estar una hora y media con los ojos cerrados, solo necesitarás quince minutos. Otra ventaja es que puedes llevar a cabo la práctica en tu silla de trabajo, en el tren o incluso mientras tus hijos alborotan en el cuarto de al lado. Mediante la desexcitación del sistema nervioso liberaremos el estrés antiguo que hemos estado acumulando en la memoria celular y genética. Cuando desexcitas algo, creas orden. Cuando creas orden en tus células, el estrés empieza a salir y a eliminarse, lo que le permite al cerebro dedicar más energía a la tarea que está realizando, en lugar de malgastarla tratando de gestionar viejas tensiones. Esta es una de las razones por las que los meditadores suelen hacer más cosas en menos tiempo.

La técnica concreta que aplicaremos en *Rendir más con menos estrés* fusiona prácticas ancestrales con la moderna neurociencia. Hay elementos de las tres emes sintetizados específicamente para gente emprendedora, gente que se dedica a perseguir sus sueños, cuya vida poco tiene que ver con una existencia aislada y monacal. Lo que aquí aprenderás está pensado para personas con mentes y vidas ajetreadas. **El mindfulness te ayuda a gestionar el estrés en el presente, la meditación elimina el estrés del pasado y la manifestación te ayuda a definir tus sueños de futuro.**

El mindfulness, en su forma actual, deriva de distintos estilos de meditación concebidos originalmente para monjes. Si tú crees que podrías ser monje, este libro no es para ti (aunque sospecho que las probabilidades de que quieras hacerte monje son remotas). Aquellos que viven en un monasterio contribuyen a la sociedad de una manera distinta al resto de la población; su vida está enteramente consagrada a la meditación. Esto supuso una novedad para mí cuando comencé a formarme. Yo creía que los monjes meditaban a un nivel tan avanzado que estarían vibrando o levitando a todas horas, pero la realidad es que, si permaneces en un estado meditativo todo el día, te puedes permitir una práctica más suave. El resto de los mortales, conocidos en la India como «cabezas de familia», es decir, gente con trabajo, hijos, empresas que dirigir y facturas que pagar, disponemos de menos tiempo para meditar. Necesitamos una técnica diseñada para nosotros, una que nos permita disfrutar de ese descanso profundo y sanador independientemente de las circunstancias externas. Aquí es donde entra en juego el mantra. Aprenderás un mantra universal como parte de la Técnica Z. Piensa en él como en un anclaje que te ayudará a acceder a un estado de conciencia menos excitado, como en la llave de la fuente de satisfacción ilimitada que está dentro de todos nosotros.

La Técnica Z está dirigida a los cabezas de familia: personas activas que hacemos cosas importantes en el plano físico. Eso no significa que no podamos interactuar con otro plano; simplemente quiere decir que no pasamos la mayor parte de nuestro tiempo en él. Este estilo nos permite obtener los máximos beneficios a cambio de un esfuerzo y un tiempo mínimos. Está pensado para personas dinámicas. Para mí, una persona dinámica es aquella que quiere ser mejor cada día, que quiere utilizar su talento para dejar el mundo mejor de lo que lo encontró. Sí, algunos trabajamos en entornos muy exigentes que generan mucho estrés, pero a todos nos gustaría llevar a cabo nuestra labor sin sucumbir a la presión y poder disfrutar de la vida.

PERSONA DINÁMICA: Alguien que quiere mejorar cada día, que desea dejar el mundo mejor de lo que lo encontró.

Por último, examinemos la tercera de las tres emes: manifestación. Manifestar es simplemente tener claro lo que quieres hacer con tu vida o estructurar tu existencia a tu gusto de manera consciente. Me sorprende que haya tantísimas personas que no dedican ni un minuto a concretar sus metas. Cuando les pido a mis alumnos que me describan el trabajo de sus sueños, a menudo se limitan a justificar sus empleos actuales. Cuando le pregunto a la gente cómo sería su relación ideal, con frecuencia obtengo tópicos imprecisos sobre el respeto y el sentido del humor. Pero al igual que a la hora de pedir en un restaurante, cuando se trata de nuestros sueños, hemos de ser específicos.

Casi nadie se toma el tiempo necesario para hacerle saber a la Naturaleza exactamente qué es lo que le gustaría lograr. Las herramientas de manifestación te ayudan a definir tus deseos para que empieces a actuar como si estuvieran de camino. Es como si le estuvieras pidiendo a la gran camarera cósmica del gran restaurante cósmico.

MANIFESTACIÓN: Diseñar una vida que te guste. El acto de ser agradecido por lo que tienes al tiempo que imaginas tus sueños como si estuvieran teniendo lugar ahora. El proceso de manifestación consta de distintas fases: 1. Dar gracias por lo que tienes. 2. Concretar tus objetivos. 3. Dedicar tiempo a imaginar un objetivo como si estuviera ocurriendo ahora. 4. No pensar en el resultado.

Este proceso tiene el efecto de reducir las distancias entre tus deseos y su materialización.

Quisiera dejar bien claro que la manifestación no tiene nada que ver con el «pensamiento mágico». No por desear algo se va a convertir en realidad. Hay que levantarse del sofá y actuar con determinación. La manifestación es reconocer que los pensamientos se convierten en cosas. Cuando aprendas la Técnica Z, practicarás la manifestación a diario inmediatamente después del profundo descanso y la conexión que proporciona la meditación, que es un momento muy propicio para crear.

La manifestación resulta tan efectiva en este punto porque la meditación te ayuda a acceder a ese cuarto estado verificable de conciencia que es diferente de la vigilia, el dormir o el soñar. En este cuarto estado de conciencia, los dos hemisferios del cerebro funcionan al unísono. Es un estado muy similar al de duermevela. Cada vez que el cerebro pasa de la vigilia al sueño, durante un corto intervalo de tiempo entra en este cuarto estado de conciencia que yo llamo «campo de dicha», al que también accederemos durante la fase de meditación de la Técnica Z.

Es bien sabido que visualizar tu vida ideal justo antes de quedarte dormido es una manera fantástica de acelerar la materialización de tus sueños. Neville Goddard trató este tema en su libro de 1944 *Sentir es el secreto*. El maravilloso regalo que te harás a ti mismo con tu doble práctica diaria es triplicar las oportunidades de plantar semillas para tu futuro.

Así como tienes más flexibilidad y puedes estirarte más después de hacer ejercicio, que es el momento en que los músculos están calientes y son maleables, la manifestación resulta más efectiva tras una sesión de meditación. Gracias a mi experiencia personal y a la obtenida como guía de miles de dinámicos alumnos, he descubierto que es mucho más provechoso practicar la meditación y la manifestación de manera conjunta que hacerlo por separado. Ya puedes pasarte todo el día meditando, pero si no dedicas tiempo a concretar tus metas, a la Naturaleza le resultará mucho más difícil traerte tu pedido. Del mismo modo, podrías hacer cientos de mapas de deseos y colgarlos por toda tu casa o poner en práctica *El secreto* día tras día, pero si tu cuerpo y tu mente están estresados, es posible que creas que no eres digno de tus sueños. No hay que olvidar que no conseguimos lo que queremos, sino lo que creemos que nos merecemos.

Existen algunas escuelas de pensamiento que sugieren que los deseos tienen un origen divino, que la manifestación en realidad precede al deseo. Esta idea implica que cuando deseas algo es porque la Naturaleza ya lo tenía preparado para ti. Es como cuando sientes una ráfaga de aire procedente del túnel del metro antes de oír el tren acercarse o ver sus luces, o cuando ves las nubes rosas y naranjas antes de que el sol salga al amanecer: se podría decir que el deseo y la manifestación operan de la misma manera. (Este concepto es bastante avanzado y volveremos sobre él cuando hayas progresado en tu práctica).

» El miedo a fracasar en la meditación

No importa la clase de meditación que practiques. Si no cuentas con ningún tipo de preparación, es muy posible que te juzgues a ti mismo basándote en informaciones erróneas. Meditar es una práctica aparentemente sencilla, pero **no confundamos sencillez con simplicidad.** A pesar de lo maravilloso que sería que pudiéramos darle a la mente la orden de callar o que fuéramos capaces de silenciar nuestros oídos, ese no es el objetivo. No hay ningún lugar en la Tierra que esté en completo silencio, ni siquiera las cuevas del Himalaya. Si te sientas a meditar y un perro ladra en la distancia, oyes una sirena pasar o se te queda dormida la nalga derecha —y tu mente registra esos sonidos y sensaciones, así como todos los pensamientos que generan—, es muy posible que empieces a divagar. (Se acabó lo de fusionarse con el universo). Con toda seguridad, ningún monje permitiría que su mente se perdiera en cosas tan banales como el perro cascarrabias del vecino o un cosquilleo en las nalgas.

Como consecuencia de ello, considerarás que esa sesión de meditación ha sido un fracaso y, lo que es peor, te verás a ti mismo como un fracasado. La siguiente vez que te dispongas a meditar lo harás con el firme propósito de no fallar y te dirás mentalmente: «Hoy no voy a pensar. Hoy no voy a pensar. Hoy no voy a pensar…». Eso, por supuesto, es pensar. Así que habrás concluido otra sesión de meditación y no solo habrás «fracasado» de nuevo a la hora de dejar la mente en blanco, sino que habrás añadido la culpa de un segundo intento fallido. Harás de tripas corazón y probarás una tercera vez, en esta ocasión, sentado sobre un asiento superblando en una estancia totalmente insonorizada, por lo que no habrá distracción posible que te impida alcanzar el nirvana. Todo va estupendamente; estás cómodo, estás relajado, no hay riesgo de ser interrumpido por ruidos procedentes del exterior... y entonces te gruñe el estómago. No pasa nada. Logras recomponerte y disfrutas del entorno silencioso. Disfrutas de verdad. «Creo que nunca he estado en un lugar tan tranquilo como este. Ni siquiera oigo el sonido de las tuberías. ¡Bien por ti, que pagaste un poco más por ello! El tipo de la ferretería dijo que merecería la pena y tenía toda la razón y...». ¡Vaya por Dios! Ahora estás pensando en lo bien que se te da meditar y en las obras que has hecho en tu casa y adiós al paraíso libre de pensamientos. Una vez más, has «fracasado».

Si acumulas demasiados *fracasos* seguidos acabarás desanimándote y, con el tiempo, dejarás de intentarlo, porque ¿quién quiere fracasar a diario? La fastidias, así que pones más empeño, pero ese mismo esfuerzo que hace que triunfes en casi todas las áreas de tu vida, en el caso de la meditación solo te lleva al fracaso.

En la meditación, el miedo a fracasar, según he podido comprobar, tiene una especial incidencia en las personas más exitosas. A menudo ni siquiera están dispuestas a probar, ya que temen que no se les dé bien. «Me da miedo hasta intentarlo; mi mente está demasiado revolucionada para meditar», insisten. «Tengo la mente demasiado ocupada para alcanzar nada parecido a la dicha».

La meditación a menudo resulta intimidante para aquellas personas que están acostumbradas a lograr todo lo que se proponen. Son personas a las que se les da bien aprender nuevas habilidades, y en muchos casos se han labrado un nombre gracias a su capacidad para hacer frente a cualquier desafío. Pero hay un secreto del que no les gusta hablar mientras limpian el polvo de las vitrinas de sus trofeos. Estas personas suelen tender hacia aquello que pone de relieve sus puntos fuertes y evitan lo que no. En otras palabras, les gusta operar en áreas en las que saben que pueden tener éxito. Aunque esto no tenga nada de malo y sirva para validar el ego, no conduce a una vida de crecimiento.

¿Te he visto estremecerte mientras leías este último comentario? ¿He puesto el dedo en la llaga? Que sepáis que os entiendo, triunfadores, porque yo soy una de vosotros. Soy la persona con éxito motivada por el éxito que con más ahínco ha intentado tener éxito a la hora de lograr el éxito, así que sé de lo que hablo cuando digo que nuestro mayor miedo, como individuos ambiciosos que somos, es fracasar. No se nos da muy bien fracasar por la sencilla razón de que no lo hacemos a menudo. Así que cuando nos enfrentamos a un nuevo reto del que no estamos seguros de salir airosos, nuestra primera reacción es menospreciarlo y centrarnos en algo más acorde con nuestras capacidades.

Si eso te resulta familiar, te animaría a leer este libro sin prejuicios. Las técnicas que aprenderás aquí son muy distintas a las frustrantes directrices para «dejar la mente en blanco» que probablemente recibieras en el pasado. Dale otra oportunidad a la práctica de la meditación, porque no es nada más que eso, una disciplina que se practica. Incluso los meditadores más experimentados están en continua evolución, deseosos de descubrir nuevas facetas de su potencial, de alcanzar estados más elevados de conciencia, de experimentar una conexión más profunda. Dicho de otra forma, todos mejoramos constantemente. Tú puedes ser un buen meditador porque tienes la capacidad de producir pensamientos. Desarrollaré este punto más adelante, pero, como dije anteriormente, **meditamos para que se nos dé bien vivir, no para que se nos dé bien meditar.** A nadie le importa si se nos da bien meditar, aunque me encantaría que así fuera porque me gusta ser la mejor en todo (y sospecho que a ti te ocurre lo mismo). Pero el objetivo final no es llegar a ser un meditador de primera. Eso es una estupidez. ¿De qué serviría? La meditación no es un truco que haces en una fiesta para impresionar a tus amigos; la meditación es un medio para alcanzar un fin. El fin es, en última instancia, el conjunto de los numerosos beneficios que aporta, que pueden conformar nuestras vidas, aumentar nuestro rendimiento y mejorar nuestras interacciones con el mundo.

Con la meditación es imposible salir perdiendo. Deja que lo repita: *con la meditación es imposible salir perdiendo.* Cada vez que examinas a fondo tu estado de conciencia menos excitado; cada vez que tomas una decisión inspirada como resultado de tu práctica; cada vez que te das cuenta de lo mucho que vales… es una victoria. En otras palabras, cada vez que practicas, ganas. Los triunfadores a los que les asusta probar la meditación porque temen que no se les dé bien deberían tener esto en cuenta: practicar la Técnica Z garantiza al menos dos triunfos al día.

» Así que ¿por qué meditar?

¿Por qué es importante meditar? Aunque se trate de una práctica verdaderamente rápida y sencilla, ¿qué ganamos o perdemos convirtiéndola en una parte innegociable de nuestra rutina diaria?

En los capítulos siguientes analizaremos con detenimiento el estrés, sus orígenes y su impacto en todos los aspectos de la salud, hasta el nivel celular del cuerpo. También analizaremos la meditación y su positiva incidencia en el cerebro humano, tanto objetiva como subjetivamente, desde el punto de vista de la neurociencia. Por ahora, no obstante, me conformaría con que consideraras el lado más práctico y utilitario del asunto: ¿por qué deberías dedicar unos minutos de tu preciado y limitado tiempo, todos los días, a la meditación?

En pocas palabras, porque crea más tiempo. **¿Estarías dispuesto a invertir el dos por ciento de tu día en algo si supieras que iba a mejorar el noventa y ocho por ciento restante?** Si la respuesta es sí, abróchate el cinturón, porque eso es exactamente lo que te voy a enseñar a hacer.

Comencemos ahondando en el concepto de tiempo, ya que ese parece ser el problema principal de casi todos los aspirantes a meditadores, sobre todo el de aquellos individuos ambiciosos motivados por los resultados. Es algo que oigo constantemente: se muestran reacios a probar la meditación porque «estoy muy ocupado para meditar» o «apenas tengo tiempo para ir al baño o para comer, así que mucho menos para pasar un cuarto de hora sentado».

¿Sabes qué? Tienen razón. Yo tampoco tengo tiempo para eso. Ese es el motivo por el que Ziva es idónea para las personas dinámicas, porque implica *hacer*. Solo porque la mente piense de manera involuntaria durante la meditación no significa que no esté trabajando; esta herramienta se dedica a buscar la causa del estrés, eso que desencadena tantas respuestas negativas a nivel físico y emocional.

Piensa en lo siguiente: cuando tu teléfono móvil está enchufado, no está «ahí» sin más, ¿no es así? Por supuesto que no. Se está cargando para que, cuando lo utilices, sea la herramienta más eficaz posible. Cuando tu ordenador hace eso de detenerse a la fuerza y se pasa quince minutos actualizándose mientras la pequeña ruedita que da vueltas en la pantalla se burla de ti, ¿está «sin hacer nada»? Podría parecerlo —sí, sin duda lo parece—, pero en realidad está ejecutando una serie de herramientas de depuración que han sido programadas específicamente para hacer de él una máquina más eficiente, eficaz y potente.

¿Qué pasaría si jamás te molestaras en cargar el móvil? ¿Qué ocurriría si nunca reiniciaras el ordenador para que pudiera instalar actualizaciones? ¿Operarían estas herramientas con una eficiencia óptima? Cuando no permites que tu mente se renueve y se revitalice por sí misma, le estás negando la oportunidad de rendir al máximo, y es posible que incluso llegue a quedarse sin batería, por lo que será físicamente incapaz de llevar a cabo las tareas para las que fue diseñada.

Tengo muchas más analogías como estas, pero voy a dejarlo aquí porque sé que has captado la idea. La cuestión es que cuando practicas una meditación hecha a tu medida, no a la de unos monjes, estás creando tiempo, literalmente. Estás optimizando tu rendimiento cognitivo, lo que te permitirá acabar antes cualquier tarea. La Técnica Z es lo contrario a no hacer nada; es crear de manera consciente y metódica un espacio optimizado desde el que operar con un equipo superior y unas capacidades maximizadas. Desde esta perspectiva, la meditación es mucho más que «solo sentarse»; es actualizar y consolidar tu *hardware* mental para que puedas ejecutar el *software* que tengas como sistema operativo de tu vida, ya se trate de cristianismo, judaísmo, islamismo, hinduismo, budismo, bahaísmo, regímenes de autoayuda o humanismo secular; prácticamente cualquier cosa salvo el nihilismo. (Aunque no me cabe la menor duda de que la meditación sería beneficiosa también para los nihilistas). **La meditación no es un sistema de creencias ni una práctica religiosa; es una técnica que permite eliminar el estrés del cuerpo al tiempo que fortalece la mente.**

Puedo hablarte de todos los beneficios científicamente verificables, así como de los anecdóticos confirmados por mis más de quince mil alumnos. Puedo mencionar un montón de artículos recientes en los que se citan a emprendedores que aseguran que la meditación es un aspecto clave de su éxito. Incluso puedo nombrar decenas de compañías que figuran en la lista Fortune 500 en las que la práctica de la meditación se ha adoptado de manera generalizada. También puedo decirte por qué meditan los líderes, los profesionales más innovadores y los *influencers* de cualquier industria. Lo que no puedo hacer es decirte por qué tú deberías incorporar la meditación a tu rutina diaria. Eso ha de venir de ti. Tienes que ser tú el que identifique no solo el objetivo, sino las razones por las que lo persigues, la motivación que va más allá del momento en el que dicho objetivo es alcanzado. En otras palabras, es maravilloso celebrar el haber llegado a la meta, pero ¿qué fue lo que en un principio te motivó a participar en la carrera?

La buena noticia es que para comenzar a meditar no es necesario saber qué quieres hacer con tu vida. Te lo digo en serio. En casi todos los programas de autoayuda y desarrollo personal, para empezar a experimentar resultados positivos debes antes averiguar verdades profundas sobre ti mismo, qué te impulsa, cuáles son tus motivaciones. La meditación es una herramienta que puede ayudarte a descubrir todo eso durante la práctica. Cuando comiences a practicar el plan desarrollado en este libro, comprobarás que en lugar de ser un objetivo en sí misma, la Técnica Z es en realidad un medio para impulsar tu mente, tu intuición, tu creatividad e incluso tu cuerpo hacia la consecución de tus metas y la clarificación de tus motivaciones. Como ya hemos dicho, la palabra *mantra* significa literalmente 'vehículo de la mente', un vehículo que te traslada de un lugar a otro. En este punto lo único que cuenta es la intención y el deseo de mejorar tu situación actual. Con eso ya puedes emprender el viaje y dejar que el resto se vaya resolviendo durante el trayecto.

¿Estás listo para tus primeros deberes? Anota la razón por la que empezaste a leer este libro, no importa lo imprecisa, ridícula o ambigua que pueda parecerte en estos momentos. Podrías escribir algo abstracto, como «quiero disfrutar más de la vida». O podría ser algo mucho más específico, como «quiero conseguir un ascenso en los próximos seis meses». También podría ser más subjetivo, como «quiero que mi familia se ponga de acuerdo en temas de política» o «quiero ser un mejor padre» o «quiero hacer más cosas buenas por la gente». Incluso si dices «no sé por qué quiero probar la meditación, pero no se me ocurre otra cosa», también vale. Aquí no estamos para juzgar. (Recuerda, yo comencé a meditar por la noble causa de no querer tener canas antes de los treinta).

Estoy leyendo *Rendir más con menos estrés* porque...

_____

_____

_____

De esta forma está afectando hoy el estrés a mi rendimiento:

_____

_____

_____

_____

En una escala del 1 al 10 (siendo 1 la peor puntuación y 10 la mejor), así califico mi:

Sueño:
Rendimiento laboral:
Relaciones:
Estrés:
Intuición:
Creatividad:
Salud:

No te saltes este ejercicio. Sincerarnos sobre nuestra relación con el estrés puede ser difícil. Pero te lo digo en serio, no te lo saltes. Te ayudará a evaluar tus progresos cuando comiences tu práctica diaria. También será interesante volver a leer tus respuestas cuando hayas terminado el libro y lleves meditando un tiempo.

Una vez que hayas anotado todas las respuestas, me gustaría que reflexionaras sobre una cosa más: tu excusa para no haber probado la meditación antes.

Es posible que esta sea la primera vez que oyes hablar de ella. O puede que tuvieras una idea equivocada de lo que es en realidad. Quizá solías meditar, pero lo dejaste. Sospecho que algunos de vosotros no le habéis dado una oportunidad porque quizá os parecía cosa de *hippies* y flipados. Y estoy segura de que, para la gran mayoría de los lectores, la falta de tiempo para añadir otro compromiso a su agenda ha sido un factor determinante. Sea cual sea el motivo, toma nota mental, y procura ser honesto al hacerlo. Ser sincero y auténtico es muy importante. La meditación tiene que ver con acceder a la mejor versión de uno mismo, así que no temas ser transparente al comienzo de este viaje.

» Teniendo esto presente...

Durante la lectura de este libro, me gustaría que fueras amable contigo mismo. No pienses que has de convertirte en el mejor meditador del mundo. No te preocupes si notas que tienes la mente mucho más revolucionada de lo que te gustaría. No te obsesiones con las palabras en sánscrito ni con los términos científicos que irán apareciendo.

Y lo que es más importante, olvídate de tus ideas preconcebidas sobre lo que «debería» ser la meditación y lánzate a esta experiencia con la mentalidad de un principiante. Disfruta de este método completamente nuevo (pero de eficacia probada) para aliviar el estrés y preparar la mente y el cuerpo para un nivel de conciencia aumentado y un mayor compromiso con la vida.

Es posible que todo te parezca todavía un poco confuso, pero te prometo que, a medida que vayamos progresando, las cosas comenzarán a aclararse y a volverse más tangibles. Lo que quiero ahora es que te preguntes si estás preparado para comprometerte *con la intención* de meditar. Nada más. Esto es lo único que has de hacer en este momento. Comprometerte con el propósito. Eso será suficiente para comenzar y puede que sea suficiente también para cambiar la trayectoria de tu vida para siempre.

Caso de estudio Ziva número 1

De una deuda de 70000 dólares a 1,2 millones de ganancias en un año

MARI CARMEN, EMPRENDEDORA

Vi a Emily por primera vez en una charla que dio en una reunión de un *mastermind group* de negocios. Había algo atractivo en su persona, más allá de su aspecto y su sonrisa contagiosa. Algo más profundo. Su brillo procedía de su interior. Era aguerrida pero serena y confiada a la vez, y supe de inmediato que quería parecerme a ella.

Dos meses después de haberla visto sobre el escenario, reorganicé mi agenda y fui a Nueva York para asistir a su curso zivaLIVE. Yo ya meditaba (más o menos), pero estaba convencida de que tenía que haber algo más y confiaba en que ella pudiera mostrarme el camino.

No es que mi situación fuera desastrosa; mi vida no era «tan mala». Había dejado un empleo próspero por decisión propia, mi matrimonio iba viento en popa, mis hijos estaban a punto de marcharse de casa y en 2014 había fundado mi propia empresa. La vida me sonreía... o eso creía yo.

De acuerdo, lo que nadie sabe es que acumulaba deudas por valor de setenta mil dólares y que en dos años me había gastado los doscientos mil dólares que tenía ahorrados. Mi nuevo negocio se hallaba en números rojos. Muy rojos. Estaba perdiendo la confianza en mí misma. Estaba descentrada y me sentía desamparada, algo que detestaba. A pesar de ello, sabía que las respuestas tenían que encontrarse en mi interior y que todo aquel caos escondía una lección que yo debía aprender.

Sin embargo, no tenía ni la más remota idea de cómo acceder a esas respuestas que supuestamente residían dentro de mí.

Tras la primera clase con Emily, me sentí mejor. Quizá se tratara de un subidón psicológico, pero ¡qué más da! Cuando comienzas a meditar, no creo que importe demasiado que se produzca un efecto placebo. Yo sabía que estaba haciendo lo correcto, así que me comprometí con la doble práctica diaria.

Por las mañanas no me sobraba el tiempo para meditar, por eso decidí poner antes el despertador. Al principio fueron solo quince minutos, pero ahora me levanto media hora más temprano de lo que solía. Dedico los primeros quince minutos a meditar y el resto los empleo en prepararme tranquilamente. Sentir que vas bien de tiempo, que estás lista para afrontar la jornada, en lugar de ir siempre corriendo y rezagada, es un cambio psicológico muy importante.

Tras las dos primeras semanas, seguía «olvidándome» de la segunda meditación. Entretanto, mi sueño mejoró, disponía de más tiempo libre y mi piel empezó a tener un aspecto más saludable y descansado. A pesar de que dormía menos, tenía más energía y fui capaz de comenzar a oír esas respuestas que sabía que estaban en mi interior.

Así que pensé: si meditar una vez al día aporta tantos beneficios, ¿qué ocurriría si lo hiciera dos veces? Decidí dejarme de tonterías y empezar a «acordarme» de meditar también por las tardes. He de admitir que a veces me parecía una tortura. Todavía siento que una parte de mí quiere seguir «olvidándose», pero no me lo puedo permitir y te diré por qué.

Después de un año meditando dos veces al día de manera constante:

> He añadido tres horas más de productividad a mi jornada. Esto es lo que ocurre: la claridad que me aporta la meditación me permite tomar decisiones más rápidamente, ver con mayor celeridad las respuestas a situaciones complicadas y crear nuevos contenidos (para blogs, un curso, un tercer libro) con mucha más facilidad. Siento que mi capacidad cerebral se ha expandido.

> Mis niveles de energía siempre han sido buenos, pero ahora tengo el doble de energía que antes. A mis más de cincuenta años, me siento más activa que nunca.

> Al disponer de más tiempo a lo largo de la jornada y de más energía, mi rendimiento laboral se ha disparado. Ya no me siento saturada mentalmente, por lo que la calidad de mi trabajo ha aumentado y mi creatividad es constante. En términos de productividad, he superado mis propias expectativas.

> He dado una charla TED y fue una de las cosas más «estresantes» a las que me he enfrentado en la vida. No puedes cortar,

es en directo, y solo tienes una oportunidad para hacerlo bien…
¡y no me pudo salir mejor!

> Por fin encontré las respuestas que necesitaba (efectivamente, se hallaban en mi interior) para replantearme mi negocio y darle un nuevo enfoque. Esto hizo que las ventas pasaran de 80 000 dólares a 1,2 millones en un año. Ahora atraigo a un tipo de cliente que no tiene inconveniente en dejar que esta jefa le muestre cómo alcanzar nuevas cimas.

¿Qué más puedo decir? La meditación no consiste en convertirte en quien no eres, ni en mudarte a una cueva, ni en sentarte con las piernas cruzadas en una habitación a oscuras a esperar a que ocurra algo. Yo he tenido que esforzarme mucho y no siempre ha sido fácil, pero sí increíblemente gratificante.

Ahora no puedo concebir la idea de abandonar. Para mí no hay vuelta atrás, porque los resultados son evidentes. Ziva me ha cambiado la vida.

» 2 «

Acceder a la fuente

RESPIRA PROFUNDAMENTE, DEJA CAER los hombros y presta atención: todo ese correr de un lado para otro atendiendo a un millón de cosas a la vez te convierte en una persona menos eficiente. Hoy en día pensamos que estar ocupados es lo mismo que ser productivos. Nos parece que estar atareados es algo de lo que sentirse orgulloso. Consideramos que descansar es una pérdida de tiempo. Estamos equivocados.

» Estrés ≠ productividad

Como mucha gente, yo pensaba que estar estresada era lo mismo que ser productiva, que el estrés era una parte ineludible del éxito. Esto era antes de que descubriera la meditación. El contraste con mi opinión posmeditación no podría ser más acusado. Ahora veo el estrés y las preocupaciones como energía desperdiciada. Tras una década meditando con regularidad, fui invitada a participar en A-Fest, un evento sobre *biohacking* celebrado en Grecia. En la sala había varias personalidades importantes y la presentación iba a ser grabada y distribuida entre más de dos millones de personas. Era mi primera vez como oradora principal y la primera vez que utilizaría diapositivas. Aunque intuía que esa charla podría constituir un punto de inflexión en mi trayectoria profesional, antes de salir al escenario estaba completamente relajada. Por supuesto, me sentía muy viva por dentro, pero antes de comenzar a meditar a diario, cuando tenía que hablar en público, temblaba de pies a cabeza. Ahora me considero un vehículo transmisor de conocimiento al servicio de los demás. La preocupación y el estrés han sido reemplazados por la confianza que siento en el respaldo de la Naturaleza.

La charla que di en Grecia fue un momento culminante en mi vida profesional. Hablé delante de una sala abarrotada y mi presentación concluyó con una ovación cerrada. La gente siempre se da cuenta de si estás ahí a su servicio o al tuyo propio. El estrés te mantiene en modo supervivencia, lo que hace que te centres en ti mismo. La meditación te ayuda a salir de ese modo primario de «lucha o huida» para que puedas mostrarte más generoso y creativo, incluso en las situaciones más estresantes.

¿Cómo logré tener esa confianza, prepararme tan a conciencia con antelación y superar con éxito ese desafío? Reservando tiempo cada día para el mindfulness, la meditación y la manifestación.

Sí, estoy hablando de renunciar a diario a cierta cantidad de uno de tus recursos más preciados. Todos matamos el tiempo haciendo cosas —como ver la televisión, utilizar las redes sociales o ver vídeos de gatos en YouTube— que no mejoran nuestra productividad, por lo tanto, ¿qué supone dedicar unos cuantos minutos a algo que verdaderamente te ayudará a aumentar tu rendimiento y que hará que te conviertas en un ser humano mejor y más eficiente?

Algunas de las personas más ocupadas del mundo meditan a diario. No lo hacen porque el tiempo les sobre, sino porque han prestado atención a sus cerebros y a sus cuerpos y ahora saben cuál es el coste de oportunidad de *no* meditar. En Ziva nos encanta tratar con personas dinámicas, comprometidas con su trabajo. Stacy London, del programa *What not to wear (No te lo pongas)*, de la cadena TLC, es una de ellas. Stacy utiliza la moda como una forma de ayudar a la gente a sentirse más cómoda consigo misma, independientemente de la talla, la forma del cuerpo o la edad. Cuando acudió a Ziva para aprender a meditar, no estaba convencida de que la práctica pudiera serle de ayuda. «Yo era una de esas personas que piensan que no tienen tiempo para meditar —reconoció—. ¿Y quién lo tiene? Ahora me doy cuenta de que no era más que una excusa. Cuanto más ocupado estás, más beneficiosa es esta clase de meditación».

Lo que la mayoría no sabe es que la mente y el cuerpo tienen la capacidad de satisfacer con creces todas nuestras exigencias. Pero el estrés nos coloca unas anteojeras emocionales que bloquean, y a la larga anulan, la facultad que poseemos para acceder a nuestras reservas de energía y competencia. Cuando permitimos que el cerebro se recargue y consolide información, lo que estamos haciendo es mejorar nuestra capacidad mental y potenciar nuestra creatividad. Si ves tu trabajo, tus obligaciones y tus demandas como una carrera que has de correr, entonces la meditación es tu entrenamiento, el plan de puesta a punto mental que te permitirá rendir a un gran nivel en todos los aspectos de tu vida.

La meditación te ayuda a llevar a cabo tus tareas con más rapidez y elegancia. Piensa en ello por un momento: a cambio de meditar treinta minutos cada día (en total), te convertirás en una persona mucho más eficaz. Superarás desafíos y resolverás problemas en mucho menos tiempo. Cuando Michael Trainer, el director nacional de Global Poverty Project y antiguo productor ejecutivo del Global Citizen Festival, acudió a mí para aprender a meditar, quedó muy sorprendido por los beneficios que obtuvo. «Una mayor sensación de serenidad, relajación y claridad —dijo—. Creo que es, sin lugar a dudas, una de las mejores inversiones que uno puede hacer».

Este es el rendimiento que obtienes a cambio de treinta minutos diarios de meditación: serás más productivo, estarás más relajado y lograrás objetivos que creías fuera de tu alcance. Tu habilidad para resolver problemas se incrementará, estarás más abierto a soluciones creativas y tendrás más energía para lidiar con la adversidad. Tu capacidad para manejar los contratiempos aumentará y quedarás maravillado por tu eficiencia.

» Meditar «bien»

Como recordarás del capítulo 1, la parte de meditación de la Técnica Ziva se llama *nishkama karma yoga*, que es una manera sofisticada de decir «alcanzar la unión mediante la inacción casi total»; en otras palabras, meditación para gente ocupada.

En este tipo de meditación, lo que uno hace básicamente es proporcionarles al cuerpo y al cerebro un gran descanso —descanso que es hasta cinco veces más profundo que el que se consigue con el sueño— para que puedan liberar toda una vida de estrés acumulado. El conocimiento que se tiene de otros estilos de meditación lleva a pensar con frecuencia que existe una manera «correcta» o «perfecta» de meditar, lo que a menudo genera una gran frustración en nosotros, seres humanos imperfectos.

La razón por la que creé la Técnica Ziva —y uno de los motivos por los que su popularidad está aumentando— es que puedes ponerla en práctica en cualquier lugar y en cualquier momento, siempre y cuando dispongas de unos minutos. No hacen falta túnicas ni incienso; no tienes que esperar a hallar un poco de tranquilidad ni a estar relajado y que todo sea paz y amor. Lo único que necesitas es tu mantra, un poco de formación y un lugar en el que sentarte. Seguiremos revisando este concepto a lo largo del libro, así que no te preocupes por tener que «dejar la mente en blanco» (eso es lo que mucha gente, de manera errónea, cree que ha de hacer). Si ya has probado a meditar y sientes que has fracasado porque no has podido acallar la mente, no te agobies. Como comentamos en el capítulo 1, la mente piensa igual que el corazón late: de manera involuntaria. Esta práctica es sumamente sencilla, pero la recompensa es increíble.

» El cerebro y el cuerpo en la meditación

A la meditación se llega por multitud de razones. Algunas personas recurren a ella porque padecen ansiedad, depresión, migrañas o insomnio. Otras, porque se les ha diagnosticado una enfermedad incurable. Pero cada vez es más frecuente ver a gente que busca en la meditación una herramienta para aumentar su productividad. De hecho, a mí me gusta pensar en Ziva como en *la* meditación para mejorar el rendimiento, y esa es precisamente la práctica que he adaptado para este libro.

En los últimos cuarenta años, los investigadores en Neurología han empezado a demostrar lo que los meditadores saben desde hace seis mil años. La ciencia ha descubierto que la meditación aumenta las sustancias gris y blanca del cerebro. Para ser más exactos, agranda la estructura que conecta los dos hemisferios cerebrales, conocida como cuerpo calloso. Esto es importante porque en nuestra vida diaria tendemos a utilizar más el hemisferio izquierdo. El hemisferio izquierdo es el responsable del pensamiento crítico y analítico, es decir, se ocupa de cosas como el lenguaje, cuadrar la chequera o llevar un control de las responsabilidades. Pero el hemisferio derecho es el lado creativo. Es donde residen la intuición, el sentido artístico y la capacidad para resolver problemas de manera innovadora.

La meditación potencia la conexión entre tu lado analítico y tu lado intuitivo (esto es, tu mente crítica y tu mente creativa), lo que le permite al cerebro empezar a trabajar en verdadera armonía. Cuando meditas, la ínsula (el centro empático del cerebro) se comunica mejor con la corteza prefrontal medial (la región del cerebro donde se procesa la información sobre personas desconocidas). Como cualquier experto en relaciones interpersonales, terapeuta o familiar bienintencionado pero un poco pesado te dirá, la comunicación es clave para mantener una relación sana. Cuando posibilitas que dos partes diferentes pero vitales del cerebro conecten e intercambien información, estás favoreciendo una comunicación esencial entre distintos aspectos de la mente. Y con *comunicación* no me refiero a esperar tres días para responder a un mensaje de texto y acabar enviando un emoticono ambiguo. Estoy hablando de esa clase de comunicación que se da cuando te sientas con tu pareja y os miráis a los ojos, desnudáis vuestras almas y habláis sin reserva, temor ni falsedad. Me refiero al tipo de comunicación abierta y honesta que suele darse después de la segunda botella de vino o la tercera tarrina de helado (o ambas cosas, no pasa nada). **Cuando las distintas partes del cerebro se comunican a un nivel tan intenso, a medida que esa conexión sigue reforzándose, los caminos neuronales se van convirtiendo en superautopistas neuronales.**

En estas conexiones entre tu creatividad y tu capacidad analítica se halla el origen del imprescindible «sexto sentido»: la intuición. La intuición te puede ayudar a encontrar unas soluciones mejores y más creativas a los desafíos cotidianos. También puede expandir tu conciencia al aumentar la efectividad de la mente a la hora de asimilar y evaluar situaciones incluso antes de que seas consciente de haber pensado en ellas. Te volverás mucho más eficiente porque tu creatividad te ayudará a resolver problemas tanto en el trabajo como a nivel personal.

Por ejemplo, unos investigadores de la Universidad de Arizona les pidieron a unos directores de recursos humanos que probaran el mindfulness durante ocho semanas y después analizaron su capacidad para tomar decisiones y para concentrarse bajo presión, así como sus niveles generales de estrés. Comparados con otros directores que no habían asistido a la clase, los practicantes de mindfulness presentaban un mayor grado de concentración y podían trabajar sin distraerse durante mucho más tiempo. Lo mejor de todo es que manifestaron sentirse menos estresados en general.

Liberarte del estrés y la ansiedad —que pueden mermar tu capacidad de concentración y de resolución de problemas— es lo que pretendo con este libro. En uno de los test más rigurosos llevados a cabo para determinar los efectos de la meditación en la mente, unos investigadores de la Universidad Carnegie Mellon les pidieron a treinta y cinco hombres y mujeres desempleados que meditaran o, para comparar, que hicieran ejercicios de relajación. Todas estas personas, como podrás imaginar, padecían altos niveles de estrés provocados por su desesperada búsqueda de empleo. Al cabo de tan solo tres días, el grupo de la meditación se sentía muchísimo mejor, y lo que es más extraordinario, los escáneres cerebrales revelaron una comunicación más fluida entre las áreas del cerebro que procesan el estrés y aquellas relacionadas con la concentración y la calma. Cuando los investigadores volvieron a realizarles pruebas cuatro meses después, en el grupo de la meditación se observaron unos niveles mucho más bajos de hormonas relacionadas con el estrés en sangre, y todos sus integrantes se mostraban más optimistas en cuanto a su búsqueda de empleo y más productivos a la hora de superar los desafíos de su día a día y conseguir sus objetivos[1].

Estos voluntarios también presentaban menor inflamación general, uno de los grandes peligros de la dieta y el estilo de vida modernos. Cuando se produce una distensión muscular o te golpeas contra el marco de una puerta, el cuerpo responde inmediatamente aplicando en el área dañada mecanismos biológicos de curación. Se incrementa el flujo sanguíneo hacia la lesión mientras el sistema inmunitario activa las proteínas y libera las sustancias químicas necesarias para reparar el daño. Es un sistema excelente, siempre y cuando no esté sobrecargado. Son muchos los factores, tanto internos como externos, que provocan esta respuesta inflamatoria: la mala alimentación, el estrés y las toxinas ambientales son algunos de ellos. Para ciertas personas, esta exposición constante puede derivar en una inflamación crónica, que podría provocar la aparición de enfermedades autoinmunes como alergias, diabetes, lupus y la enfermedad de Crohn. Pero la inflamación del cuerpo se puede controlar mediante la meditación. Al reducir la acidificación que el estrés produce en el organismo (el ácido tiene efectos inflamatorios) y mejorar la calidad del sueño, el cuerpo está más capacitado para curarse a sí mismo y para aliviar la inflamación. El resultado es que te sientes mejor, respiras con más facilidad y tienes menos dificultades para gestionar el peso y la salud.

Lindsey Clayton, entrenadora personal de celebridades, se encontraba en un momento de grandes cambios a nivel profesional cuando comenzó a tener problemas de salud. «Me había pasado del teatro musical al *fitness* y mi nueva profesión era muy exigente», explicó. A Lindsey le encantaba su nuevo oficio, que incluía aparecer en un programa de televisión de la cadena Bravo, pero trabajaba ochenta horas a la semana y no descansaba ningún día. «El éxito llegó muy rápido, pero dejé de ocuparme de mí misma. Cuando me miré al espejo en Nochevieja, vi reflejado en mi rostro el precio que estaba pagando». Su ansiedad había alcanzado cotas máximas. Se sentía exhausta, desmotivada, frustrada y deprimida. «Tenía la piel seca, el pelo apagado, los ojos tristes y la rodilla hinchada y dolorida por una lesión que llevaba cuatro meses arrastrando». Tras casi un año desoyendo el consejo de una amiga, que le insistía en que probara la meditación, Lindsey por fin claudicó: «Reuní el coraje para acudir a una charla de presentación en Ziva Meditation».

Al cabo de unas pocas sesiones, comenzó a percibir una diferencia, una diferencia que daría lugar a una experiencia transformadora. Su lesión de rodilla se curó, su frustración se disipó y comenzó a trabajar de manera inteligente en lugar de más horas. Pudo reducir su disparatada jornada laboral, a pesar de lo cual se volvió mucho más productiva. Después de aprender a meditar, notó una mejora espectacular en su salud, tanto a nivel físico como emocional: «Me siento mucho más feliz y cuando me miro en el espejo veo que mi piel y mi pelo tienen un aspecto mucho más saludable. Pero sobre todo dispongo de la energía que necesito para construir la vida que realmente quiero vivir».

Cuando disfrutas de buena salud y tu cuerpo está en calma, puedes dedicar tu energía a lo que de verdad importa. Quizá sigas teniendo una vida «ajetreada», pero no será caótica. Descubrirás que puedes gestionar los problemas y los desafíos de una forma mucho más elegante y sin dramas.

» Rendir más con menos estrés

¿Por qué la meditación tiene un efecto tan acusado en tu rendimiento laboral y personal? En pocas palabras, porque reprograma el cerebro para que sea más eficiente. El término técnico es *plasticidad cerebral*, que es la manera sofisticada de decir que el cerebro posee la capacidad de modificarse a sí mismo. El cerebro puede volverse más innovador y creativo a la hora de resolver problemas. En algunas pruebas incluso se ha observado que tras años de práctica meditativa puede llegar a *rejuvenecer*. ¿Cómo logra lo que anteriormente los científicos pensaban que era imposible? La meditación alivia el estrés del cuerpo desexcitando el sistema nervioso, lo que le permite al cerebro operar con toda la efectividad de la que es capaz en lugar de hacerlo en un «modo crisis» perpetuo.

Si el estrés es tan malo para el ser humano, entonces ¿se puede saber por qué existe? Para entender esto, tenemos que retroceder en el tiempo unos diez mil años, hasta la época en la que la humanidad todavía cazaba y recolectaba para sobrevivir. Ahí estás tú, a lo tuyo, recogiendo bayas y pensando en lo que quieres pintar en las paredes de tu cueva esa noche. De repente, un tigre dientes de sable surge de entre la vegetación con intención de matar. Entonces tu cuerpo pone en marcha de manera automática una serie de reacciones químicas conocidas como «respuesta de lucha o huida».

Primero, el tracto digestivo se inunda de ácido para detener la digestión, porque hace falta mucha energía para procesar los alimentos y la vas a necesitar toda para luchar o huir. Ese mismo ácido penetrará en la piel para que, si el tigre te hinca el diente, no tengas muy buen sabor. La sangre comenzará a espesarse y a coagular para impedir que mueras desangrado si acaba mordiéndote. La visión pasará de ser periférica a visión de túnel para que nada te pueda distraer de tu oponente. Vaciarás la vejiga y los intestinos, por lo que serás más ligero y podrás moverte con mayor rapidez. (¿Esas ganas nerviosas de ir al baño antes de una presentación importante? Es una reacción primaria de tu cuerpo, que trata de protegerte). Tu ritmo cardíaco y tus niveles de cortisol y adrenalina aumentarán. El sistema inmunitario se queda en suspenso porque ¿a quién le importa el cáncer si estás a punto de ser devorado por un tigre? De nuevo, has de contar con todos los recursos disponibles para luchar o huir del ataque.

Esta serie de reacciones químicas se ha ido perfeccionando a lo largo de millones de años a fin de mantener tu traje de carne con vida, y resulta extremadamente útil si tu necesidad más acuciante es evitar convertirte en el almuerzo de unas bestias de la Edad de Piedra. Pero en el mundo moderno, cuando pasas por ese proceso varias veces al día, todos los días, tu sistema nervioso acaba consumido; el sistema inmunitario, sobrecargado; y tú te vuelves vulnerable a virus y bacterias. No nos damos cuenta de que dentro de nosotros hay una ingente reserva de calma e inteligencia natural —que incluye las capacidades de autocuración y autoconservación del organismo— que espera ser utilizada. Cuando gestionas el estrés de manera adecuada, tu cuerpo simplemente funciona mejor. Es el estrés constante de baja intensidad y crónico el que nos vuelve estúpidos, nos hace enfermar y nos ralentiza como especie. Afortunadamente, las cosas no tienen por qué ser así.

La reacción de lucha o huida no es la más adecuada para responder a las exigencias de la vida moderna. La buena noticia es que cuando aprendemos a meditar y convertimos la práctica en una parte innegociable de nuestra rutina diaria, no solo podemos salir del modo lucha o huida, sino que también empezamos a acceder a la enorme reserva de energía y de inteligencia natural que hay en nuestro interior. Si eres capaz de controlar el estrés adecuadamente (en lugar de dejar que el estrés te controle a ti), el cuerpo y el cerebro pueden invertir en la consecución de tus objetivos toda esa energía que antes desperdiciaban respondiendo a ataques imaginarios de tigres.

Cuando los dos hemisferios del cerebro se sincronizan gracias a la meditación, tu mundo se expande y resulta mucho más fácil encontrar soluciones para los problemas cotidianos. Eso es algo que mis alumnos comentan a menudo y que yo también he experimentado. Pueden ser cosas como resolver rápidamente un desacuerdo entre tus hijos o tus compañeros de trabajo, hallar la manera de superar una jornada laboral complicada o algo tan simple como localizar una buena plaza de aparcamiento.

Las grandes empresas están empezando a darse cuenta del impacto positivo que la meditación puede tener en su productividad y han comenzado a fomentarla entre sus empleados. Aetna, una de las aseguradoras más importantes del mundo, ofreció cursos de mindfulness a su plantilla y más de la cuarta parte de sus cincuenta mil trabajadores se apuntó, según informó el *New York Times*. De media, aquellos que hicieron el curso experimentaron una reducción del 28 % en sus niveles de estrés, una mejora del 20 % en la calidad del sueño y una disminución del dolor del 19 %. Los empleados de Aetna que meditaban también se volvieron mucho más eficientes: ganaron una media de sesenta y dos minutos a la semana de productividad y le ahorraron a la compañía tres mil dólares al año por empleado. La demanda de estos programas sigue aumentando; en Aetna, todas las clases están completas[2]. ¡Y todo esto gracias a la práctica de solo una de las tres emes que vas a aprender en este libro!

» Energía de adaptación

¿De dónde procede esta nueva capacidad para rendir más? La meditación te ayuda a acceder a un recurso interno que yo llamo «energía de adaptación». La energía de adaptación es tu capacidad para hacer frente a una demanda o a un cambio de expectativas. Es la energía que empleamos para gestionar nuestras cada vez más largas listas de tareas, y la mayoría tenemos siempre el depósito en reserva. ¿No me crees? Veámoslo en el contexto de una situación que perfectamente podría darse en la vida real: imagina que el lunes por la mañana te levantas tarde porque no ha sonado el despertador. Aunque supone un contratiempo, puedes sortearlo. Acortas tu rutina y sales por la puerta a la misma hora de siempre.

ENERGÍA DE ADAPTACIÓN: Tu capacidad para hacer frente a una demanda o a un cambio de expectativas.

Pero de camino al trabajo te encuentras con un atasco. Todo el mundo ha disminuido la velocidad para observar cómo un tipo le cambia la rueda a su coche en el arcén. Esto le ha añadido quince minutos más a tu trayecto. ¡Vaya por Dios! Golpeas el volante con la mano y quemas un poco más de tu preciada energía de adaptación.

Aparcas y vas a la cafetería a por una taza de café de Java para llevar, pero resulta que están preparando una nueva tanda. «Aquí tienes una manzanilla. Invita la casa», te dice el camarero con un tono excesivamente alegre. Una manzanilla es lo último que te apetece tomar en esos momentos. Estás que echas chispas y cada vez dispones de menos energía de adaptación en el depósito. A partir de ahí, todo va de mal en peor: tu jefe te grita por haber llegado tarde, te pierdes una reunión que por alguna razón ha desaparecido de tu agenda y, cuando llegas a casa, tu pareja no entiende a qué viene ese humor de perros. Te apoyas en el fregadero para beber un vaso de agua —o quizá de algo más fuerte— y el vaso se te resbala de las manos y se hace añicos en el suelo de la cocina.

Sin darte cuenta, te echas a llorar o empiezas a golpear la pared con los puños o ambas cosas. Y todo por un vaso barato que mañana mismo podrás reponer fácilmente.

¿Qué ha causado esa reacción involuntaria? Lo que está claro es que no ha sido el estúpido vaso roto. Ha sido el hecho de que, en algún momento alrededor de las dos de la tarde, te has quedado sin energía de adaptación. Por ese motivo, lo único que tu cuerpo podrá hacer ante cualquier demanda que surja a partir de ese instante es angustiarse. Cualquier problema, grande o pequeño, se convertirá en algo abrumador. Si se te cae un vaso un día en el que has dormido bien, no has tenido que hacer frente a demasiados desafíos y todavía dispones de una buena cantidad de energía de adaptación, no le darás ninguna importancia. Tú no eliges perder los papeles por algo trivial; ocurre porque tu pozo de energía de adaptación está seco.

¿Y cómo repones tus reservas de energía de adaptación? Meditando. La meditación es, precisamente, lo que te permite acceder a la fuente de energía. **Si cuentas con herramientas eficaces para gestionar tus niveles de estrés y ansiedad, incluso los «reveses» más grandes se pueden convertir en una oportunidad para el crecimiento y la innovación.**

» Por qué la meditación es importante

Sí, mucha gente empieza a meditar para ser más productiva. Una vez que comienzas, querrás seguir haciéndolo por la claridad y la energía que aporta. Si estas recompensas no te convencen o todavía crees que no tienes tiempo para estar sentado en calma, piensa en todas esas personas tremendamente ocupadas —por no hablar de exitosas— que encuentran tiempo para meditar: Oprah Winfrey, Ray Dalio, el congresista Tim Ryan, Kobe Bryant, Tim Ferriss, Michelle Williams, Channing Tatum, Ellen DeGeneres, Meghan Markle y Hugh Jackman, por mencionar solo unos pocos. Tim Ferriss, el autor del libro superventas *La semana laboral de 4 horas* y presentador de uno de los *podcasts* más populares del mundo, en el que entrevista a personas que destacan por su mentalidad ganadora, comentó que el noventa por ciento de sus invitados empieza el día meditando.

Arianna Huffington declaró que lo más destacable de la reunión del Foro Económico Mundial fue que todos los ejecutivos se habían convertido en meditadores. Oprah Winfrey afirma que la meditación la hace ser mil veces más productiva. Y las celebridades, emprendedores y agentes de cambio a los que yo he formado me dicen que la meditación ha aumentado su intuición, sus niveles de energía y, en definitiva, su éxito.

Lo más importante es que tú descubrirás que gracias a la meditación podrás utilizar tus deseos como un indicador de cuál es la mejor forma de poner tus capacidades al servicio del mundo. En lugar de creer que tu felicidad depende de otras personas, lugares o metas económicas, te darás cuenta de que lo que estás buscando ya se encuentra dentro de ti. La meditación no solo se convertirá en una práctica que transformará tu vida, sino en una que podrás emplear para mejorar las vidas de las personas de tu entorno y el mundo que te rodea.

» Un apunte sobre los ejercicios que aparecen a lo largo del libro

Todos queremos rendir al máximo, pero es lo bien que lo hacemos cuando nos encontramos ante un desafío lo que de verdad distingue a los líderes de aquellos que nunca terminan de desarrollar todo su potencial. Todos cantamos estupendamente en la ducha; todos clavamos una presentación en el salón de casa la noche anterior. Pero lo que importa es lo que hacemos cuando llega la hora de la verdad. Disponer de herramientas que preparen el cuerpo y la mente para la acción es crucial. Los ejercicios que aparecen al final de ciertos capítulos están diseñados precisamente para proporcionártelas. Algunos son «ejercicios con los ojos cerrados», es decir, técnicas mentales de focalización. Otros son «ejercicios con los ojos abiertos», que te permitirán adoptar enfoques alternativos.

Estos ejercicios están pensados para asistirte en situaciones de la vida real o para ser utilizados como estímulo entre tus dos prácticas diarias de la Técnica Z. Piensa en ellos como en una pequeña dosis de dicha o un *reseteo* de mediodía que te ayudará a transformar el miedo en combustible y el estrés en fortaleza, lo que hará que comiences a disfrutar de las situaciones de presión en lugar de huir de ellas. Aprenderás a utilizar estas técnicas suplementarias por ti mismo de forma que se convertirán en algo instintivo, por lo que tu respuesta automática pasará de ser «luchar o huir» a «quedarte y participar». No importa si has ganado un Oscar, si eres deportista olímpico o si has fundado tu propio negocio; todos nos ponemos nerviosos cuando nos enfrentamos a situaciones difíciles. Las personas más productivas son aquellas capaces de ganarle la partida al miedo. La valentía no es la ausencia de miedo; es experimentar el miedo y seguir adelante de todas formas.

Algunos de los ejercicios son simplemente consejos prácticos que puedes incorporar a tu día a día para reducir el estrés o mejorar el rendimiento. En unos se utiliza la respiración para *reiniciar* el cerebro y el cuerpo; y en otros se emplea la visualización, que te ayudará a ver en la mente aquello que deseas tener en la vida. Como la leyenda de la autoayuda Wayne Dyer dijo en su día: «Lo verás cuando lo creas».

Si prefieres escuchar las versiones de audio y dejar que yo misma te guíe, muchos de los ejercicios están disponibles en www.zivameditation.com/bookbonus.

Ejercicio con los ojos cerrados

La respiración doble

Esta sencilla pero eficaz técnica de respiración puede evitar que caigas en un pozo ciego de estrés y ayudarte a estar más presente en el momento.

Con el estrés no se puede negociar. Cuando entras en modo lucha o huida, la amígdala toma el control. La amígdala es una estructura primitiva y preverbal del cerebro. Por eso no sirve de nada cuando te dices a ti mismo que te relajes (o peor aún, cuando te lo dice otra persona). La parte de ti que está estresada no comprende el lenguaje. En lugar de ello, tenemos que cambiar el cuerpo a nivel físico o químico. Eso es lo que la técnica de la respiración doble hará.

La magia reside en duplicar la duración de la espiración. Esto calma el nervio vago, una de las conexiones principales entre el cerebro y el cuerpo. Al relajarlo, la información entre el cerebro y el cuerpo y viceversa puede empezar a fluir, lo que te hará estar más receptivo a las soluciones que te ofrezca la Naturaleza.

1. Comienza inspirando por la nariz contando 2 mentalmente. Después espira por la boca contando 4. Puedes empezar caminando por la estancia con los ojos abiertos si estás demasiado alterado.

2. De nuevo, inspira por la nariz contando 2 y a continuación espira por la boca contando 4.

3. Repite. Inspira contando 2, espira contando 4. Si ahora te encuentras más calmado, puedes sentarte y cerrar los ojos. Continúa durante unos 3 minutos más o 15 respiraciones.

4. Cuando estés de vuelta en tu cuerpo y en el presente, piensa en las tres cosas por las que en este momento te sientes más agradecido o agradecida. Sí, en serio. Enuméralas. Es imposible tener miedo y sentir gratitud a la vez. Una emoción intensifica la otra y después hace que se desvanezca.

Toma nota de cómo te sientes antes y después de este ejercicio. No podría ser más sencillo. Muchos de mis alumnos comentan que practicar la respiración doble durante unos minutos es suficiente para mantener a raya los ataques de ansiedad si los cogen a tiempo. Ahora choca los cinco contigo mismo internamente y encara la jornada sabiendo que cuidar de tu salud mental es un acto de valentía e integridad.

» 3 «

El estrés te vuelve estúpido

EL ESTRÉS PUEDE SER POSITIVO cuando capacita al cuerpo para sobrevivir un día más, pero ¿es ese el indicador que quieres emplear para evaluar tu vida? «Bueno, hoy no me ha devorado ninguna bestia salvaje, así que la cosa ha ido bien». Si queremos salir de un estado permanente de lucha o huida, tenemos que esforzarnos a diario para erradicar la acumulación de estrés almacenado en nuestra memoria celular. De esta manera podremos operar en un estado muy superior al modo supervivencia, que es en el que se ha quedado atascada la mayor parte de la sociedad moderna.

Es cierto que hay situaciones en las que las reacciones químicas de lucha o huida pueden ser pertinentes. Por ejemplo, si te asaltan en un callejón o tienes que apartar a un niño de la trayectoria de un vehículo, lo más probable es que te sientas agradecido por esas respuestas biológicas automáticas que hacen posible que el cuerpo y la mente trabajen codo con codo para salvar tu vida o la de otra persona. Incluso existen rutinas de ejercicios y salud que inducen la hormesis, o «estrés bueno», en el cuerpo. El estrés bueno es como una ducha fría, un baño helado, una sesión de sauna o un entrenamiento de alta intensidad. Estas son actividades breves que despiertan el organismo y rejuvenecen las células. Le añaden al cuerpo la tensión necesaria durante el tiempo preciso para matar las mitocondrias débiles (el cerebro de las células) y favorecer las fuertes. Como casi todas las clases de ejercicio físico, son buenas para eliminar el estrés en el ahora.

Pero si queremos deshacernos del estrés del pasado, entonces hemos de añadir el descanso corporal profundo que aporta la meditación. La mayoría de las formas de hormesis son breves a fin de que el cuerpo pueda quemar las sustancias químicas del estrés en el momento y que no se queden en el organismo de manera indefinida. **Estresarse no es malo para el cuerpo; sin embargo, estar siempre estresado es tóxico.**

Desafortunadamente, la parte reflexiva del cerebro humano responsable de generar sustancias químicas como respuesta a situaciones altamente estresantes no sabe distinguir entre circunstancias de vida o muerte y el estrés producido por una fecha de entrega o una ruptura sentimental dolorosa. En otras palabras, el cerebro reacciona ante casi todas las demandas como si fueran el ataque de un tigre, incluso cuando tu vida no corre peligro. Como consecuencia de ello, nos paseamos por nuestras vidas del siglo XXI con la mente y el cuerpo preparados para repeler unas amenazas que ya no forman parte de las experiencias diarias de casi nadie, y sus efectos negativos se acumulan en el organismo.

Todos conocemos esa sensación de estar tan estresados que no somos capaces de pensar con claridad, ni de llevar a cabo una tarea sencilla sin que nos tiemblen las manos, ni de tomar una decisión lógica bajo presión. Ahora imagina que eso fuera lo habitual: tener que operar en condiciones apremiantes y de alto riesgo un día tras otro. Espera. Esa es precisamente tu realidad, ¿me equivoco?

Aun cuando no estemos en modo pánico las veinticuatro horas del día, la mayoría vivimos en un mundo de ansiedad y tensión agudizadas, a pesar de lo cual se espera que reaccionemos como si no ocurriera nada. Si alguna vez te has sentido abrumado por tu incapacidad para hacer frente a las demandas del medio, quiero que seas amable contigo mismo, porque no es culpa tuya. Tu cerebro y tu cuerpo están respondiendo de la única manera que saben. Mi objetivo es ofrecerte una alternativa, una que es posible que, a la larga, cambie el curso de tu vida.

En la actualidad, el estrés no goza de muy buena prensa. Se le culpa de la hipertensión y de los infartos. Se habla de él en términos de epidemia: la «peste negra de nuestro siglo»[1]. Y aunque estoy de acuerdo con estas afirmaciones y he consagrado mi vida a revertir sus efectos negativos, antes de terminar de afilar nuestros horcones comprendamos primero por qué, con el paso del tiempo, el cuerpo humano ha cambiado la manera en la que reacciona ante el estrés.

» Desexcitar el sistema nervioso

En los tiempos en los que estabas o bien empuñando un palo para golpear a ese tigre del que hablábamos o corriendo hacia tu cueva intentando escapar de él, tu cuerpo podía quemar todas las sustancias químicas del estrés. Sin embargo, en nuestra vida moderna, mucho más sedentaria, el cuerpo ha de buscar otras vías para liberar dicho estrés. Por eso mucha gente me dice: «El ejercicio es mi meditación». Pero no. No lo es. El ejercicio es ejercicio; la meditación es meditación. Son cosas distintas, razón por la que tienen su propio vocabulario. Lo que la gente suele querer decir cuando afirma que el ejercicio es su meditación es que el esfuerzo físico constituye un medio para eliminar el estrés, como la meditación. En ese sentido, el ejercicio y la meditación son similares, pero operan de maneras muy distintas porque inciden en el sistema nervioso de forma muy diferente.

Cuando haces ejercicio, el sistema nervioso se excita y se incrementa el índice metabólico. Esto no significa que el ejercicio no contribuya a eliminar el estrés; lo hace. El ejercicio te puede ayudar a eliminar el estrés de hoy. Pero cuando meditas, el sistema nervioso se desexcita, lo que disminuye el índice metabólico, lo que a su vez hace que puedas liberar estrés del pasado. (No te preocupes, eso no quiere decir que vayas a ganar peso si meditas. El índice metabólico es simplemente el ritmo al que el cuerpo consume oxígeno).

Al desexcitar el sistema nervioso, lo capacitas para liberar el estrés antiguo del cuerpo de un modo mucho más eficiente y preparas el terreno para un mejor rendimiento y una mayor claridad mental. ¿Has intentado alguna vez extraer un grano de arroz de una cazuela llena de agua en ebullición? Es prácticamente imposible. Pero si retiras la cazuela del fuego durante unos segundos y dejas que las moléculas de agua se calmen, podrás sacar el diminuto grano de arroz sin problema.

La meditación te permite desexcitar el sistema nervioso rápidamente y le proporciona al cuerpo un profundo descanso. Esto crea orden en el sistema nervioso, de manera que podrás expeler ese estrés que de otro modo es casi imposible eliminar. Esa es solo una de las razones por las que la meditación te hace ser más productivo.

En el capítulo anterior mencioné el cuerpo calloso, la fina tira de sustancia blanca que conecta la sustancia gris de los dos hemisferios cerebrales. Se trata de un puente de fibras nerviosas que permite que un lado del cerebro se comunique con el otro, que ambos compartan información para favorecer el buen funcionamiento general de la mente. Hace años que los neurobiólogos descubrieron que el cuerpo calloso de una persona que medita tiene un espesor mayor que el de una que no medita, pero correlación no es lo mismo que causalidad, por lo que no podían confirmar que ese fortalecimiento de las fibras nerviosas estuviera directamente relacionado con la práctica de la meditación. Gracias a los recientes avances neurocientíficos, podemos ver pruebas tangibles de que el cerebro de los meditadores es distinto y de que la meditación realmente transforma el cerebro. Cuanto más tiempo lleves meditando a diario, mayor será el espesor del cuerpo calloso.

En 2012, un equipo de neurólogos del Laboratorio de Neuroimagen de UCLA publicó un estudio en el que se demostraba claramente el aumento del espesor del cuerpo calloso en las personas que meditaban de manera regular[2]. Y lo que es todavía más interesante, en 2015, un equipo de Harvard publicó los hallazgos de un experimento en el que se realizaron unas resonancias magnéticas de referencia a los participantes antes de que la mitad de ellos comenzara un programa diario de meditación[3]. Los sujetos fueron seleccionados basándose en su salud general; todos ellos, no obstante, afirmaban tener que lidiar con los efectos del estrés en sus vidas. Durante el curso del experimento, los sujetos contestaron a preguntas sobre su estado anímico y emocional. Los integrantes del grupo de la meditación manifestaron unos sentimientos más positivos y una reducción del estrés. Al cabo de ocho semanas, se les hizo otra resonancia y los cerebros de los que habían comenzado a meditar mostraron unos inequívocos cambios físicos, entre ellos, una disminución del tamaño de la amígdala (es decir, del centro del miedo del cerebro), que se expande cuando el cerebro queda bañado en cortisol u otras hormonas de estrés, y un agrandamiento del tronco del encéfalo, donde la dopamina y la serotonina —las sustancias químicas responsables de las sensaciones de felicidad, amor y contento— se originan.

Piensa en ello durante un instante: **en solo dos meses, la meditación puede cambiar el cerebro lo suficiente como para que sea visiblemente detectable en una resonancia magnética;** encoge el centro del miedo y agranda los centros responsables de la felicidad, el amor y la resolución creativa de problemas.

Resulta que la meditación es una experiencia que literalmente te cambia la mente. El hemisferio cerebral izquierdo se ocupa, en esencia, del pasado y del futuro; lo que hace es reflexionar sobre las lecciones aprendidas y planificar lo que está por venir. Es el responsable del lenguaje, del pensamiento crítico, del pensamiento analítico, de las matemáticas, de cuadrar nuestras chequeras, de gestionar nuestras responsabilidades, es decir, de todas las tareas importantes que nos hacen actuar como adultos funcionales (o al menos de manera muy parecida a las personas respetables que nuestros padres deseaban desesperadamente que fuéramos). La mayoría de nosotros, en especial las personas más dinámicas, hemos llevado nuestro cerebro al gimnasio todos los días y lo hemos ejercitado al ritmo de la misma canción: «Piensa, actúa, cumple y gana dinero para que puedas ser feliz en el futuro». El hemisferio izquierdo de tu cerebro es un tío cachas que nunca se salta una sesión de piernas.

Por otro lado, el hemisferio derecho de la mayoría de los miembros de la sociedad moderna occidental se halla en un estado cercano a la atrofia. El hemisferio derecho del cerebro es la parte de ti responsable del presente, de la intuición, la inspiración, la creatividad, la música y la conectividad. A él le debemos nuestros momentos de revelación a la hora de resolver problemas y los enfoques innovadores de los desafíos más comunes. Por desgracia, la razón por la que estos destellos de brillantez suelen ser simplemente eso, fogonazos esporádicos en los que el hemisferio derecho del cerebro aparece en escena con alguna espectacular muestra de ingenio para luego hacer mutis por el foro, es que hemos forzado al hemisferio izquierdo a estar hiperatento. Con frecuencia, el hemisferio izquierdo se entromete y toma el mando antes de que el derecho concluya su labor.

Si observas un cerebro humano, verás que está físicamente dividido en dos partes, en dos hemisferios, el izquierdo y el derecho, que presentan un tamaño y una forma perfectamente equilibrados. Yo no creo que la Naturaleza cometa errores. **Estoy convencida de que la Naturaleza no nos habría dotado de un cerebro dividido al 50 % si hubiera querido que lo utilizáramos en una relación de 90/10.** Cuando meditamos, llevamos el cerebro al gimnasio para fortalecer el cuerpo calloso, para reforzar y engrosar el puente que comunica el hemisferio izquierdo y el derecho. Esto crea una cohesión cerebral, es decir, incrementa la comunicación y la interacción entre ambos hemisferios.

¿Qué tiene que ver eso con el estrés? Lo siguiente: cuando te encuentras en una situación difícil, puedes sentir cómo el cuerpo y la mente empiezan a generar respuestas estresantes. Cuando el equilibrio entre el hemisferio derecho y el izquierdo es fuerte, en lugar de entrar en modo de lucha o huida, descubrirás que tu mente es capaz de conservar la calma y la lucidez y de generar soluciones creativas. Tu cerebro estará mejor equipado para rechazar una respuesta alarmada ante un estresor —como pudieran ser los gritos de tu jefe, un plazo de entrega verdaderamente apurado o la competencia pisándote los talones— a la vez que accede a un tipo de inspiración totalmente distinto.

» La artista anteriormente conocida como estrés

En contra de lo que se suele creer, el estrés no contribuye en nada a tu productividad ni a tu rendimiento. De hecho, según los Vedas, **«las situaciones estresantes no existen, solo las respuestas estresantes a una situación dada».** En otras palabras, el estrés no es algo que te ocurra; el estrés es tu reacción ante lo que te ocurre.

Cuando te conviertes en profesor de meditación, también te conviertes en un experto en estrés. El estrés ha alcanzado el nivel de epidemia tanto en Occidente como en el resto del mundo. Pero ¿qué queremos decir exactamente cuando utilizamos la palabra *estrés*?

Vamos a dedicar un minuto a hablar de lo que no es estrés: los plazos de entrega, las rupturas sentimentales, ir a ver a tu familia por

Navidad o desplazarte al trabajo todas las mañanas no es estrés. Todo eso son demandas; son cosas que demandan tu tiempo y tu atención y consumen tu energía de adaptación. Por este motivo, yo he dejado de emplear la palabra *estrés* para referirme a todas las presiones derivadas de nuestras responsabilidades profesionales y personales; en su lugar, prefiero llamarlas demandas. Todos los días tenemos que compaginar multitud de demandas; nuestro *estrés* es el impacto negativo que permitimos que esas demandas tengan.

Cada plato de comida rápida que has ingerido, cada copa de Jack Daniel's que has tomado, cada noche sin dormir, cada avión que has cogido... todas esas cosas consumen la energía de adaptación del cuerpo. No es que sean necesariamente «malas», sino que nuestros cuerpos y nuestras mentes no han evolucionado para asimilarlas de manera adecuada. Afectan a tu modo de gestionar el estrés ahora y eso tiene un impacto en la forma en la que gestionarás el estrés en el futuro. Lo que ocurre es lo siguiente: si hay un montón de demandas consumiendo tu energía de adaptación y tú añades una más, tu cuerpo va a responder de manera involuntaria entrando en modo de lucha o huida. Y eso es lo que es el estrés: tu reacción a las cosas, no las cosas en sí mismas.

ENERGÍA DE ADAPTACIÓN: La capacidad del cuerpo para gestionar un cambio de expectativas o una demanda.

DEMANDA: La artista anteriormente conocida como estrés.

No actuamos conforme a lo que sabemos; actuamos conforme al nivel de estrés básico de nuestro sistema nervioso. Espero que esta sea una noticia reconfortante para ti, ya que significa que no eres un fracasado por no haber implementado todas las lecciones que has aprendido en todos los libros de autoayuda que has comprado en tu vida. Lo mejor es que la técnica que vas a aprender en este libro te permitirá comenzar a utilizar todo ese *software* sofisticado (información) que has adquirido, consolidándolo en tu disco duro (es decir, en tu cerebro).

Este concepto resulta extraño para la mayoría de nosotros, así que voy a reunir el vocabulario que hemos aprendido hasta ahora. Si te has quedado sin *energía de adaptación* y te enfrentas a otra *demanda*, tu cuerpo reaccionará involuntariamente entrando en modo lucha o huida, tanto si has leído *El poder del ahora* como si no. La meditación te permite rellenar rápidamente el depósito de energía de adaptación, lo que te concederá el lujo de poder elegir cómo quieres responder ante las demandas del medio. Esto quizá no parezca gran cosa, pero lo es. Responder con elegancia en lugar de hacerlo de manera descontrolada puede mejorar notablemente tu calidad de vida.

Vamos a dedicar un momento a comparar las jornadas de dos personas ficticias a las que llamaremos Suzie Nopuedoconmivida y Peggy Puedocontodo. Peggy medita dos veces al día; Suzie no.

	Suzie Nopuedoconmivida	Peggy Puedocontodo
6:00 horas	Con el cansancio acumulado del día anterior, Suzie va posponiendo la alarma del despertador hasta las 6:45.	Peggy se despierta antes de que suene el despertador, se cepilla los dientes y medita durante 15 minutos.
8:00 horas	Frenética porque se le han pegado las sábanas, Suzie lleva a su hija al colegio a toda prisa. Llegan tarde y Suzie no tiene tiempo de tomarse un café ni de desayunar, algo que necesita urgentemente.	Peggy se prepara una tartera con una comida saludable, viste a su hija, le da el desayuno y la lleva al colegio con puntualidad. Ella llega al trabajo unos minutos antes.
11:00 horas	El jefe de Suzie cambia la fecha de entrega de un proyecto importante. Angustiada porque ya iba retrasada, Suzie se salta la comida para terminarlo.	El jefe de Peggy cambia la fecha de entrega de un proyecto. Ella mantiene la calma y aplica un enfoque creativo para terminar el trabajo en 90 minutos. Hace una pausa para comer y disfruta de unos momentos al aire libre.

	Suzie Nopuedoconmivida	Peggy Puedocontodo
15:00 horas	Con el plazo casi cumplido, Suzie entrega el proyecto. Sin haber comido nada en todo el día y con el trabajo de la jornada retrasado, va corriendo a un Starbucks a por un café y una porción de bizcocho de plátano.	Peggy lleva a cabo su meditación vespertina en una sala vacía. Tras haber repuesto la energía de adaptación y sintiéndose renovada, completa el resto de las tareas del día.
18:00 horas	Con dolor de cabeza y un hambre voraz, Suzie queda atrapada en un atasco de camino a casa y toca el claxon con furia.	Mientras está retenida en un atasco de camino a casa, Peggy escucha uno de sus *podcasts* favoritos y disfruta de ese tiempo extra de soledad.
20:00 horas	Suzie y su marido mantienen una conversación difícil sobre la anciana madre de él. Suzie rompe a llorar. Es demasiado para ella después del duro día que ha tenido.	Peggy y su marido comentan la salud de la anciana madre de él. Peggy escucha compasivamente y después, con serenidad, ambos tratan de encontrar una solución para esa difícil situación.
20:30 horas	La hija de Suzie interrumpe. Suzie, que ha agotado toda su paciencia, reacciona bruscamente y le dice a gritos que se meta en la cama y se duerma.	La hija de Peggy interrumpe. Peggy la sienta en su regazo, agradecida por la felicidad que les aporta a sus vidas. Peggy le lee un cuento antes de acostarse y le da un beso de buenas noches.
22:00 horas	Suzie está mentalmente exhausta, pero se queda trabajando hasta tarde porque se siente frustrada por lo poco que ha podido hacer durante la jornada. Espera que al día siguiente todo vaya mejor.	Peggy deja el libro que está leyendo y reflexiona sobre lo afortunada que es. Se siente orgullosa de cómo ha gestionado su exigente jornada y está deseando que llegue el día siguiente.

» Tu relación con el estrés

¿Y si, como Suzie Nopuedoconmivida, tú anhelaras en secreto ese estrés? Algunos llevamos el estrés como si de una medalla al mérito se tratara. Hay una pequeña parte de nosotros que disfruta de lo importantes que nos hace sentir o del hecho de estar tan solicitados.

Yo enseño a muchos altos ejecutivos y a muchos actores, y aunque pertenecen a ámbitos muy diferentes, ambos tipos de alumnos revelan la misma adicción. Los ejecutivos me dicen: «Emily, necesito el estrés. Necesito la ansiedad. Es lo que me hace ser mejor que los demás». Los actores me dicen: «Emily, necesito el estrés. Necesito la ansiedad. Mi creatividad surge del dolor».

De eso nada.

Las respuestas de estrés no son la fuente de tu inspiración, ni de tu ingenio, ni de tu clarividencia. La creatividad y la innovación proceden del hemisferio derecho del cerebro, no de ninguna reacción biológica destinada a protegerte de un depredador. Si los dos hemisferios cerebrales pueden comunicarse de manera clara y sencilla, tú estarás más capacitado para generar soluciones creativas e ideas ingeniosas incluso en las situaciones más complicadas. El estrés te vuelve estúpido porque hace que el cerebro y el cuerpo empleen demasiada energía preparándose para algo que ni siquiera es real. Cuando meditamos, recuperamos la energía mental y física, lo que nos permite ser más eficientes.

Vamos a llevar a cabo un pequeño experimento matemático para evaluar cómo combates tú el estrés. En los últimos seis meses, ¿cuánto te ha costado tu estrés en...

alcohol?
psicólogos?
café?
tabaco?
compras compulsivas?
sexo anónimo?
tratamientos médicos?
drogas?

reuniones olvidadas?
oportunidades de empleo perdidas?
bajas laborales?

Cuando te paras a pensar en el verdadero precio que estás pagando por el estrés en términos de tiempo, dinero y autoestima, parece inconcebible que no quieras hacer nada para eliminar ese contaminante de tu organismo. Al final de este capítulo te voy a asignar la tarea de calcular el dinero y el tiempo malgastados a consecuencia del estrés. El estrés acumulado ha ido introduciendo lentamente los venenos de la negatividad y la inseguridad en tu vida, y, como eres humano, buscas formas de sentirte mejor. La cuestión es que hay mucha gente que gana grandes cantidades de dinero gracias a esa búsqueda infructuosa. La multimillonaria industria de la publicidad se basa enteramente en ella.

La meditación no solo puede hacer que dejes de gastar dinero en remedios ineficaces para combatir el estrés, sino que una vez que se convierta en un hábito diario puede llegar a tener un valor incalculable para ti. En Ziva les entregamos a nuestros estudiantes una encuesta para que la rellenen cinco meses después de haber empezado su viaje y una de las preguntas que hacemos es: «¿Cuánto habrían de pagarte para que dejaras de meditar?». ¡La cifra media obtenida es de novecientos setenta y cinco millones de dólares! Sí, ya sé que no se trata de un estudio muy científico, y aunque sin duda es algo imposible de cuantificar objetivamente, da una idea de lo valioso que puede ser encontrar tu propia felicidad. (A nivel personal, ninguna cantidad de dinero podría convencerme jamás de abandonar mi práctica diaria, porque acabaría siendo una insomne muy rica y es muy difícil disfrutar de la vida cuando estás hecha un trapo).

Antes de continuar, quiero recordarte que debes hacer el ejercicio y averiguar el coste que el estrés tiene para ti en términos de tiempo. Disponer de datos anteriores y posteriores resulta muy útil. A casi nadie se le da bien reconocer y celebrar sus logros, por eso me gustaría compartir contigo la historia de una de nuestras alumnas de zivaONLINE, Shaunda Brown, que se hizo una prueba de cortisol antes y otra después del curso.

A los treinta y cinco años se me empezó a caer el pelo y me aparecieron pequeñas calvas en el cuero cabelludo. Aunque pensaba que gozaba de buena salud, descubrí que tenía alopecia areata por los niveles altos de cortisol provocados por el estrés. Siempre había pensado que padecer estrés era lo normal cuando diriges tu propia empresa y además tienes una agenda social bastante apretada; cuando estás viviendo lo que yo antes consideraba que era una vida plena.

Decidí hacer algunos cambios y acudí a Emily Fletcher para que me ayudara. Empecé a meditar de forma regular durante quince minutos dos veces al día. El impacto fue tal que inmediatamente me sentí más centrada y más capacitada para tomar decisiones importantes. Comencé a dormir mejor, me convertí en una persona más eficiente y más competente y empecé a relativizar cosas que antes me abrumaban. Descubrí lo que era vivir una vida plena de verdad, una vida en la que cada día era mejor que el anterior. Los resultados de la prueba de cortisol muestran el efecto tan positivo que Ziva ha tenido en mi cuerpo, que ahora padece diez veces menos estrés.

Antes de zivaONLINE mi ratio de sodio/magnesio (una medida de la función suprarrenal) era muy alta, de 96. Esto indica insuficiencia suprarrenal. Según mi último análisis, el nivel de sodio/magnesio ha caído de 96 a 10, lo que quiere decir que, tras solo cinco meses, mi nivel de estrés es diez veces más bajo y mi salud suprarrenal es diez veces mejor.

» Desintoxicación emocional

Antes de hablarte de las técnicas específicas que utilizarás para meditar, es importante dedicar un momento a explorar el proceso mediante el que el cuerpo empieza a eliminar el estrés. Esta preparación emocional es fundamental para obtener los máximos beneficios y establecer la relación más sana y productiva posible con la Técnica Z. Si estamos de acuerdo en que el estrés acumulado en el cuerpo nos ralentiza y en que es lógico deshacerse de él para poder rendir al máximo, lo siguiente que debemos preguntarnos es… ¿adónde va el estrés?

La meditación te escurre como si fueras una esponja, así que si tienes un poco de tristeza dentro, es posible que al inicio de la práctica empieces a eliminar un estrés con un «sabor» triste. Igual ocurre con la rabia, el resentimiento, la inseguridad y muchas otras emociones desagradables. Yo les advierto a mis alumnos de Ziva que durante las primeras dos semanas del curso no hay que dejar trabajos, plantear divorcios ni proponer matrimonios. Suelen reírse… hasta que experimentan de primera mano lo intensos que pueden ser los sentimientos cuando el cuerpo y la mente se están desintoxicando. Lo cierto es que el estrés puede tener el mismo sabor cuando sale que cuando entra. A pesar de lo mucho que me gustaría agitar una varita mágica y hacer que el estrés que has acumulado durante toda la vida desapareciera en un instante, la Naturaleza no funciona así. Ese estrés antiguo provocado por aquel perro que te ladró en la cara cuando tenías cuatro años puede generar cierta ansiedad al ser liberado.

Creo que avisar de la posible aparición de sensaciones desagradables ayuda. Y es que no hay forma de dar un rodeo, hay que vivirlo todo. En los próximos capítulos yo te guiaré durante este proceso de desintoxicación emocional y física. Lo mejor que puedes hacer durante las primeras semanas de práctica de la Técnica Z es reservar un tiempo extra de descanso y procurar rodearte de un buen equipo de apoyo. Una idea sería fundar un club de meditación con amigos o compañeros de trabajo y comenzar el programa juntos. Es mucho más fácil mantener el compromiso si cuentas con apoyo y debes responder ante alguien. **Al igual que ocurre en todo proceso de desintoxicación, como dejar de fumar o ayunar, las respuestas iniciales a la liberación por parte del cuerpo y la mente del estrés acumulado durante toda una vida pueden ser fuertes.**

Algunos alumnos afirman experimentar sentimientos de tristeza o rabia a causa de traumas pasados que creían haber superado; otros se dan cuenta de que necesitan urgentemente dar un giro a sus vidas; otros se sienten confundidos por manifestaciones físicas catárticas, como el llanto sin causa aparente, sueños vívidos, pesadillas, náuseas o aturdimiento. No te cuento esto para asustarte; lo hago para que emprendas este proceso de desintoxicación con los ojos bien abiertos y preparado para hacer frente con valentía a las sensaciones de malestar en caso de que surjan.

Todas estas reacciones son completamente normales y suelen darse con más intensidad en los días y semanas iniciales. Si de repente quieres dejar tu trabajo, sal a dar un paseo. Si te entran ganas de divorciarte, échate una siesta. Si deseas mudarte a otro lugar, date un baño. Si eso no funciona, ponte en contacto con los meditadores de la comunidad virtual zivaTRIBE en facebook.com/groups/zivaTRIBE.

También es muy posible que tengas pocos síntomas, o ninguno, de desintoxicación emocional. Yo no sufrí ninguno cuando comencé y aun así obtuve beneficios mayúsculos de la meditación (claramente). En otras palabras, la desintoxicación y los beneficios no siempre son correlativos. Por desgracia, no es fácil predecir cómo va a reaccionar tu cuerpo a las fases iniciales del desestrés, pero saber que es posible que experimentes reacciones físicas intensas te permitirá prepararte para lo que pueda venir y también te recordará que se trata de algo pasajero. Nuestro lema durante esta etapa inicial de desintoxicación será: «¡Mejor fuera que dentro!».

DESESTRÉS: El proceso mediante el cual el estrés acumulado durante toda una vida abandona el cuerpo. Este período puede durar desde unos días a unos meses.

CATARSIS EMOCIONAL: La purga de emociones profundas, que produce una cura psicológica y a veces alivio físico.

El estrés es un abusón. El estrés hace que el cuerpo y la mente queden atrapados en un plano de cansancio, preocupación y descontento perpetuos; hace que estés siempre con el alma en vilo, nervioso, que desconfíes de todo el mundo. Hace exactamente lo que haría un abusón en el patio del colegio. La meditación te aporta una sensación de seguridad que te permite desbloquearte a nivel emocional. Te permite desprenderte del miedo y el pánico que pueden apoderarse de tu cuerpo y de tu mente. Como una madre cariñosa, la meditación te envuelve con sus brazos y le hace saber a tu sistema nervioso que ahora puedes acceder internamente a una dicha y una plenitud propias, lo que te proporciona la confianza necesaria para liberar el estrés acumulado durante toda la vida. Yo quiero animarte a que le plantes cara a ese abusón, por mucho que al principio te resulte aterrador.

Cuando una persona comienza a meditar, se mete de lleno en un proceso de desestrés. Yo insto a mis alumnos a que se enfrenten con valentía al malestar temporal. Malestar no es lo mismo que sufrimiento. El sufrimiento es un dolor intenso y prolongado; el malestar es un corto período de sensaciones fuertes que tiene lugar mientras avanzas hacia una liberación. De esa incómoda experiencia temporal saldrás fortalecido y mejor preparado para encarar el futuro. La desintoxicación emocional que quizá experimentes al comienzo de este proceso no es sino tu cuerpo deshaciéndose por fin de la carga del estrés acumulado a lo largo de la vida. Eso no significa que estas respuestas no sean reales, válidas o intensas, pero hay que verlas como algo pasajero, algo que en última instancia te conducirá a una liberación del estrés y sus efectos en tu estado físico, así como en tu agudeza mental y en tu rendimiento.

Si estás listo, a pesar del posible malestar inicial, para hacer frente a las demandas del medio con un cerebro a pleno rendimiento y para eliminar el estrés que has ido acumulando en el cuerpo durante toda la vida, entonces ha llegado la hora de iniciar esta práctica. Recuerda que la finalidad de este viaje es mejorar tu vida. A medida que vayas eliminando estrés, podrás aprovechar el espacio y la energía que deja atrás para emplearlos de manera creativa y productiva. Incluso tu coeficiente intelectual puede aumentar (¡hasta un 23 %, según algunos estudios![4]). Recuerda, el estrés te vuelve estúpido.

Ejercicio con los ojos abiertos

¿Cuánto te cuesta el estrés?

Este es un ejercicio muy práctico. La pregunta que planteé antes con respecto a cuánto te está costando el estrés no era hipotética. Ha llegado el momento de ponerlo por escrito. Cuando lleves varios meses meditando te alegrará disponer de esta información.

Repasa los últimos seis meses de gastos y toma nota de las distintas formas en las que el estrés te ralentiza y exprime tus finanzas. Si hay cosas que no he incluido en la lista, añádelas.

A lo largo de los últimos seis meses, ¿cuánto dinero has gastado en lo siguiente?

Alcohol
Psicólogos
Café
Tabaco
Compras compulsivas
Sexo anónimo
Tratamientos médicos
Drogas
Reuniones olvidadas
Oportunidades de empleo perdidas
Bajas laborales

Ahora me gustaría que anotaras lo que piensas que estas válvulas de escape te están costando en términos de tiempo (¿cuánto crees, en definitiva, que vale tu tiempo?) durante un período de seis meses. Las encuestas que he realizado entre mis alumnos han revelado una cifra cercana a los seis mil dólares. ¡Eso son casi doce mil dólares al año! Ahora dedica un momento a apuntar lo que podrías haber hecho con ese dinero extra. ¿Disfrutar de las vacaciones de tu vida? ¿Contratar a un entrenador personal? ¿Invertir en el fondo para la universidad de tu hijo? ¿No te parece que merece la pena cambiar ese dinero por dos períodos diarios de quince minutos?

Si las cifras que te salen te provocan una reacción de estrés, puedes hacer este sencillo y agradable ejercicio para dejar de sentirte abrumado: inspira por la nariz e imagina que percibes el aroma de unas galletas recién hechas. Contén la respiración durante unos instantes y después espira por la boca imaginando que estás soplando las velas de una tarta de cumpleaños. Repite un mínimo de 3 veces.

Caso de estudio Ziva número 2

Cómo dejé de ser un «meditador fracasado»

MALCOLM FRAWLEY, PROMOTOR INMOBILIARIO

Pasé la adolescencia escondiendo mis sentimientos en una caja metafórica para que nadie, ni siquiera yo mismo, pudiera verlos. Si estaba triste, forzaba una sonrisa; si me enfadaba por algo, hacía como si no ocurriera nada. Estos hábitos derivaron en comportamientos extremos, y así como había veces en las que evitaba a toda costa las situaciones desagradables, otras reaccionaba de manera exagerada. Estaba tan desconectado de mí mismo que tomé muchas decisiones importantes basándome en sentimientos de los que ni siquiera era consciente.

Durante la mayor parte de la veintena estuve tomando antidepresivos, ansiolíticos y somníferos. Muchos médicos trataron de «curarme», pero mis propios sentimientos me eran tan ajenos que no sabía muy bien qué estaban intentando curar.

Tras años medicándome y ansioso por liberarme de mi adicción a los somníferos, empecé a buscar alternativas. La meditación había comenzado a ponerse de moda y era genial poder descargarte una aplicación que prometía hacerte sentir mejor al instante. Escuché algún ejercicio de mindfulness y traté de seguir las instrucciones. Me concentraba en la respiración y ponía todo mi empeño en «dejar la mente en blanco», pero nunca llegué a comprender bien cómo lograrlo. Cuando empezaron a abrirse estudios de meditación, me dije: «Esta es mi oportunidad para aprender a detener el pensamiento y hallar por fin esa dicha de la que todo el mundo habla». Por desgracia, no fue así. De nuevo me encontré con alguien que me decía que me sentara con la espalda recta, que me concentrara en la respiración y que impidiera que los pensamientos entraran en mi mente, lo que, en lugar de relajarme, intensificó mi ansiedad. Decidí que ya podía añadir la «meditación» a la lista de cosas que había probado y en las que había fracasado.

Un día le hablé a una amiga de mis intentos fallidos con la meditación y ella me dijo que lo más probable es que estuviera practicando el tipo equivocado. ¡Yo ni siquiera sabía que existían distintos tipos de meditación! Comenzó a hablar con entusiasmo sobre Emily y Ziva y la manera tan espectacular en la que habían cambiado su vida. Sin pensármelo dos veces, me apunté a la siguiente charla de introducción a la meditación que dio Emily y me animó mucho escucharla hablar de cómo había superado el insomnio y de cómo su vida, en conjunto, había mejorado. En ese momento decidí que tenía que probar su método.

Nueve meses después, mi vida ha cambiado exactamente como Emily dijo que podría hacerlo, y eso me hace muy feliz. Por primera vez en diez años, no tomo ningún tipo de medicación. Puedo conciliar el sueño sin esfuerzo y sin ninguna clase de ayuda, y me despierto descansado y renovado. Pero lo más importante es que ahora soy capaz de conectar con mis sentimientos; puedo identificarlos, experimentarlos y seguir avanzando. Mis reacciones son siempre auténticas y no me quedo atascado reviviendo viejos traumas. Mantengo una relación sentimental sana y responsable en la que puedo mostrarme tal como soy. Estoy más centrado en mi trabajo y vivo la vida de una forma mucho más creativa.

» 4 «

Insomnes por el mundo

CUANDO ESTÁS CANSADO, la vida es un asco.

Más de 40,6 millones de norteamericanos —eso es más de un tercio de la población adulta— tienen problemas para dormir, según el CDC (Centros para el Control y la Prevención de Enfermedades de Estados Unidos). Dichos problemas van desde el nerviosismo al insomnio agudo. Para algunas personas, el insomnio consiste en estar tumbadas en la cama tratando de conciliar el sueño mientras los acontecimientos de la jornada y los planes para el día siguiente repiquetean en sus cerebros. Para otras, el insomnio es no irse a la cama siquiera y pasarse las noches deambulando por la casa o metidas en las redes sociales porque son incapaces de apagar el cerebro y el cuerpo al mismo tiempo. Y para otras, el insomnio es entrar varias veces en un estado de duermevela para acabar desvelándose porque de repente en su cabeza ha aparecido la letra de la canción que cantaron en un recital del colegio y no pueden dejar de tararearla. El insomnio puede adoptar un sinfín de formas más y todas son desquiciantes.

Cuando yo estaba «viviendo mi sueño» en Broadway, todas las noches tenía problemas para dormir. Me metía en la cama y sentía cómo una combinación de ansiedad, unos ritmos circadianos alterados y la adrenalina generada por la actuación me recorría el cuerpo. Me quedaba tumbada durante horas, completamente despierta pero deseando con toda mi alma poder descansar, consciente de que cada minuto que pasaba haría que al día siguiente me sintiera más exhausta, lo que me impediría rendir al máximo en mi trabajo.

En un estudio reciente llevado a cabo en Canadá se observó que aquellas personas que habitualmente duermen menos de seis horas por noche padecen un desajuste agudo en el razonamiento y la percepción, y que los efectos a largo plazo de la privación del sueño son muy parecidos a los del alcoholismo[1]. En ese mismo estudio se señalaba que «conducir sin haber dormido lo suficiente [...] produce la misma deficiencia cognitiva que el conducir bajo los efectos del alcohol». ¿Así es como quieres que transcurra tu vida? ¿Como si fueras un conductor borracho?

Todos sabemos que dormir bien es importante para la salud física y mental. Algunos de los mejores jugadores de la NBA duermen hasta doce horas cada noche para restituir su energía. Eso es algo que nuestros padres han intentado inculcarnos desde que éramos niños, primero cuando, siendo muy pequeños, no queríamos dormir la siesta, y más adelante, cuando les rogábamos que nos dejaran quedarnos despiertos hasta más tarde para poder leer un capítulo más de un libro o ver otro episodio de una serie. ¿Obedecía esto a un plan egoísta de nuestros padres, que nos mandaban a la cama para poder conservar la cordura? Es muy probable, pero eso no significa que no tuvieran razón. La claridad mental, la productividad laboral, la longevidad, un sistema inmunitario fuerte e incluso la pérdida de peso son beneficios probados de una mente y un cuerpo descansados. Y a pesar de que todos comprendemos la importancia vital del sueño, ¿qué solemos recortar primero cuando tenemos la agenda saturada? Exacto. Horas de sueño. Nos acostamos más tarde, nos levantamos más temprano o trabajamos toda la noche; nos atiborramos de cafeína, bebidas energéticas o lo que tengamos a mano para mantenernos despiertos durante la jornada y, sin apenas descansar, al día siguiente volvemos a hacer lo mismo. Yo he pasado por ello y no me cabe la menor duda de que tú también. ¿Por qué seguimos castigándonos así si somos conscientes de que no es bueno?

Vivimos en un mundo acelerado que tiende a equiparar el descanso con la holgazanería, a pesar de que podemos rendir a un nivel mucho más elevado si encaramos el día bien descansados. Todos lo sabemos y aun así creemos que de alguna manera podemos derrotar al sistema. Hay algo que quizá ignores: **la Naturaleza lleva muy bien la cuenta.** Es una suerte de casino: puedes tratar de engañar a la banca —incluso es posible que durante un tiempo parezca que lo estás logrando—, pero al final la banca siempre gana. No puedes sisarle dos horas de sueño a tu cuerpo cada noche y esperar que no lo note. Al cabo de un mes, eso equivale a más de cincuenta y seis horas de sueño perdidas. Piensa en ello. Si durante un mes te acuestas una hora más tarde y te levantas una hora más temprano de lo que deberías, le estás robando a tu cuerpo dos días y medio de descanso.

Muchos de mis alumnos me dicen que con unas agendas tan apretadas como las suyas les resulta imposible dormir ocho horas todas las noches. Como excusa me podría valer, pero hay algo que todo el mundo puede hacer para disfrutar de un sueño más profundo y eficiente durante el tiempo del que dispone. ¿Te imaginas qué puede ser?

» Sueño frente a meditación

Los científicos solían creer que el cerebro y el cuerpo se apagaban cuando una persona se iba a dormir. Hasta la década de 1950, en la que las técnicas de neuroimagen experimentaron un gran avance, los investigadores no pudieron ver cómo el cuerpo y el cerebro interactúan durante la noche cuando aparentemente están en reposo.

A lo largo de la noche, un adulto normal experimentará ciclos de fases de sueño de entre 90 y 110 minutos. Conectado al cerebro de ese adulto normal, un escáner mostrará lo que parece una serie de montañas y valles, una representación de la actividad mental del sujeto, que aumenta y disminuye en patrones predecibles durante el sueño, dependiendo de si este es ligero, profundo o se halla en la fase de movimientos oculares rápidos (fase REM, por sus siglas en inglés). Los científicos han clasificado estas fases de actividad cerebral en varios tipos de «ondas».

Tan pronto como empiezas a adormecerte, el movimiento ocular disminuye y el cerebro pasa de un estado consciente de alerta a uno en el que genera ondas alfa y theta, más lentas. Transcurridos entre uno y diez minutos, el cerebro, antes de ralentizarse, produce unas repentinas ráfagas de actividad oscilatoria llamadas husos del sueño o ritmo sigma. A medida que te vas sumiendo en un sueño más profundo, el cuerpo se vuelve mucho más insensible a los estímulos externos y el movimiento ocular y muscular prácticamente se suspende, mientras que el cerebro continúa produciendo ondas delta, las de menor frecuencia, hasta que entras en la fase REM. Esta es la fase durante la cual puedes tener tus sueños más vívidos. Los ojos se mueven rápidamente a pesar de estar cerrados y tanto la frecuencia cardíaca como la presión sanguínea aumentan. La fase REM puede durar hasta una hora; después el cerebro te llevará de vuelta a la primera fase y el ciclo del sueño comenzará de nuevo. Aunque los científicos todavía no comprenden plenamente por qué el cerebro y el cuerpo reaccionan al sueño de la manera en que lo hacen, sí saben que cada una de las fases más profundas del sueño tiene diversos beneficios, como la reparación de los músculos y la curación de heridas y lesiones, la conversión de nueva información en recuerdos y el procesamiento de los acontecimientos del día anterior.

Este ciclo de sueño ligero-profundo-ligero se repite a lo largo de la noche con un patrón casi universal entre adultos sanos que conviven con las demandas más comunes del mundo industrializado. Pero, curiosamente, en las investigaciones sobre el sueño llevadas a cabo con meditadores se ha observado que sus cerebros tienden a pasar rápidamente de las fases iniciales de sueño ligero al sueño profundo y después permanecen en los estados más profundos hasta la mañana.

Cuando duermes, la mente continúa procesando la información reunida a lo largo del día, razón por la que a menudo tenemos sueños estresantes durante épocas particularmente complicadas o pesadillas después de haber visto una película de terror, porque el cerebro está filtrando la información recién recibida y vinculándola a las creencias y estructuras a largo plazo presentes en el subconsciente. Como ya hemos visto, el estrés escapa del cuerpo en forma de pensamientos, ya que se origina en el cerebro. Si tienes una carga de estrés acumulado, algo habitual en casi todos los que vivimos en la sociedad occidental, el cerebro se ve forzado a utilizar las horas de sueño para liberar estrés en lugar de descansar.

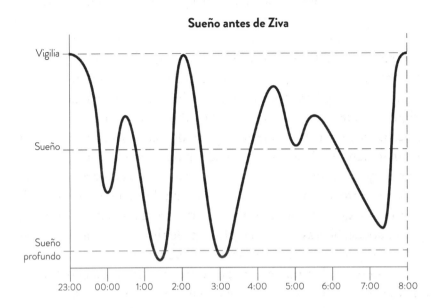

Sueño antes de Ziva

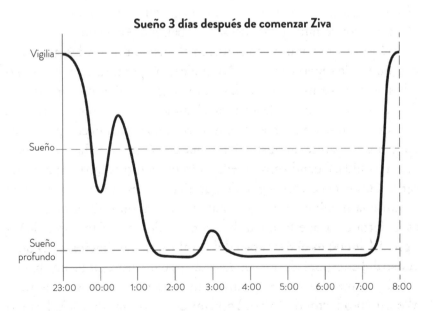

Sueño 3 días después de comenzar Ziva

Para comprender mejor este concepto, que es bastante abstracto, utilizaremos las matemáticas. Piensa en este «problema matemático» como si fuera un ejercicio del colegio, no un estudio científico. Un día cualquiera, entre tus responsabilidades laborales, controlar tus cifras de ventas, preparar la gran presentación de la próxima semana, pagar las facturas, limpiar lo que ensucian tus hijos y sacar a pasear al perro, adquieres diez «unidades» de estrés mientras estás despierto. Te acuestas por la noche y duermes, y ese descanso será suficiente para quemar siete unidades de ese estrés. No suena nada mal, ¿verdad? Pero lo que ocurre es que cuando te levantas llevas contigo tres unidades de estrés del día anterior. Ese día adquieres otras diez unidades de estrés, lo que significa que ahora portas trece unidades. Te acuestas por la noche, liberas siete unidades y te levantas con seis. A lo largo del día adquieres diez unidades más, lo que suman dieciséis; duermes, liberas siete y te levantas con nueve, doce, quince, dieciocho. Y así un día tras otro. Eso es lo que has estado haciendo toda la vida.

¿Ves el problema? El estrés se va acumulando y, para la mayoría de nosotros, el sueño no es una forma de descanso lo suficientemente efectiva para gestionar el nivel de exigencia que tenemos que soportar. Por este motivo tanta gente decide probar la meditación.

Dormir y meditar no constituyen el mismo tipo de descanso. Por cuestiones de supervivencia, la Naturaleza no permitirá que el cuerpo y la mente descansen profundamente al mismo tiempo. Uno de los dos ha de estar siempre de guardia. Cuando duermes como un tronco, la respiración se vuelve más profunda para mantener el cuerpo oxigenado por si aparece un tigre y tienes que entrar de inmediato en modo lucha o huida. Cuando estás meditando, el cuerpo es capaz de descansar mientras el cerebro sigue de guardia. Esa es la razón por la que durante la meditación pareces hallarte hiperconsciente; tu cerebro está alerta para que tú no acabes convertido en el tentempié de un tigre. **El sueño es el descanso del cerebro; la meditación es el descanso del cuerpo.** Los dos son necesarios para disfrutar de una buena salud y la meditación te permite beneficiarte de ambos. Hee Sun-Woo, un productor de Nueva York, me escribió y me dijo: «Aplicando tus métodos pude dormir toda la noche del tirón por primera vez en veinte años». Con un simple cambio en su rutina diaria obtuvo grandes beneficios en forma de descanso.

» El cuarto estado

Los tres estados de la conciencia con los que la mayoría estamos familiarizados son la vigilia, dormir y soñar. Sin embargo, en épocas recientes, científicos, especialistas del sueño y otros expertos han llevado a cabo más de trescientos cincuenta estudios revisados por pares, cuyos resultados han sido publicados en más de ciento sesenta revistas científicas, y todos los hallazgos apuntan a la misma conclusión: existen más de tres estados de conciencia, y la meditación es un medio para acceder a ellos.

Yo llamo al cuarto estado «campo de dicha»; el término más utilizado para denominar este estado es *trascendencia*, pero ese vocablo tiene demasiadas connotaciones. La palabra original es *turiya*, una palabra sánscrita que significa 'el cuarto' o un estado de conciencia pura, de integridad o de unión con la fuente.

TURIYA: Un estado hipometabólico de «alerta relajada»; el estado de conciencia, distinto de la vigilia, dormir o soñar, al que accedes cuando practicas la meditación *nishkama karma*. Cuando te encuentras en este estado, gran parte del cerebro se ilumina en los escáneres, al contrario de lo que sucede cuando estás en una práctica de atención plena o focalización, en la que se ilumina una porción más pequeña, aunque de manera muy intensa.

¿Sabes esa sensación de estar casi dormido pero todavía consciente? Piensa en ese estado mental como si se tratara de un pasillo. Si cruzas una puerta, acabarás durmiéndote; si cruzas otra, entrarás en *turiya*. Ambos destinos te llevan a lugares de reposo, pero en uno será el cuerpo el que descanse, mientras que en el otro lo hará el cerebro. Es algo bastante sencillo, excepto por el hecho de que rara vez reparamos en la diferencia entre unos modos de conciencia que se sienten de manera similar, pero que son sumamente distintos.

La meditación es como hacerle un regalo al cuerpo; le brinda la oportunidad de tomarse un respiro en lugar de tener que estar siempre alerta, preparado para entrar en el modo de lucha o huida a fin de proteger el cerebro y mantenerte con vida mientras duermes. Cuando meditas, el cuerpo puede descansar y eliminar estrés acumulado mientras el cerebro se vuelve hiperconsciente.

» La meditación es la nueva cafeína

Por si todavía no te has enterado, la meditación ocupa tan solo media hora de tu jornada, pero ayuda a aliviar aproximadamente la misma cantidad de estrés que una noche entera de sueño. Matemáticamente, eso no parece posible, pero recuerda que sueño y meditación son dos formas muy distintas de descanso.

El estado de conciencia que se logra con la meditación es entre dos y cinco veces más profundo que el que se alcanza con el sueño. Según esta estimación, una práctica meditativa de un cuarto de hora equivale aproximadamente a una siesta de unos sesenta minutos; completar dos prácticas de quince minutos es como proporcionarle al cuerpo dos horas extra de sueño. Además, debido a que es el cuerpo, más que la mente, el que se beneficia de dicho descanso, el cerebro puede priorizar la cura y el desestrés intensos del cuerpo durante la meditación. ¿Sabes esa sensación de ir a la oficina un sábado y estar solo en el edificio? ¿O de simplemente apagar el móvil y silenciar las notificaciones de correo electrónico para que nada ni nadie te moleste? En esos momentos sientes que eres más eficiente, te sientes más satisfecho con tu trabajo, y todo porque no hay veinte cosas más distrayéndote.

En el capítulo 10 analizaremos la manera exacta en la que la meditación le permite al cerebro percibir con mayor facilidad diferencias sutiles y detectar patrones, que es una de las cosas que te convierten en una persona más productiva. No puedes eliminar las demandas de tu vida, pero sí puedes entrenar la mente para que se adapte mejor a lo que sea que se cruce en tu camino.

¿Y cuál es la guinda del pastel de la meditación? Que cuando sales de la práctica estás más alerta. No hay «resaca postsiesta» mientras tratas de despertarte *porque para empezar ni siquiera te has quedado dormido*. Durante la meditación, el cerebro libera sustancias químicas de felicidad, no de sueño.

Esta es también la razón por la que me gusta referirme a la meditación como «la nueva cafeína». Mucha gente —la mayoría, me temo— utiliza la cafeína como un sustituto del sueño o para aumentar la productividad. ¿Necesitas un empujón para ponerte en marcha por las mañanas? Toma una taza de café. ¿Por las tardes necesitas un estimulante? Toma un refresco con cafeína. Lo único que necesitas es cafeína, ¿no es así? No. Lo que realmente necesitas es descansar.

Es cierto que la cafeína hace que te sientas más despierto, pero no porque te proporcione un descanso profundo. Te sientes más despierto porque la cafeína enmascara la capacidad del cerebro para sentirse cansado.

Yo solía pensar que la cafeína no era más que un estimulante suave que activaba ligeramente el sistema nervioso, razón por la que todo el mundo se volvía más productivo. Pero la realidad no es tan sencilla. A nivel molecular, la cafeína es similar a un químico llamado adenosina, que es una hormona que produce el cerebro a lo largo del día que te hace sentir adormilado y te indica que te acuestes cuando el cuerpo está listo[2]. Cuando se ingiere cafeína, esta bloquea los receptores de la adenosina, lo que significa que el cerebro no puede decirte que estás cansado. Por esta razón eres más productivo después de tomar una o dos dosis de cafeína. Eso puede sonar bien, pero lo único que hace la cafeína es piratear tu sistema nervioso.

El bloqueo de esos receptores del cerebro no es malo para ti de por sí, es decir, no te hace daño mientras dura. Pero cuando la cafeína se diluye y deja los receptores de adenosina abiertos, toda la adenosina que el cerebro ha estado produciendo mientras tú andabas con el subidón de cafeína emerge como una riada. Eso es lo que origina el bajón que te lleva a tomar una segunda, tercera o cuarta taza de café. Como John Mackey, director general de Whole Foods, dice: «Si dependes de la cafeína, tu energía no es tuya».

La cafeína estimula la actividad neuronal del cerebro de manera sintética. Cuando la glándula pituitaria percibe este incremento en la actividad neuronal, cree que está teniendo lugar algún tipo de emergencia, por lo que activa las glándulas suprarrenales para que comiencen a liberar adrenalina. Debido a que la adrenalina es el principal químico del estrés que se libera cuando se pone en marcha una reacción de lucha o huida, la cafeína hace que el cuerpo entre en un ligero modo de crisis, que viene acompañado de esos turbadores efectos colaterales de los que hablamos en el capítulo 1. En resumen, la cafeína excita de manera artificial el sistema nervioso.

Me gustaría dejar una cosa clara: no estoy diciendo que no debas volver a beber café en tu vida; de hecho, yo disfruté de una o dos tazas de Bulletproof (café, mantequilla vegetal y aceite de coco) mientras escribía este libro. Lo único que quiero es que puedas tomar decisiones responsables con respecto al consumo de sustancias psicoactivas. Si para ti los pros superan a los contras, entonces, adelante. Pero no te engañes pensando que la cafeína te *proporciona* energía. No lo hace.

¿La cafeína puede incrementar la productividad? Por supuesto. Pero se trata de un incremento temporal. Por eso la meditación es una alternativa muy superior. En lugar de buscar fuentes externas que en el fondo lo que hacen es esquilmar las glándulas suprarrenales, ofrece una fuente de energía interna sostenible y renovable, siempre y cuando mantengas tu doble práctica diaria. Como la cafeína, la meditación te hará más productivo, pero de un modo muy distinto: mediante una forma de descanso que es exponencialmente más profunda que el sueño y que desexcita (en lugar de estimular) el sistema nervioso.

Cuando permites que la mente y el cuerpo se sincronicen de una manera más natural, puedes disminuir (e incluso eliminar) la cantidad de estimulación sintética que anteriormente te resultaba imprescindible para sentirte despierto y útil. Como no estás enmascarando la necesidad de sueño del cerebro, sino que estás desarrollando una habilidad para descansar de manera más efectiva, te estarás preparando para ser mucho más productivo a largo plazo. Al frenar el ciclo biológico de agotamiento que ha pasado a ser la norma en nuestra cultura y reemplazarlo por un medio autosuficiente de incrementar tu rendimiento personal y profesional, lo que estás haciendo es allanar el terreno para una versión de ti mismo más comprometida, creativa, descansada y sana.

¡Imagina un mundo en el que hubiera más centros de meditación que cafeterías!

Caso de estudio Ziva número 3

Adiós al insomnio

AMBER SHIRLEY, ASESORA FINANCIERA

Decir que antes de comenzar a meditar tenía una relación complicada con el sueño sería quedarme corta. Solía trasnochar a pesar de que sabía que al día siguiente debía madrugar. Me convencí a mí misma de que darle vueltas sin parar a algo que había dicho o dejado de decir era mi forma de procesar las cosas.

Me quedaba dormida, pero poco después me despertaba con distintos grados de ansiedad. En mitad de la noche, me volvía a desvelar. Completamente despierta, deambulaba por mi piso, revisaba el correo electrónico, leía o me daba una ducha. Para cuando me volvía a meter en la cama avanzada la madrugada, me sentía frustrada conmigo misma porque sabía que no disponía de muchas horas más para intentar dormir.

Cuando sonaba el despertador, todavía medio dormida, miraba a mi alrededor: las sábanas eran un completo caos, las almohadas estaban tiradas por el suelo y yo me encontraba en un lugar completamente distinto al del principio de la noche. Todas las mañanas me despertaba sintiéndome más cansada de lo que estaba cuando me había acostado.

Poner en práctica las técnicas de Emily lo cambió todo.

Ahora duermo tan profundamente que antes he de preparar el terreno: las luces deben estar ya apagadas, la cama abierta y mi cuerpo colocado en el lugar preciso. ¿Por qué?, te preguntarás. Porque me quedo dormida tan rápido y de una manera tan profunda que allá donde caigo es donde amanezco. Cuando me despierto es como si nadie hubiera ocupado la cama.

Había oído historias sobre personas que superaban el insomnio de repente de forma milagrosa. Lo que yo más deseaba era experimentar ese aumento de energía y claridad que mis amigos decían haber sentido cuando empezaron a meditar.

Eso no fue lo que me ocurrió a mí.

Al principio estaba increíblemente cansada. Me volví muy irascible, me dolía todo el cuerpo y me costaba permanecer despierta más de tres horas seguidas. Todos los días llegaba a clase, tomaba asiento y no tardaba ni treinta minutos en quedarme dormida. Básicamente, lo que hice durante todo el curso fue dormir. Y fuera de él, también. Por suerte, esa semana no tenía que trabajar y pude permitirme el lujo de dormir dieciséis horas al día.

Pero esa no era la experiencia mágica que yo había imaginado. ¿Dónde estaba mi incremento de energía y claridad? ¿Dónde estaba la maldita dicha? Recuerdo que después de una de las clases me acerqué a Emily y le pregunté: «¿Por qué duermo dieciséis horas diarias? No puedo continuar así. Tengo un trabajo. Tengo una vida».

Lo que estaba experimentando era la fase de desestrés de la que Emily había hablado. Fue algo muy intenso. Mi mal genio y mi cansancio hicieron que incluso mi madre pusiera en duda que la meditación fuera buena para mí.

Al cabo de una semana y media practicando la Técnica Ziva dos veces al día, empecé a dormir ocho horas. Al mes siguiente, comencé a acostarme más temprano de manera natural y a levantarme mucho antes de lo que solía. Y lo hacía rebosante de vida y energía, descansada y preparada para recibir el nuevo día horas antes de que sonara el despertador. De hecho, durante los siguientes tres años no utilicé despertador. Dormía entre cuatro y seis horas y disfrutaba de una energía enfocada y sostenida toda la jornada. Cuando al final de la tarde sentía un ligero cansancio, era mi cuerpo avisándome de que había llegado el momento de la segunda meditación.

Ahora, después de cinco años meditando dos veces al día, necesito ocho horas de sueño durante los meses de invierno y solo de cuatro a seis durante el buen tiempo. Rara vez me siento cansada. La meditación me permite acceder al tipo de descanso profundo que solo se puede experimentar con un sistema nervioso relajado. Mi calmado sistema nervioso le ha enseñado a mi cuerpo a recibir e integrar energía procedente de otras fuentes distintas al sueño: la luz del sol, los alimentos nutritivos, los momentos de tranquilidad, las conversaciones inspiradoras y las relaciones importantes.

Poder dormir fue solo el primero de los muchos beneficios que me aportó la meditación. Sentarme dos veces al día todos los días ha hecho que me comprometa de una manera más profunda y auténtica con todas las áreas de mi vida. La meditación me ha proporcionado la claridad y la confianza necesarias para avanzar en mi profesión y para transformar positivamente la relación que mantengo con mi familia, mis amigos y el dinero. Compartir el regalo de la meditación es una de las cosas que más me gusta hacer.

» 5 «

Cansado de estar enfermo

YO SOLÍA PENSAR QUE ERA NORMAL enfermar tres o cuatro veces al año; siempre que cambiaba la estación me quejaba ante mis amigos del maligno virus de turno que andaba pululando por ahí. Incluso tuvieron que extirparme las amígdalas cuando estaba en la universidad, ya que los graves dolores de garganta que padecía empezaron a interferir en mi canto.

Todo eso cambió en el momento en el que aprendí a meditar. Tras empezar a meditar dos veces al día, ¡tardé ocho años y medio en volver a enfermar! Eso es, en ese tiempo me libré de entre veinticuatro y treinta y dos dolencias. Nada de resfriados ni gripes; apenas un ligero moqueo antes de que el sistema inmunitario acudiera al rescate. (De hecho, cuando finalmente caí enferma, al cabo de casi nueve años, fue después de mi despedida de soltera, así que no sé si cuenta).

¿Qué me dices de ti? ¿Cuántas veces al año enfermas? ¿Cuánto te cuesta eso en bajas laborales, oportunidades perdidas, plazos de entrega incumplidos y cuarentenas autoimpuestas que te mantienen alejado de tu familia?

» Prevención y cura

La Naturaleza no pretendía que estuviéramos enfermos, cansados y estresados la mayor parte del tiempo; de hecho, el cuerpo está equipado con una potente farmacia interna destinada a mantenernos sanos. Sin embargo, el estrés puede castigar el organismo e impedir que el sistema inmunitario funcione correctamente. Cuando utilizas tu práctica diaria de la Técnica Z como un tiempo para eliminar estrés, puedes emplear el sueño para dormir. Si el cerebro no está ocupado ejecutando funciones de eliminación de estrés mientras duermes, dispone de más energía para llevar a cabo la función inmunitaria. En resumen, la meditación te ayuda a salir de esa nociva respuesta crónica de lucha o huida que pone el sistema inmunitario en suspenso mientras el cuerpo se prepara para el ataque imaginario de un depredador. Cuando el cuerpo se da cuenta de que no hay ningún felino al acecho, puede transformar esa energía desperdiciada en una respuesta inmunitaria que actúe frente a las enfermedades.

El sistema inmunitario se activa por multitud de elementos distintos: virus, bacterias o incluso una multiplicación excesiva de células mutadas, que puede derivar en cáncer. Reservar un tiempo para la meditación puede calmar el sistema nervioso y estimular el sistema inmunitario, de manera que estará listo para entrar en acción cuando lo necesites. No cabe duda de que se trata de una noticia estupenda para tu día a día, ya que a nadie le gusta enfermar. Estar más sano también tiene un impacto positivo en tu vida profesional y creativa, porque la mente está ágil, el cuerpo funciona como debería y tú no faltas al trabajo ni te pierdes reuniones, ni llamadas de clientes, ni otros compromisos importantes.

Uno rinde mejor cuando no está enfermo. Sé que esto es una obviedad, pero solo porque sepamos de manera intuitiva cuál es el camino más conveniente no significa que vayamos a seguirlo. Hay muchas formas de conservar la salud, desde evitar apretones de manos a bañarnos en desinfectantes, pero si a pesar de todo sigues enfermando, merece la pena considerar la adición de otra medida proactiva y preventiva a tu arsenal. Yo tuve el honor de enseñar a meditar a un grupo de médicos e investigadores de uno de los mejores hospitales del mundo y los resultados fueron extraordinarios. Muchos otros hospitales quieren seguir su ejemplo, por lo que espero que podamos comenzar a dotar a los médicos de más herramientas para gestionar sus elevados niveles de estrés y que de esta manera puedan empezar a prescribir confiadamente la meditación con la misma frecuencia que los medicamentos. Hay muchos médicos que siguen mis métodos, y uno de ellos escribió:

> «Si pudiera prescribir una sola cosa a cada paciente que viene a mi consulta, sería esta: aprende a meditar y hazlo a diario. Te cambiará la vida. Reconfigura el cerebro, calma el sistema nervioso y crea nuevos caminos neuronales por medio de mecanismos de plasticidad. Disminuye las hormonas de estrés (como la adrenalina y el cortisol), disminuye la frecuencia cardíaca y la presión sanguínea, disminuye la inflamación, aumenta la atención y te hace sentir centrado y enraizado, por nombrar solo algunos de sus beneficios. Se puede meditar en cualquier sitio y a cambio de muy poco tiempo se obtienen resultados espectaculares».

Pero la meditación no solo ayuda a reforzar el sistema inmunitario y a prevenir las enfermedades, sino que, de hecho, también puede promover la curación a nivel celular.

En 2004, el doctor Masaru Emoto, un investigador japonés, publicó *Los mensajes ocultos del agua*. En este libro, que rápidamente se convirtió en un superventas del *New York Times*, se empleaba la fotografía microscópica para documentar las diferencias en la formación de cristales de hielo entre agua que había estado expuesta a una atención positiva, agua que había estado expuesta con regularidad a una atención negativa y un grupo de control. Estas muestras presentaban diferencias similares a las de un segundo grupo experimental que comparaba agua procedente de fuentes limpias con agua extraída de fuentes contaminadas. Al observarlas al microscopio, se pudo comprobar que las moléculas de agua cuyo entorno había sido «bueno» (energéticamente limpio) estaban ordenadas de manera pulcra y formaban hermosos cristales de hielo; el agua que procedía de un entorno «malo» (energéticamente tóxico) al microscopio tenía un aspecto caótico y formaba unos cristales de hielo mucho menos agradables a la vista. El doctor Emoto concluyó que si factores externos tan abstractos como la «atención positiva» podían afectar de manera visible a la apariencia molecular del agua —y dado que el cuerpo humano de un adulto medio está formado por entre un 50 y un 65 % de agua—, en función del sexo y la forma física (la grasa contiene menos agua que el músculo), parece razonable pensar que los factores externos y la energía que nos rodean puedan tener un impacto similar en nuestro bienestar físico.

Aplica estos hallazgos a la manera en la que el cuerpo reacciona cuando continuamente se ve anegado de adrenalina y cortisol, las sustancias químicas del estrés, y te harás una idea del tipo de memoria que guardan nuestras células. No obstante, si comienzas a practicar la meditación a diario, estarás inundando el cuerpo de dopamina y serotonina, lo que le permitirá descansar —y a largo plazo, curarse— a nivel celular.

Quiero hacer hincapié en que en ningún caso estoy diciendo que la meditación pueda curar cualquier enfermedad, y si estás tomando algún medicamento para tratar una afección, debes consultar con tu médico antes de efectuar ningún cambio, por muy bien que te siente meditar. Lo que la meditación puede hacer, sin embargo, es actuar como complemento de tu tratamiento médico y reforzar la capacidad del organismo para curar la dolencia que estés padeciendo.

» Justo lo que prescribió el médico ayurvédico

Los efectos a largo plazo de la adrenalina y el cortisol no son ninguna broma. Para empezar, ambos son altamente ácidos (¿recuerdas aquello que comentamos sobre que el cuerpo no quería tener buen sabor por si te mordía un tigre?). Todo está conectado a un brillante sistema de defensa; brillante pero severo para el cuerpo si el estrés es crónico. De hecho, buena parte de nuestro estilo de vida occidental crea un entorno altamente ácido dentro del sistema nervioso, los órganos y los tejidos. La típica dieta occidental, por ejemplo, contiene una elevada cantidad de carne de animales alimentados con grano, por lo que el estómago ha de producir ácido extra para poder descomponer adecuadamente tanta proteína animal, especialmente cuando el animal ha sido criado a base de una dieta no diseñada por la Naturaleza. Incluso la manera en la que tendemos a enfocar la práctica de ejercicio —llevándonos a nosotros mismos al borde de la extenuación en una clase de cardio de una hora o maximizando el peso y las repeticiones hasta el punto del agotamiento o el fallo muscular— genera gran cantidad de ácido láctico en el cuerpo. Esto supone un fuerte contraste con respecto a muchas formas de ejercicio practicadas sobre todo en Oriente (piensa en el yoga, el tai chi, el chi kung, etc.), que suelen centrarse en el movimiento suave, la respiración y los estiramientos corporales sin crear un «calor» interno extra, es decir, ácido. Este ácido puede derivar en una inflamación generalizada del organismo, y según la medicina ayurvédica y un creciente número de médicos occidentales, la inflamación es el germen de toda enfermedad crónica.

La medicina ayurvédica, cuyo origen se remonta a hace más de tres milenios, es uno de los sistemas de curación más antiguos del mundo. Adopta un enfoque holístico para sanar el cuerpo mediante la alimentación, el ejercicio y la meditación, y está enraizada en la filosofía que defiende que tú puedes ser tu propio médico si aprendes y comprendes las leyes de la Naturaleza y la forma en que el cuerpo, los alimentos y el ejercicio interactúan con esas leyes. En la tradición ayurvédica, toda acción te equilibra o bien te desequilibra. La enfermedad es un estado en el que ciertos elementos del cuerpo están desequilibrados debido a la inflamación. El propósito de la medicina ayurvédica es devolverles el equilibrio a todos los elementos para que puedas convertirte en una persona sana y llena de energía al tiempo que descubres tu verdadero potencial como ser humano. *Ayur* significa 'longevidad', y *veda*, como ya dijimos anteriormente, simplemente significa 'conocimiento'. *Ayurveda*, por lo tanto, quiere decir 'conocimiento de la longevidad'. La medicina ayurvédica no se dedica únicamente a tratar la enfermedad, sino que optimiza la salud y el rendimiento por medio de la meditación, la respiración, la dieta y el ejercicio.

AYURVEDA: *Veda* significa 'conocimiento'. *Ayur* significa 'longevidad'. Por lo tanto, *ayurveda* es el 'conocimiento de la longevidad' o el conocimiento de la vida, uno de los más sofisticados y eficaces sistemas de curación del mundo. Más que ser una manera de tratar la enfermedad, el ayurveda se ocupa de optimizar la salud y de hacer que el cuerpo esté en armonía con su entorno.

MEDICINA AYURVÉDICA: Ancestral compilación de conocimientos con un enfoque holístico para equilibrar todos los elementos del cuerpo. Está concebida para ayudarte a convertirte en una persona sana y llena de energía al tiempo que descubres tu verdadero potencial como ser humano.

Tomar decisiones más inteligentes sobre lo que comemos, cuándo comemos y nuestro nivel de actividad no es nada nuevo; la mayoría sabemos qué deberíamos hacer, aunque eso no significa que lo hagamos. Así que ¿cómo puede ayudar este libro? Además de los beneficios psicológicos de empezar el día con un hábito saludable (lo que hace más fácil continuar por ese camino y adoptar otros hábitos saludables), la dopamina y la serotonina, las sustancias químicas de la felicidad, que empiezan a liberarse unos segundos después de haber comenzado la práctica meditativa, son alcalinas por naturaleza; su mera presencia en el cuerpo contribuye a neutralizar parte del ácido. En otras palabras, la meditación es una forma de contrarrestar biológicamente el ácido presente en el cuerpo porque hace a este más alcalino. Es mejor vivir la vida con la química al nivel más básico y orgánico.

Al practicar las tres emes dos veces al día todos los días, el estrés acumulado en tu organismo disminuirá, lo que le permitirá al sistema inmunitario funcionar como debería y, por consiguiente, tú tendrás menos propensión a enfermar. Eso será lo habitual, pero hay algunas medidas adicionales que puedes tomar para mantenerte sano durante todo el año. A continuación te ofrezco varios de mis «trucos de salud» favoritos:

INFUSIÓN DE PIMIENTA NEGRA: Este es un truco interesante que me recomendó mi médico ayurvédico y que siempre me ha dado muy buenos resultados. Si te sientes alicaído o si hace frío y no quieres enfermar, puedes preparar esta sencilla infusión. Hierve un poco de agua, viértela en tu taza favorita y añádele cinco o seis vueltas de molinillo de pimienta negra ecológica. Espera a que toda la pimienta se haya asentado en el fondo de la taza y después bébete el agua (deja la pimienta en el fondo). La pimienta te provocará una fiebre suave y te ayudará a eliminar el resfriado a través del sudor. Repite cada dos o tres horas hasta que cesen los síntomas. (Consejo profesional: es mejor acompañar la infusión de pimienta negra con algo de comida, ya que si tienes el estómago vacío te puede provocar náuseas. También puedes añadir tu té o tu infusión favoritos; a mí me encanta la infusión Bengal Spice, de Celestial Seasonings).

ACEITE DE ORÉGANO: Échate unas cuantas gotas de aceite de orégano en la garganta cuando estés enfermo. Sus propiedades antibacterianas y antivíricas naturales ayudan a curar los resfriados y la gripe si los coges a tiempo[1]. *¡Ten cuidado!* El aceite de orégano es muy fuerte, así que procura que no te toque los labios, ya que puede quemar. (Yo me imagino esa sensación de quemazón aniquilando a su paso todos los patógenos no deseados).

AJO: Es probable que tengas un remedio natural muy sencillo en tu cocina: el ajo. El ajo posee propiedades antivíricas y antibacterianas y se puede emplear como remedio para muchos tipos distintos de dolencias. Puedes comerte un diente de ajo o picarlo y tragar los pedacitos como si fueran pastillas para aliviar los síntomas del resfriado o prevenir infecciones.

PEPINO Y MENTA: Puedes añadir estos dos sencillos ingredientes a tu dieta para «enfriar» el cuerpo de manera natural, ya que disminuyen la acidez y aumentan la alcalinidad. Son dos herramientas muy importantes para cambiar el pH del cuerpo en una dieta ayurvédica. Estos dos alimentos refrigeran el organismo, poseen propiedades desintoxicantes y pueden bajar el nivel de ácido o «calor» del cuerpo.

EL GLUCONATO DE ZINC EN AEROSOL, EL JARABE DE BAYAS DE SAÚCO Y LA VITAMINA D en dosis altas también son estupendos para fortalecer el sistema inmunitario. (Consulta siempre con tu médico antes de empezar a tomar cualquier suplemento y ten en cuenta que la calidad del suplemento importa).

Mientras que la meditación te ofrece una manera de mejorar tu salud en múltiples frentes, estos consejos ayurvédicos pueden resultarte útiles a la hora de combatir enfermedades bacterianas o víricas. En el caso de la meditación, debes recordar que *máximo* no es sinónimo de *óptimo*.

» ¿Puedo meditar más de dos veces al día?

Respuesta corta: no. Como verás en los próximos capítulos, la Técnica Z es una prescripción específica de dos períodos diarios de quince minutos, ni uno más, ni uno menos. Esa va a ser la norma el noventa y nueve por ciento de las veces. A continuación precisaremos las excepciones. Lo que estas situaciones excepcionales tienen en común es que implican una mayor exigencia a nivel físico.

MEDITACIÓN EXTRA CUANDO SE VIAJA: No es natural despertarse en un continente y acostarse en otro. No es que sea «malo», pero cuando cambias de huso horario, es realmente necesario recurrir a la capacidad adaptativa del cuerpo. Lo mismo ocurre cuando te mueves a una velocidad mayor de la prevista por la Naturaleza (es decir, más rápido de lo que puedes andar o correr). El resultado es el *jet lag*. Todos lo hemos experimentado y todos sabemos el lastre que puede ser cuando se trata de un viaje de trabajo y los primeros días a duras penas consigues llegar al final de la jornada; para cuando te has adaptado y estás listo para rendir al máximo, es hora de volver a hacer la maleta y regresar a casa, y tu mejor versión ni siquiera ha tenido la oportunidad de brillar.

Sorprendentemente, la reducción de los efectos del desajuste horario es uno de los beneficios más citados entre los alumnos de Ziva. Sus testimonios (y mis propias experiencias) indican que la meditación reduce los efectos del *jet lag* hasta casi eliminarlos. Debido a que el cuerpo puede deshacerse de ese estrés adicional consecuencia de una exigencia mayor y reponer su suministro de energía de adaptación, que se consumió rápidamente durante el viaje, con más facilidad se aclimata antes al nuevo entorno.

Siempre que el cuerpo humano se mueve más rápido de lo que es capaz de correr, quema energía de adaptación. Si a esto le añadimos la deshidratación, la radiación electromagnética, el aire reciclado y la exposición a todos los gérmenes que acompañan a los demás viajeros, obtendremos un caldo de cultivo ideal para el desarrollo de un montón de enfermedades.

Volar puede causar o agravar dolencias. Para combatir estas demandas adicionales, te recomiendo meditar más los días en que vayas a viajar. Experimenta con el programa que te ofrezco a continuación para ver qué te funciona mejor.

En el caso de un vuelo de entre cinco y seis horas de duración, añade dos meditaciones de quince minutos, por lo que ese día meditarías cuatro veces. Te recomiendo completar una a la hora de despegar y otra a la de aterrizar. Si volar te produce ansiedad, puedes meditar también antes de embarcar y antes de aterrizar. No es el momento lo que importa, sino el propio acto de meditar con más frecuencia. En el caso de un vuelo corto (de una a tres horas), solo tendrás que añadir una meditación extra. Si vas a volar más de seis horas, añade una meditación por cada cinco-seis horas en el aire. Haz esto cada vez que tomes un avión y notarás una gran diferencia en la manera en que tu cuerpo reacciona a la experiencia de volar. (Para otros tipos de desplazamientos, como los viajes por carretera, en tren o un crucero de varios días, añade una meditación extra por día de viaje).

MEDITACIÓN EXTRA CUANDO ESTÁS ENFERMO: De igual manera que puedes meditar más cuando viajas porque hay un aumento de las exigencias físicas, también puedes cambiar las reglas cuando enfermas. Si barruntas un resfriado u otro tipo de dolencia, añade una sesión extra. Proporcionarle al cuerpo este descanso adicional estimulará la función inmunitaria y te ayudará a curarte. Lo ideal es que incorpores la meditación extra tan pronto como notes que te pica la garganta, pero si ya has confirmado con tu médico que estás enfermo, puedes meditar tanto como te resulte cómodo. Deja que el cuerpo te dicte durante cuánto tiempo y con qué frecuencia. Sabrás que te estás sobrepasando si tienes las emociones a flor de piel y te cuesta llevar a cabo tus tareas diarias.

» Meditación frente a medicación

Migrañas. Ansiedad. Depresión. Infertilidad. Fatiga adrenal. Síndrome del intestino irritable. Insomnio. Estas son solo algunas de las afecciones que una doble práctica meditativa diaria puede ayudar a combatir.

Sé que mientras enumero las distintas enfermedades que puede aliviar la meditación debo de sonar como un vendedor de coches de segunda mano, pero la pregunta que tendríamos que hacernos no es **«¿Cómo puede ayudar la meditación a curar tantas cosas?»**, sino **«¿Cómo puede el estrés causar tantas cosas?»**. Por eso me gustaría analizar brevemente algunos de los problemas de salud que se ha demostrado científicamente que la meditación puede ayudar a tratar, así como otros de los que, a pesar de que no puedo aportar pruebas científicas que lo confirmen, muchos estudiantes de Ziva manifiestan haber mejorado con la práctica regular.

Considero fundamental recordarte que yo no soy médica, por lo que nunca te pediré que reduzcas ni elimines la dosis de ningún medicamento ni tratamiento prescritos por un facultativo. He tenido un número significativo de alumnos a los que una práctica diaria regular les ha ayudado a disminuir ciertos síntomas y he trabajado con sus médicos cuando tanto estos como el paciente consideraban que se podía probar una dosis menor o retirar de manera gradual cierta medicación. *No obstante, esto ha sido siempre en circunstancias controladas y supervisadas, y solo tras consultar con el médico y que este autorizara el plan.* Por mucha mejora que notes en tu salud, nunca efectúes un cambio en un tratamiento sin consultar antes con tu médico.

SÍNDROME DE QUEMARSE POR EL TRABAJO Y FATIGA CRÓNICA

Hoy en día, el síndrome de quemarse por el trabajo *(burnout)* y la fatiga crónica son una epidemia, y muchos practicantes de Ziva —incluida yo— padecieron uno o ambos antes de comenzar a meditar. Cuando el cuerpo sale del estado crónico de lucha o huida, el cerebro y los sistemas fisiológicos que generan respuestas de estrés a menudo se recuperan y vuelven a funcionar correctamente. Hacia el final de mi trayectoria profesional en Broadway tomé distintas hierbas medicinales y suplementos porque tenía las glándulas suprarrenales agotadas. Al cabo de un año practicando la meditación de forma habitual, a medida que la capacidad de mi cuerpo para autorregularse se fue fortaleciendo, dejé de necesitarlos.

DEPRESIÓN Y ANSIEDAD

Dos caras de la misma moneda, la depresión y la ansiedad tienen su origen en un desequilibrio químico causado (en parte) por un desarrollo excesivo del hemisferio izquierdo del cerebro. El hemisferio derecho es el responsable del presente, mientras que el izquierdo revisa el pasado o ensaya el futuro. La depresión visiona una y otra vez las cintas del «debería haber/podría haber/tendría que haber» del pasado; la ansiedad se queda fijada en la incertidumbre y la imprevisibilidad del futuro.

La meditación, como ya hemos visto, te ayuda a adquirir las herramientas que necesitas para estar más enraizado en el presente. Para aquellos que padecen depresión o ansiedad, la meditación puede ser un medio para redefinir y liberar la tensión constante producida por recuerdos desagradables o una anticipación aprensiva. Al incorporar la meditación a un plan de bienestar que también incluye cambios saludables en la dieta, ejercicio, sueño y a menudo algún tipo de asesoramiento o terapia, muchos de mis alumnos afirman que sus síntomas disminuyeron significativamente o incluso llegaron a desaparecer.

No obstante, no hay que olvidar que el proceso de desintoxicación emocional es una fase muy real que tiene lugar al comienzo del viaje. Si padeces depresión, ansiedad u otra clase de enfermedad que afecte a tu salud mental, te ruego que consultes con un médico, un psicólogo o un amigo de confianza para asegurarte de que cuentas con el apoyo necesario para enfrentarte al malestar que el desestrés produce antes de pasar a una fase más estable.

INFERTILIDAD

¡Atención, nuevas meditadoras! Si no queréis quedaros embarazadas, tened cuidado. Esta es la advertencia que lanzo al comienzo de todos los cursos Ziva. Por supuesto, si quieres quedarte embarazada, entonces estás de suerte: la meditación parece tener un impacto positivo en la fertilidad. De hecho, ya hay más de setenta «bebés Ziva» y la cifra sigue aumentando.

Existen varios factores que pueden explicar esta circunstancia. Primero, está la cuestión de la eliminación del estrés. Toda mujer que haya querido quedarse embarazada habrá oído hasta la saciedad eso de «¡Relájate! Olvídate de todo y disfruta». Huelga decir que se trata de un consejo pésimo para alguien que desea desesperadamente tener un bebé y no puede olvidarse sin más de sus temores o del siempre presente reloj biológico. Para todo futuro abuelo o tía entrometida, no obstante, hay buenas noticias: la ciencia parece avalar el consejo de la relajación. Cuando el cuerpo humano se halla en modo supervivencia, está centrado únicamente en la autoconservación, no en la perpetuación de la especie. De la misma manera que el sistema inmunitario queda en suspensión hasta que la amenaza inmediata pasa, la fertilidad también deja de ser una prioridad. Si el cuerpo no está seguro de poder sobrevivir a la hambruna, al invierno o al ataque de un tigre, no estará tan predispuesto a prepararse de manera óptima para la hermosa pero ardua labor de desarrollar un nuevo ser humano.

Segundo, un cuerpo con un pH ácido matará el esperma mucho más rápidamente que un cuerpo con un pH más alcalino, lo que disminuye el número de posibles candidatos a fecundar un óvulo. Cuanto mayor sea el número de espermatozoides vivos, más opciones habrá de que se produzca un encuentro fructífero entre los dos elementos implicados.

(Y si te quedas embarazada, no olvides añadir cuantas meditaciones extra desees. Atiborrar a tu hijo de sustancias químicas de la felicidad debería formar parte de tu rutina diaria tanto como el ejercicio físico, la toma de vitaminas prenatales y aceite de pescado y no beber alcohol).

SÍNDROME DEL INTESTINO IRRITABLE (SII)

Esto fue toda una sorpresa para mí, pero multitud de alumnos han manifestado una disminución de los síntomas del SII apenas unas pocas semanas después de haber comenzado el programa Ziva. En cualquier caso, parece algo lógico si se tiene en cuenta que una de las respuestas físicas del cuerpo ante una situación difícil es inundar el aparato digestivo de ácido y evacuar los intestinos para que seas más ágil a la hora de huir. Si se le permite al cuerpo salir de ese estado permanente de lucha o huida, no se verá forzado a llenar el estómago de ácido ni a evacuar los intestinos de la misma forma alarmada, y los músculos del tracto digestivo podrán volver a funcionar de una manera más regular.

MIGRAÑAS

En un ensayo clínico llevado a cabo recientemente en la Universidad de Wake Forest se observó que las personas que padecen migrañas que adoptaron una práctica regular de mindfulness experimentaron una reducción media de tres horas de cada dolor de cabeza en comparación con el grupo de control. Eso es algo que yo veo con mucha frecuencia entre nuestros alumnos, tanto de los cursos presenciales como de zivaONLINE, sobre todo cuando las migrañas son inducidas o agravadas por el estrés. Supongo que esa reducción está relacionada con el incremento del espesor del cuerpo calloso y el aumento de la comunicación entre los dos hemisferios cerebrales. Los antiguos alumnos de Ziva refieren una disminución de la frecuencia y la intensidad de las migrañas de alrededor de un 85 % de media.

ENFERMEDAD DE PARKINSON

Tuve mis dudas a la hora de añadir esta enfermedad a la lista porque solo ha sido un alumno y la respuesta fue totalmente inesperada, pero lo que presencié fue tan espectacular y emocionante que se me quedó grabado en la mente.

Dos de mis clientes, marido y mujer, reservaron un curso privado. El hombre tenía casi setenta años y unos temblores muy pronunciados a causa del párkinson. En la primera sesión del curso, le di su mantra. Cuando me lo repitió como le había indicado, sus temblores se intensificaron, pero tan pronto como cerró los ojos y comenzó a emplearlo mentalmente, los temblores desaparecieron. El efecto duró toda la sesión de meditación y se prolongó cinco minutos después de que finalizara. Cuando ambos abrimos los ojos, me preguntó si me había dado cuenta de que los temblores habían cesado. No solo me había dado cuenta, sino que aquel fue uno de los momentos más intensos y conmovedores de toda mi trayectoria profesional. Ver a alguien experimentar un cambio tan inmediato y un alivio tan profundo parecía un milagro. Incluso se me saltaron las lágrimas, aunque procuré que no me viera para que no se sintiera cohibido. Al día siguiente, él y su esposa advirtieron que después de meditar los temblores desaparecían durante unos diez minutos, y al siguiente, durante quince. El tiempo continuó aumentando hasta que pudo disfrutar de varias horas al día sin temblores tras haber meditado. La dopamina y la serotonina sintéticas a menudo se emplean para mitigar los temblores asociados con la enfermedad de Parkinson, por lo que no es descabellado pensar que sus equivalentes orgánicos puedan tener un efecto igual (¡o mejor!).

Por favor, no me malinterpretes: en ningún caso estoy afirmando que la meditación cure el párkinson, pero sí creo que algunos enfermos pueden experimentar un alivio temporal.

DOLOR

En 2015, un equipo de neurocientíficos de la Universidad de Wake Forest llevó a cabo un experimento para estudiar la percepción humana del dolor. Con ese fin, los investigadores colocaron una sonda de temperatura calentada a 49 °C (120,2 °F) en la pierna de cada participante. El umbral del dolor y el estado de ánimo de los sujetos se evaluaron para establecer una referencia y a continuación a cada grupo se le prescribió uno de los siguientes tratamientos: una pomada analgésica placebo, audiolibros, «meditación sham» (esto es, sentarse en una silla y respirar) y un verdadero programa de mindfulness. Los científicos observaron que, de media, el grupo del mindfulness experimentó una reducción del 27 % en la percepción del dolor físico y del 44 % en la reacción emocional al dolor, incluida la ansiedad provocada por la sensación desagradable. Estos porcentajes fueron mucho más altos que los de los grupos placebo, que de media mostraron una disminución de tan solo el 11 % en la percepción física y del 13 % en la respuesta emocional a ese dolor[2].

La intensidad física del dolor se puede exacerbar si a este le sumamos el miedo. (Ese es el fundamento de la mayoría de los cursos prenatales). Dada la epidemia de opiáceos que azota Occidente en la actualidad, cualquier tratamiento alternativo a los medicamentos adictivos debería estudiarse y fomentarse. Eso es justo lo que ofrece la meditación. En www.zivameditation.com/bookbonus encontrarás una meditación guiada para gestionar el dolor.

He elegido cuidadosamente mis palabras porque no quiero que nadie piense ni por un momento que hago afirmaciones aberrantes sin ningún tipo de prueba que las respalde. Yo creo que la meditación puede ayudar con muchos problemas de salud, tanto en términos de prevención como de curación. En algunos casos, la ciencia se muestra abrumadoramente a favor de la práctica diaria de la meditación. En otros, no tengo forma de explicarlo, pero no puedo negar los resultados que yo misma he experimentado ni los que he visto con mis propios ojos, así como tampoco los testimonios de multitud de alumnos que han tenido las mismas vivencias. La ciencia está empezando a reconocer lo que los meditadores saben desde hace miles de años. En cualquier caso, menos días enfermo y menos dolor se traducen en más tiempo para disfrutar de la vida y conseguir grandes cosas.

En resumidas cuentas, la meditación te ayuda a aceptar tu situación y también el hecho de que existe la posibilidad de que te cures. Se ha demostrado que ayuda a gestionar el dolor, ya que los químicos de la felicidad que libera contribuyen de manera natural a mitigar las sensaciones desagradables. Pero, en mi opinión, esto no tiene tanto que ver con la química como con el modo en el que una práctica de atención plena facilita la comunicación entre el cerebro y el cuerpo. Cuando escuchas lo que el cuerpo está tratando de transmitirte, haces que pueda permitirse el lujo de no gritar. Todo dolor trata de comu-

nicar algo; si escuchas cuando susurra, quizá no tenga que desgañitar-
se. Esto no quiere decir que la meditación sea un placebo, sino todo lo
contrario: al calmar la mente, el cerebro puede llevar a cabo su tarea
primaria de curación y protección del cuerpo.

Recuerda, tu cuerpo está en tu equipo; desea rendir al máximo de
su potencial. Insisto en que no creo que la Naturaleza quisiera que
estuviéramos enfermos, cansados y estresados a todas horas. Si le proporcionas al organismo todas las herramientas que necesita para funcionar bien —como el mindfulness, la meditación y la manifestación—, te devolverá el favor permitiéndote disfrutar de un mejor
descanso y de un sistema inmunitario más fuerte, lo que hará que
estés más sano y seas más eficiente.

Ejercicio con los ojos abiertos

Respiración tranquilizadora

Utiliza este ejercicio la próxima vez que estés a punto de perder los
nervios (léase pillar un berrinche) o sientas que tienes demasiado ácido en la barriga.

Enrolla la lengua como si fuera una pajita y después inspira contando 5 y espira contando 5 mientras haces que tanto el flujo de la
inspiración como el de la espiración pasen por el interior de la lengua
enrollada. Deja que el roce del aire que se desplaza por la lengua cree
una sensación refrescante y tranquilizadora en el cuerpo y la barriga.

Se trata de un ejercicio sencillo pero efectivo que podrás usar
para conservar la calma la próxima vez que sientas que vas a perder los
papeles con tus hijos, un compañero de trabajo, un representante de
un servicio de atención al cliente o el conductor del coche de al lado
cuando vas por la carretera en hora punta.

Ejercicio con los ojos cerrados

Afirmaciones sanadoras

Cuando sientas los primeros síntomas de una enfermedad o ya la estés padeciendo, emplea estas afirmaciones sanadoras al acostarte. Puedes grabarte recitándolas o, si prefieres que yo te guíe, entra en www. zivameditation.com/bookbonus. Este enlace también te da acceso a mi visualización guiada favorita para la sanación.

Mi cuerpo sabe exactamente cómo curarse a sí mismo.
Mis células son fuertes.
Esta enfermedad es un proceso depurador que me hará todavía más fuerte.
Gracias, cuerpo. Gracias, Naturaleza, por las lecciones que esto me está enseñando.
Estoy abierto a recibir y asimilar estas lecciones.
Me merezco este tiempo para descansar.
Me merezco este tiempo para sanar.
Me concedo permiso para entregarme por completo a esta experiencia porque sé que es temporal.
Me permito experimentar a fondo el malestar porque sé que cuanto más me entregue a él, más rápido sanaré.
Ya soy más fuerte de lo que era antes.
Mi cuerpo sabe cómo curarse perfecta y rápidamente.
Mi curación ya está en marcha.
Mi curación ya está en marcha.
Mi curación ya está en marcha.

Caso de estudio Ziva número 4

Experimentar el cáncer, no luchar contra él

CATHI PETERSON, DIRECTORA FINANCIERA DE UNA EMPRESA
TECNOLÓGICA

La gente piensa que el cáncer me ha cambiado. Yo pienso que la gente está equivocada.

Nadie sabía que me acababan de diagnosticar cáncer de mama cuando salí a cenar con unos amigos y, a pesar de lo aturdida que estaba, no pude evitar percibir algo distinto en la pareja que había sentada enfrente de mí. Medio en broma les pregunté si se estaban medicando. «No —respondieron, riendo—, no nos medicamos; meditamos». Consciente de lo que me esperaba, dije: «A lo mejor yo también debería hacerlo». Así fue como supe de Emily.

Por lo tanto, para mí todo empezó más o menos al mismo tiempo: la cirugía, el tratamiento, la quimioterapia, la radioterapia y la meditación. Como no había experimentado ninguna de esas cosas antes, no sabía qué esperar. La primera vez que noté algo distinto a nivel físico después de la meditación fue tras la cirugía. Me acababan de poner un catéter para facilitar la administración de los medicamentos y para que las venas no sufrieran tanto. Mientras estaba en la sala de recuperación, oí que los enfermeros le decían a mi hermana que no podría marcharme a casa hasta que no comiera un poco, pudiera caminar y mis constantes vitales hubieran vuelto a la normalidad. Una enfermera le dijo que tendría que esperar unas cuantas horas. Cuando oí eso, me incorporé y puse en práctica la Técnica Ziva. Al cabo de una hora, para sorpresa de todos, estaba lista para irme. ¡Los enfermeros se quedaron maravillados! Me dijeron que nunca habían visto a nadie recuperarse con tanta rapidez.

Además de la reacción física a mi nueva práctica, experimenté un profundo cambio de actitud, no solo hacia el cáncer, sino también hacia el tratamiento, que puede llegar a ser bastante angustioso. En pocas palabras, me entregué al tratamiento en lugar de luchar contra él. Entregarse no significa rendirse. Ni mucho menos. Ese simple acto de entrega sustituyó el sufrimiento por una sensación de calma y bienestar. En mi interior tenía el poder de crear lo que esta experiencia iba a ser para mí.

Incluso mi novia notó este cambio y se dio cuenta de que estaba viviendo mi vida casi como si no pasara nada. Eso le parecía un poco preocupante. De hecho, le preguntó a mi oncóloga si el tratamiento estaba funcionando, porque mi comportamiento era «muy normal».

La doctora me miró, después la miró a ella y simplemente dijo: «Está calva. El tratamiento funciona».

A continuación, se quedó en silencio durante unos instantes. Después me preguntó si estaba haciendo algo. Cuando le comenté que meditaba, asintió con la cabeza y dijo: «Bien, no lo dejes, porque no veo a muchos pacientes que respondan al tratamiento de esta manera».

Mientras escribo esto, se cumplen dos años desde mi último tratamiento. Estoy totalmente convencida de que fue la meditación lo que me cambió y me siento muy afortunada por haber descubierto esta herramienta cuando más la necesitaba. De hecho, creo tanto en sus beneficios que llevé a Emily a mi empresa y entre las dos hemos logrado que más de setenta y cinco de mis compañeros hayan comenzado a meditar. Es muy reconfortante ver a gente en el ascensor de camino a la sala de meditación, cruzarse con colegas por el pasillo que ahora cuentan con esa «arma secreta» para cargar las pilas por las tardes. Me encanta oírles hablar de lo bien que duermen, de lo mucho que ha cambiado su perspectiva de la vida, del poco estrés que padecen y de que ahora son más productivos y más felices en general.

» 6 «

La (legítima) fuente de la juventud

SI NO CREES QUE VIVIR en un constante estado de estrés envejece a una persona de manera expeditiva, simplemente compara las fotografías del día que cualquier presidente de Estados Unidos tomó posesión del cargo con las del día que lo dejó. Después de llevar el peso del mundo sobre los hombros durante cuatro años o más, todos parecen más viejos, tienen más canas, están más encorvados y más arrugados. Las demandas constantes, las noches en vela y las innumerables responsabilidades constituyen un caldo de cultivo perfecto para una acumulación rápida de estrés y un envejecimiento acelerado del cuerpo.

Es posible que los efectos del estrés parezcan precipitarse en el caso de un presidente, pero a nosotros nos afectan igual. Vemos el estrés acumularse en nuestros rostros en tiempo real, desde las bolsas en los ojos por la falta de sueño hasta las arrugas de preocupación en la frente por tener el ceño siempre fruncido. Lo sentimos acumularse en nuestros cuerpos por la sucesión de noches en vela y de años de rabia o tristeza (o de ambas) enquistadas. Todas esas demandas que se nos quedan grabadas en la cara pueden derivar en una presión implacable que se intensifica con la edad, y será el cuerpo el que pague el precio. Las canas prematuras, la piel cetrina, el dolor en las articulaciones, el cansancio generalizado... todo ello es prueba de ese estrés al que le hemos permitido alojarse en nuestros cerebros y en nuestros cuerpos sin pagar el alquiler. ¿Hay alguien que se haya mirado en el espejo tras una jornada agotadora y haya pensado «¡Qué aspecto más radiante tengo! Debería ir a renovarme el carné de identidad y a hacerme unas fotos de estudio»? El estrés no le sienta bien a nadie.

¿Cómo provoca el estrés, exactamente, tantos estragos en el cuerpo? Uno de los factores más importantes es un malhechor al que ya nos hemos referido varias veces en este libro: el ácido excesivo. Si repasamos la situación del ataque del tigre, cuando el cerebro entra en modo lucha o huida, comienza a generar dosis altas de cortisol y adrenalina; estas sustancias químicas son (repite conmigo) ácidas por naturaleza. ¿Y recuerdas aquello de que el ácido penetra en la piel para que, si un depredador te muerde, no tengas buen sabor? Sí. Eso contribuye a la aceleración de la edad corporal y también disminuye la elasticidad de la piel. Cuando vivimos en un estado de estrés perpetuo, estamos inundando nuestros cuerpos de ácido. Aunque suene muy poco elegante, lo que estamos haciendo básicamente es encurtirnos a nosotros mismos.

» En busca de la juventud

No es ningún secreto que vivimos en una sociedad obsesionada con la juventud. Casi todos los anuncios de productos de cuidado personal —maquillaje, cremas, artículos de aseo, etc.— emplean como reclamo de venta la promesa de hacerte parecer más joven. Las portadas de las revistas femeninas avanzan secretos para disminuir las arrugas o tener «una piel tersa y luminosa». Las revistas para hombres te enseñan cómo «¡recuperar el vigor de los veinte años!». Todas venden el sueño de que puedes esconder la edad y volver a ser joven.

Nuestra sociedad tiene una visión manifiestamente negativa del envejecimiento y con demasiada frecuencia somos incapaces de reconocer la belleza de la edad: la sabiduría que se adquiere con el tiempo y la experiencia; la dignidad resultante de amar y respetar tu cuerpo por lo que te ha permitido vivir; el atractivo de la madurez y la confianza; la seguridad en uno mismo que da el haber llegado a un punto en el que ya no estás dispuesto a aguantar las tonterías de nadie. Estas son características que hay que celebrar, elogiar, honrar. Nadie debería querer combatir estos aspectos del envejecimiento. **A menudo nos dedicamos a perseguir la juventud cuando lo que deberíamos estar persiguiendo es la salud.**

No hay nada malo en hacerse mayor. Lo diré una vez más: no hay nada malo en hacerse mayor. Es natural y hermoso. En lugar de perseguir una zanahoria que nunca podremos atrapar (la juventud), ¿qué tal si cambiamos nuestro objetivo y comenzamos a perseguir las cosas que de verdad deseamos, como la luminosidad de una piel sana, la energía que acompaña a una dieta saludable y la confianza y la paz que aporta la meditación diaria? Lo que ocurre con una práctica regular como la Técnica Z es que **comienzas a convertirte en la mejor versión de ti mismo a tu edad actual.** Tu cuerpo tendrá la oportunidad de reparar daños físicos y tu mente será capaz de aceptar y celebrar lo que ha sido tu vida hasta este momento.

El cuerpo es una compilación de todas nuestras experiencias, alegrías y tristezas; de todos los alimentos que hemos ingerido, de todos los momentos en los que hemos (o no) descansado, de cada lesión y cada enfermedad, de cada decisión, buena o mala. El cuerpo y la mente son la suma de todo lo que hemos sido y hemos hecho. Eso es lo que nos hace ser quienes somos. ¿Preferirías ser alguien que trata de esconder su edad porque se avergüenza de su físico prematuramente envejecido o alguien que puede presumir de ella porque tiene un aspecto fabuloso?

Yo conozco la diferencia de primera mano. Cuando eres actriz, la edad es algo que siempre tienes muy presente; la ves como una amenaza para tu carrera y un enorme condicionante para tu éxito. La mayoría de las actrices esconden su edad o mienten sobre ella para hacerle creer a la gente que son más jóvenes. Ahora, como profesora de meditación, uno de los principales beneficios de lo que te ofrezco es la posibilidad de invertir la edad corporal, ¡y yo estoy orgullosa de mi edad y de cómo la llevo!

Como se suele decir, la edad no es más que un número; no es sino un significante externo que denota la cantidad de veces que el cuerpo ha dado la vuelta al sol; un marcador de madurez y desgaste físico. El problema es que muchos tenemos una perspectiva errónea del lugar en el que este marcador debería hallarse en cada fase de la vida. Todos hemos visto a esa persona en nuestra reunión de antiguos alumnos que parece haber bebido de la fuente de la eterna juventud o que, cuando menos, ha hecho un pacto con alguna bruja de cuento a cambio de unas habichuelas mágicas que eliminan las arrugas. También hemos visto a esa otra persona por la que el tiempo parece haber pasado a toda velocidad, que ha envejecido a un ritmo mucho más rápido que el resto. Yo sé cuál de las dos me gustaría ser, e imagino que tú pensarás del mismo modo.

La meditación ayuda al cuerpo a curar lesiones y enfermedades que no acaban de desaparecer debido a los efectos a largo plazo del estrés, que se manifiestan en forma de trastornos del sueño, inflamación sistémica, un estado de acidez crónica, disminución de la agilidad mental y dolor. Estas son las irregularidades que aceleran el proceso natural de envejecimiento y que no solo hacen que te sientas más viejo, sino que también lo parezcas.

La noción que en Occidente se tiene del envejecimiento a menudo se resume en «vives unas seis décadas, después enfermas y mueres». Esa es la realidad que, en general, hemos acabado aceptando como inevitable… excepto por el hecho de que no tiene por qué serlo. Hay practicantes del ayurveda —monjes y experimentados meditadores— que viven, envejecen bien y refieren la fecha exacta de su inminente fallecimiento antes de dirigirse al Ganges, en el que se sumergen en el momento en el que su vida llega a su término. En otras palabras, mueren, pero no necesariamente aceptan el «enfermar» como parte de la ecuación. Como lo expresó un gurú: «El yogui siempre quiere saber con antelación la fecha y la hora de su muerte. Las fija. Muchos años antes dice: "En esta fecha, en esta hora, me marcharé", y se marcha […] dejando el cuerpo consciente sin dañarlo; de igual forma que te quitas la ropa, te quitas el cuerpo y te vas»[1]. No estoy diciendo que esta deba ser tu realidad; lo que quiero decir con esto es que el deterioro rápido del cuerpo y el sufrimiento prolongado antes de morir pueden no ser algo tan inevitable como se suele creer.

» Pero ¿meditación, en serio?

La comunidad médica hace tiempo que sabe que una exposición prolongada al cortisol, nuestro viejo enemigo liberado por el estrés, puede derivar en una acumulación de grasa visceral en el abdomen. El estrés puede hacerte ganar peso en algunas de las zonas del cuerpo en las que eso resulta menos favorecedor, y las probabilidades de que esto ocurra aumentan con la edad[2]. Pero el efecto dominó que la meditación tiene en el cuerpo va mucho más allá de la apariencia.

En el año 2000, el Hospital General de Massachusetts se asoció con la Facultad de Medicina de Harvard para estudiar mediante resonancias magnéticas la corteza cerebral, en concreto, las áreas corticales responsables de aspectos como la cognición, cuyo espesor tiende a disminuir a partir de los treinta años. En el estudio se observó que el espesor medio en el caso de meditadores de entre cuarenta y cincuenta años era comparable al espesor del cerebro medio de individuos de entre veinte y treinta años. En otras palabras, **los resultados apuntaban a que las personas que meditan regularmente podrían tener un cerebro hasta veinte años más joven que las que no meditan[3].**

Cuatro años más tarde, Elissa Epel, una profesora de Psiquiatría de la Universidad de California, San Francisco, publicó un estudio en el que su equipo había descubierto que el estrés mental está directamente relacionado con el ritmo al que se acortan los telómeros[4]. Los telómeros, que son básicamente los extremos de los cromosomas y protegen el ADN (son como las terminaciones de plástico que impiden que los cordones de los zapatos se deshilachen), se acortan con la edad. Epel centró su estudio en los telómeros de los leucocitos, que forman parte del sistema inmunitario. Unos telómeros de leucocito más cortos están vinculados a una serie de problemas de salud relacionados con la edad, como la osteoporosis, el alzhéimer y las enfermedades cardiovasculares. Cuanto más cortos son los telómeros de una persona, más vulnerables son sus células a la degeneración y la enfermedad.

En el estudio llevado a cabo por Epel se observó que entre mujeres de edad y salud física similares, aquellas que vivían en un entorno con un nivel de estrés más elevado (el grupo experimental lo formaban madres de niños con enfermedades crónicas) tenían unos telómeros significativamente más cortos. Las participantes que estaban expuestas a situaciones difíciles de forma habitual presentaban unos telómeros notablemente más cortos —lo que se traduciría en hasta una década adicional de deterioro— que el grupo de control. En otras palabras, los investigadores pudieron confirmar científicamente lo que ya sabíamos todos por experiencia: el estrés puede causar envejecimiento prematuro.

Epel y su equipo se propusieron entonces comprobar si los efectos del estrés se podían mitigar por medios naturales como, por ejemplo, la meditación. En un estudio publicado en 2009 anunciaron que la meditación tenía, ciertamente, un efecto mensurable en la ralentización del ritmo de deterioro de los telómeros[5].

En un ensayo clínico de 2013 llevado a cabo por la doctora Elizabeth Hoge, profesora del Departamento de Psiquiatría de la Facultad de Medicina de Harvard, se estudió algo similar: se examinaron las diferencias en la longitud de los telómeros entre meditadores y no meditadores[6]. El equipo de la doctora Hoge descubrió que los meditadores no solo tenían unos telómeros considerablemente más largos que los no meditadores, sino que también había una correlación entre la longitud de los telómeros y la cantidad de tiempo que una persona llevaba practicando la meditación. En pocas palabras, cuanto más tiempo llevaba meditando una persona, más largos eran sus telómeros en comparación con los de las personas que no meditaban.

En un estudio de 2014 realizado por la neuróloga de UCLA Eileen Luders se observó que el volumen de la sustancia blanca, que se encarga de transmitir señales eléctricas por todo el cerebro, era significativamente mayor en el caso de los meditadores que en el de los no meditadores en diecisiete de veinte caminos neuronales distintos. ¡Eso significa que la meditación tenía una correlación directa con la salud del 85 % de los caminos neuronales examinados[7]!

Lo que estos estudios y los datos científicos que surgen prácticamente a diario parecen indicar es que la meditación tiene un efecto positivo verificable e innegable en el envejecimiento celular.

Piensa por un momento en lo que esto significa para tu agudeza mental, tanto en la actualidad como en el futuro. La meditación no solo te prepara para triunfar en el presente al fortalecer el hemisferio derecho del cerebro, lo que conlleva recompensas como una mayor intuición y conciencia del momento, sino que aumenta la plasticidad cerebral, que es la capacidad del cerebro para automodificarse. Esto te permite retener los beneficios en cuyo desarrollo has estado trabajando. La meditación es una inversión en tu rendimiento que estará repartiendo dividendos durante el resto de tu vida.

» ¿Qué tipo de cuerpo quieres?

El estrés acelera el envejecimiento del cuerpo de manera expeditiva, pero la meditación no es magia; es un medio para eliminar el estrés acumulado. Esto le permitirá al cuerpo reconfigurar la manera en la que responde físicamente a las demandas. Por ello, es razonable pensar (y la ciencia lo respalda, como acabamos de ver) que la meditación es un medio altamente efectivo para ayudarte a ralentizar —o incluso revertir— el proceso de envejecimiento.

En los primeros treinta segundos transcurridos desde que se activa la respuesta de lucha o huida, la adrenalina y el cortisol se pueden detectar en la sangre; al cabo de diez minutos, esas mismas sustancias químicas ácidas están presentes en la médula ósea. Asombrosamente, lo contrario ocurre con la meditación. A los treinta segundos de simplemente haberte sentado con la intención de meditar, la dopamina y la serotonina ya se encuentran en el torrente sanguíneo; al cabo de diez minutos de meditación empleando una técnica pensada para ti, esos mismos químicos alcalinos de la dicha están presentes en la médula ósea. Esas sustancias químicas tienen un impacto real y duradero no solo en tu estado de ánimo, sino también en la constitución física del cuerpo a nivel celular. **¿Qué estás creando cada día con tus acciones, un cuerpo lleno de miedo o uno lleno de dicha?**

No pasa nada si tu camino hacia la meditación está marcado por una pequeña dosis de vanidad. El mío sin duda lo estuvo. Quizá quieras combatir las patas de gallo o una incipiente barriga. Pero yo te instaría a que consideraras centrarte en cómo ser la mejor versión de ti mismo con respecto a tu edad, incluso aunque solo busques alargar los telómeros. A medida que tu cuerpo vaya curándose a sí mismo del estrés, es probable que comiences a sentir que tienes más energía y menos dolores. ¡Aprovéchalo! Te animo a que estés activo —puedes empezar a correr o a hacer yoga— y a que seas más consciente y reflexivo en lo concerniente a la alimentación. Que comenzar a meditar sea solo uno de una serie de cambios positivos que te permitirán envejecer con elegancia. Esta es una segunda oportunidad para tratarte mejor a ti mismo; no la desperdicies.

Aunque seas de esas personas a las que les cuesta mantener los hábitos saludables; aunque nunca hayas sido constante a la hora de ir al gimnasio ni de dejar de comer alimentos con gluten ni de acostarte temprano, te animo a que te abras a la posibilidad de que todo eso cambie cuando incorpores a tu rutina diaria este hábito básico. Muchos de mis alumnos me dicen que la meditación es el primer hábito saludable que han sido capaces de adoptar, y que eso abrió la puerta a otros muchos cambios positivos en su estilo de vida. Puede tratarse de algo tan simple como tomarse un batido sano todos los días en lugar de un café, acudir a una clase semanal de yoga o leer en la cama en vez de pasar tiempo en las redes sociales. Y fíjate también en qué hábitos vas abandonando, de manera inocente y espontánea, después de haberte comprometido con la práctica diaria de la Técnica Z.

Un aspecto clave de tu yo dinámico y emprendedor es la agudeza mental. A medida que te haces mayor, ¿no te gustaría conservar los caminos neuronales que ya has creado y continuar generando más para potenciar tu experiencia e innovar en tu campo? Imagina el impacto acumulativo que un cuerpo y una mente más sanos y fuertes pueden tener en una trayectoria profesional o en la vida personal al cabo de cinco, diez, veinte o incluso cincuenta años. ¿Hasta dónde podrías llegar en las próximas décadas si hoy eliges comenzar una práctica que incrementará tu productividad y mejorará tu rendimiento?

Como reza el viejo dicho: «Nunca serás tan joven como hoy». El medio para combatir el deterioro relacionado con el paso del tiempo está a tu alcance; el que lo utilices solo depende de ti.

Caso de estudio Ziva número 5

Envejecer al revés

HANNAH MARONEY, DIRECTORA DE VENTAS Y PUBLICIDAD

Hace un tiempo, mi marido y yo pasamos un año y medio tratando de tener un segundo hijo. Nos hallábamos en mitad de un traslado de Nueva York a Los Ángeles cuando me enteré de que una de mis trompas estaba obstruida y de que la otra lo estaba parcialmente. Nos quedamos destrozados. Tras instalarnos en Los Ángeles, decidimos acudir a un especialista en fertilidad. Me hice pruebas para conocer mis niveles hormonales, la calidad de mis óvulos, la producción, el recuento de folículos antrales, etc. En general, los resultados fueron poco prometedores. Debido a la trompa obstruida, la fecundación *in vitro* era nuestra única opción. Pero teniendo en cuenta el resultado desalentador del análisis de sangre y mi edad (entonces tenía treinta y ocho años), el médico me explicó que incluso si el procedimiento se realizaba con éxito, no había muchas posibilidades de que terminara en embarazo. Seguimos su consejo, decidimos olvidarnos de la fecundación *in vitro* y tratamos de continuar con nuestras vidas.

Seis meses después, en enero de 2014, hice el curso de Ziva Meditation y he estado meditando a diario desde entonces. A principios de 2015 me di cuenta de que todavía quería tener otro hijo. Resolví acudir de nuevo a la consulta del especialista en fertilidad, consciente de que podía darme las mismas malas noticias (o peores, ya que ahora era dos años mayor) sobre mis posibilidades. En el mejor de los casos, podríamos concebir. En el peor, esperaba que eso ayudara a cerrar el capítulo de mi deseo de volver a ser madre y me permitiera pasar página.

Me hice otro análisis de sangre y después mi marido y yo acudimos a la consulta. El médico revisó los resultados del nuevo análisis y después los comparó con los del que me había hecho casi dos años antes. Se quedó perplejo. Todos los valores habían mejorado. «¿Has realizado algún cambio en tu vida? —me preguntó—. Sea lo que sea, tenemos que embotellarlo. En dieciocho años, solo he visto una mejora tan drástica como esta en una ocasión». «Llevo dos años meditando todos los días», le respondí.

Estos son los resultados de los dos análisis de sangre, para que veas la increíble diferencia:

Análisis	2013	2015
Estradiol (valor ideal < 80)	313,3	39,0
Inhibina B (calidad de los óvulos)	59 (media)	94 (muy buena)
Hormona antimulleriana	0,49	1,08 (necesarios valores por encima de 1 para FIV)
Recuento de folículos antrales	6	11 (necesarios 10 para FIV)

La meditación me cambió el cuerpo y la existencia. Pude construir una nueva vida para mi familia que es incluso mejor de lo que nunca llegué a imaginar y que supera con creces a la que tenía en Nueva York, que me parecía difícil de igualar. He hecho nuevas amistades y he encontrado un empleo que eclipsa al trabajo «ideal» que tenía en la Costa Este. Ahora adoro Los Ángeles y nuestro barrio. Desde 2013 he corrido tres maratones y le he dedicado más tiempo que nunca a mi música. Todo esto ha sido posible gracias a la meditación.

Hace dos años, tenía un gran estrés acumulado en el cuerpo (de años y años de exigencias, además del provocado por el traslado). A pesar de que no he vuelto a quedarme embarazada, la meditación me ha ayudado a eliminar ese estrés y a aceptar las cosas como son. Eso es algo que siento cada día. Además, ahora dispongo de pruebas científicas que demuestran que mi cuerpo también ha cambiado y por eso estaré eternamente agradecida.

» 7 «

El síndrome «seré feliz cuando...»

¿CUÁNTAS VECES HAS PRONUNCIADO las siguientes palabras?: «Seré feliz cuando...».

Todos lo hacemos; en unas ocasiones, con cosas pequeñas y aparentemente insignificantes; en otras, de manera grandilocuente y grave. «Seré feliz cuando»:

Coma algo.
Me compre esos zapatos.
Tenga su fondo de armario.
Contrate a otro empleado.
Cierre este trato.
Tenga una relación con esa persona.
Tenga ese cuerpo.
Tenga un hijo.
Gane más dinero.
Deje este trabajo.

Yo lo llamo el síndrome «seré feliz cuando...», y no padecerlo es difícil. Si vives en el planeta Tierra, hay cientos de miles de personas invirtiendo cientos de miles de millones de dólares en hacerte sentir que tu vida en estos momentos está incompleta, pero que serás feliz cuando tengas _____. El problema es que lo que sea que aparezca en ese espacio en blanco será reemplazado por otra cosa en cuanto consigas eso que querías. Vivimos en una cultura que cree erróneamente que es posible comprar la felicidad.

» La epidemia

La mayoría ignoramos que padecemos el síndrome «seré feliz cuando...», aunque los síntomas sean evidentes:

1. Estás dispuesto a sufrir ahora porque crees que las cosas mejorarán pronto.
2. Sientes un apego férreo por una forma de vida en particular.
3. Tu estado habitual es más de expectativa que de apreciación; lo que la vida te ofrece nunca te parece suficiente.

Este síndrome puede consumir tu energía mental y física porque te predispone a «padecer» tu situación actual mientras, sin perder la esperanza, trabajas como una mula para crearte un futuro mejor en lugar de prosperar en el presente. Este síndrome te priva de la oportunidad de experimentar dicha aquí y ahora.

A veces confundimos la devoción con un derecho a sufrir. La devoción y la dedicación a una causa son algo maravilloso; hacernos desdichados a nosotros mismos con la esperanza de que algún día cambien las tornas no lo es. La sociedad actual está regida por un enfoque codicioso de la realización personal, según el cual la felicidad se encuentra en lo que está por venir. «Seré feliz cuando»:

Sea rico y famoso.
Me case.
Tenga hijos.
Tenga un millón de dólares.

Estamos dispuestos a soportar el sufrimiento —o incluso lo fomentamos— del presente por la supuesta recompensa que nos aguarda en el futuro. Basamos nuestra existencia en la Tierra en la mitológica olla llena de monedas de oro que hay al final del arcoíris. Pero seguimos sin encontrar esa olla llena de oro, ¿no es así? Y si lo hiciéramos, querríamos otra más.

Si supeditas la felicidad a escalar hasta la cima de una montaña, ¿qué verás cuando alcances la cumbre? Un hermoso paisaje, lo lejos que has llegado... y todas las cumbres que todavía no has escalado.

¿Recuerdas cuando eras joven, estabas sin blanca y te dedicabas a ver la vida pasar, siempre pensando en cómo sería disponer de dinero para hacer lo que quisieras? ¿Con qué soñabas entonces? Con ser adulto, tener un buen sueldo y disfrutar de libertad económica. Cuando tenías una bicicleta querías un coche. Cuando conseguías el coche, querías un novio o una novia para llevarlos en él. Entonces empezabas a salir con alguien y querías casarte. Te casabas y querías tener hijos. Ahora eres adulto y echas de menos aquella época de vida sencilla en la que no tenías que trabajar para pagar las facturas y ahorrar para la jubilación ni te pasabas el día gestionando tus finanzas. La felicidad se convierte en una zanahoria que no dejamos de perseguir, y después morimos.

La clave está no en ignorar tu ambición, sino simplemente en impedir que esta te controle y te haga creer que debes ser desdichado ahora para poder ser feliz algún día. Lo cierto es que no es necesario que sufras mientras persigues un sueño. La felicidad solo se halla en el presente. La cuestión es si dispones de una herramienta que te ayude a acceder a ella aquí y ahora o vas a continuar diciéndote «seré feliz cuando»:

Compre una casa.
Encuentre a mi media naranja.
Tenga un coche nuevo.
Logre un ascenso.

Lo diré una vez más para que quede claro: **la felicidad existe en un momento (ahora) y en un lugar (dentro de ti).**

Se trata de un bonito concepto intelectual, pero puede resultar frustrante si no dispones de las herramientas para acceder a ella ni para experimentarla físicamente en el presente. Si no tienes la capacidad de acceder a tu dicha interior ahora, tampoco va a aparecer como por arte de magia cuando tu cuenta corriente exhiba cierta cantidad de ceros, le vendas tu guion a Spielberg o te hagan socio de la empresa en la que trabajas.

» Dicha y felicidad no son sinónimos

¿Has deseado alguna vez que tu compañero de piso se mudara para que tú pudieras ser feliz? ¿O que tu pareja acudiera a terapia para que tú pudieras ser feliz? ¿O que tu familia comenzara a meditar para que tú pudieras ser feliz? Todos hemos tenido este tipo de pensamientos, pero yo creo que en esas situaciones uno siempre puede tomar las riendas, y la meditación es una poderosa herramienta para lograrlo.

En lugar de dejar el control en manos de otros haciendo que tu felicidad dependa de la suya, ¿por qué no encontrar un medio para acceder a tu propia dicha y a tu propia satisfacción? Este es uno de los grandes beneficios de la meditación: en realidad estás cultivando una práctica que te permite acceder a tu satisfacción internamente, y cuando sales de ella ya no piensas que tu felicidad dependa de las cosas ni de otras personas. De esta manera, comenzaremos a ser más autosuficientes y dejaremos de supeditar nuestra felicidad a los objetos. Cuando meditamos, empezamos a comprender que **tenemos la llave de nuestra felicidad porque la práctica nos proporciona un modo de acceder a nuestro estado de conciencia menos excitado, que es donde la dicha y la satisfacción han residido siempre.**

Este puede ser un buen momento para hablar un poco más sobre el concepto de *dicha*. Se trata de una palabra que hasta ahora he empleado con frecuencia en este libro y que todos sabemos, en mayor o menor medida, lo que significa, pero me gustaría aclarar en qué sentido la utilizo yo en este contexto. *Dicha* no es un sinónimo de *felicidad*; no es algodón de azúcar, pompas de jabón y piruletas. La dicha es esa parte de ti —una parte infinitesimal, quizá— que sabe que todo va bien, que las cosas marchan como deberían. Incluso cuando estás triste, incluso cuando te sientes solo, puedes experimentar dicha. En el judaísmo, sería similar a lo que expresa la palabra *shalom*; en el cristianismo, sería «la paz de Dios, que supera todo juicio»[1]. La dicha es esa hermosa y poderosa sensación que te dice que las cosas son exactamente como deben ser. Cuando meditamos, ese trasfondo de dicha se intensifica y resulta más fácil acceder a él, incluso en los momentos más complicados.

DICHA: Esa parte de ti que sabe que todo va bien. Es importante aclarar que *dicha* y *felicidad* no son sinónimos. Es posible sentir dicha incluso cuando estás triste, enfadado o celoso. La dicha es la parte de ti que sabe que todo va como debería.

Muchos meditadores refieren este cambio de la búsqueda externa a la satisfacción interna. Cuando empiezan a meditar regularmente, adquieren una mayor conciencia de que nada —ni un nuevo empleo, ni un piso fabuloso, ni una nueva ni una vieja relación— es la verdadera fuente de su felicidad. Cuando accedes a la fuente de satisfacción que se halla dentro de ti, esa calma y esa conexión profundas poseen la trascendental habilidad de cambiar tu mundo. Por si no lo has captado a la primera, la felicidad existe en un lugar (dentro de ti) y en un momento (ahora). No hay más condiciones ni restricciones. Y cuanto más medites, más cultivarás esa dicha interna, hasta el punto de que la podrás sentir claramente de manera visceral y física. Esa comenzará a ser tu realidad las veinticuatro horas del día.

¿No acabas de comprender lo que quiero decir? Considera mi pasaje favorito de los Vedas: **«La verdad se manifiesta ante los ojos de quienes no están cegados por el deseo».**

Todos hemos pasado por ello. Todos hemos deseado que ese trabajo fuera el trabajo perfecto con tanta fuerza que olvidamos leer la letra pequeña del contrato. Todos hemos deseado que esa persona fuera la ideal para nosotros con tanta fuerza que decidimos pasar por alto el hecho de que en la primera cita bebió demasiado y no dejó propina (¿solo yo? Bueno, vale...). Todos hemos deseado una cuenta bancaria con un cero más con tanta fuerza que hemos estado dispuestos a hacer cualquier cosa para conseguirlo. Lo que ocurre es que cuando vivimos la vida, o, peor todavía, cuando la «padecemos», con este tipo de deseos nos convertimos en sus esclavos. ¿Alguna vez has deseado algo con tanta fuerza —una primera cita, una entrevista de trabajo, cerrar un trato— que cuando por fin se te presentó la oportunidad la acabaste fastidiando porque te mostraste demasiado desesperado o ansioso?

Lo que ocurre cuando meditamos y desexcitamos el sistema nervioso es que la mente y el cuerpo se calman y, durante unos instantes, entramos de manera espontánea e inocente en un espacio libre de pensamientos, libre de mantras; **salimos del ámbito del pensamiento y entramos en el del ser.** Accedemos al estado de conciencia menos excitado, que es donde se encuentran la dicha y la satisfacción. Exacto. La dicha y la satisfacción… se encuentran… en nuestro interior. Ahí han estado siempre, esperándonos. Es lo que llevan diciéndonos todos los textos espirituales desde el principio de los tiempos: lo que buscas está en tu interior. Nosotros incluso tenemos esa frase pintada en un mural gigante en nuestro estudio de Nueva York. Como concepto intelectual es estupendo, pero es mucho más potente poder experimentarlo dos veces al día todos los días, que es exactamente lo que esta práctica te permite. Te proporciona un medio para experimentar satisfacción internamente.

Cuando sientes esa dicha y esa satisfacción internas, el deseo desaparece porque la mente y el cuerpo no conciben que pueda haber nada que les aporte mayor contento que el que están experimentando con la meditación. Como consecuencia de ello, la mente se queda en silencio. Y cuando sales de la meditación, has eliminado parte de tu deseo porque has descubierto lo que es sentirse realizado internamente. El resultado es que la vida se vuelve más definida y comienzas a comprender que tu felicidad no depende de ninguna persona, lugar ni objeto.

Esto, a su vez, te permitirá ver las cosas como realmente son, lo que quiere decir que será menos probable que cometas un error. ¿Y qué es un error? **Un error es tomar algo por lo que no es.** Con demasiada frecuencia son nuestras ansias de encontrar esa elusiva sensación de satisfacción en algo externo las que nos llevan a «estar cegados por el deseo». Cuando dejamos de estar cegados, podemos ver la verdad con más nitidez, la verdad sobre las personas, sobre nuestras circunstancias y sobre nuestros anhelos. El potencial de reconocer tu dicha, la dicha que tu propio cuerpo es capaz de crear y albergar, es algo que llevas siempre contigo. Piensa por un momento en lo maravilloso que es eso. Ningún otro ser humano ni ninguna cosa pueden proporcionarte esa dicha. Tú eres todo lo que necesitas. Solo tienes que aprender cómo acceder a esa fuente ilimitada de satisfacción que está esperándote en tu interior.

» El desapego es sexi (la dependencia no lo es)

Una vez que te hayas comprometido con tu doble práctica diaria de la Técnica Z, comenzarás a ver por ti mismo que tu felicidad no depende de ninguna persona, lugar, cosa ni logro. Por consiguiente, te adaptarás mejor a las circunstancias que te rodean, en lugar de insistir en que los demás cambien. Ahora que ya no te engañas pensando que dependes de factores externos para ser feliz, no te derrumbarás emocionalmente cuando estos inevitablemente varíen o «te fallen». Eso, por supuesto, no quiere decir que no vayas a sentir tristeza ni decepción en ciertas situaciones, pero esas cosas falibles habrán dejado de tener el poder de controlar tu estado de ánimo de la forma en la que lo hacían antes.

Esta reivindicación de tu poder no es ningún tipo de proclama solemne y pública que le anuncias al mundo en las redes sociales: «¡Atención todos! ¡He decidido tomar las riendas de mi vida y no me hacéis falta para nada!». A pesar de lo tentador que eso pueda resultar a veces, de lo que estoy hablando en realidad es de un cambio interno muy sutil en tu percepción de lo que necesitas para sentirte realizado. De repente, comenzarás a conducirte de forma distinta y a interactuar con la sociedad de un modo más confiado y resuelto, y todo porque habrás comprendido la hermosa y radical idea de que tú eres suficiente. Esta manera de vivir es mucho más intensa y elegante que estar constantemente persiguiendo algo que nunca satisfará por entero tus deseos.

El desapego es sexi; la dependencia no lo es. Me gusta tanto este concepto que estoy pensando en hacerme una camiseta con la frase EL DESAPEGO ES SEXI en la parte delantera y LA DEPENDENCIA NO LO ES en la espalda. En vez de parecer desesperada, una persona que ha descubierto la verdadera fuente de la dicha irradia un aire de satisfacción y de confianza serena en sí misma. ¿Y no es ese, al fin y al cabo, nuestro sueño? ¿Sentirnos cómodos en nuestra propia piel? Eso es a lo que me refiero cuando hablo de «tomar las riendas». En lugar de depender de las decisiones, los juicios y las acciones de otras personas para sentirte feliz, poseerás un saludable nivel de desapego con respecto a tus parejas potenciales, tus clientes, tus compañeros de trabajo, tus posesiones y tu ambición. No necesitarás el visto bueno de nadie para sentirte a gusto con tu vida, ni objeto ni símbolo de estatus ninguno para sentirte completo. La felicidad es un asunto privado.

» Deseos y manifestación

«Espera un momento, Emily. En el capítulo 1 dedicaste bastante tiempo a hablar sobre lo fabulosa y potente que es la manifestación, pero ¿ahora vas y me dices que las cosas que quiero tienen su origen en la dependencia y el sometimiento?».

Pueden parecer conceptos contradictorios, pero ten paciencia y deja que te explique la diferencia.

Cuando tomas la decisión de mejorar tu vida incorporando una doble práctica diaria de meditación a tu rutina, estás básicamente abrazando la clase más hermosa de renuncia, que consiste en confiar en el respaldo de la Naturaleza y ceder el control. Para muchos de nosotros, hacer esto es extremadamente difícil, pero cuando estamos tan apegados a nuestros deseos tenemos las manos demasiado agarrotadas para recibir lo que la Naturaleza nos tiene reservado.

¿Puede la manifestación convertirse en otra adicción si lo único que hacemos durante nuestra práctica meditativa es pensar en todas esas cosas fabulosas que queremos? ¡Sin duda! Como ya hemos dicho, manifestación no es sinónimo de pensamiento mágico. La manifestación no es una oportunidad para redirigir tu dependencia hacia el universo. La manifestación es, por el contrario, una ocasión para definir tus objetivos y ser disciplinado a la hora de dedicar tiempo a imaginarlos como si estuvieran sucediendo ahora. Al hacer esto, te abres a lo que la Naturaleza pueda tener reservado para ti, siempre y cuando estés preparado para recibirlo. Esa es la razón por la que la Técnica Z es tan eficaz; la combinación de meditación y manifestación es mucho más poderosa que la suma de sus partes. La meditación potencia tu capacidad de manifestación porque inundar el cuerpo de dopamina dos veces al día te ayuda a liberarte del yugo de tus deseos, de manera que dejas de engañarte pensando que tu felicidad depende de conseguirlos. Paradójicamente, esto te permite advertir esos sutiles susurros de la Naturaleza. También contribuye a incrementar lo que yo llamo el «poder acreedor», que es lo que tú crees que mereces. Recuerda que en la vida no conseguimos lo que queremos, sino lo que creemos que merecemos.

La manifestación no es una extensión del síndrome «seré feliz cuando...», ya que con ella rápidamente te das cuenta de que tu felicidad no depende de que lo que deseas se convierta en realidad. Cuando sucede, no obstante, es algo precioso. Pero lo que comenzarás a notar es que el GPS de la Naturaleza está mejor calibrado para guiarte en tu viaje personal hacia el camino que quiere que explores; tus manifestaciones ya no te parecerán tanto planes con los que sueñas como manuales destinados a prepararte para sacar el máximo partido a las oportunidades y experiencias que se avecinan.

Esto nos lleva al último y más importante punto sobre este tema: poner tu satisfacción al servicio del mundo.

» La mejor manera de superarlo

Si el síndrome «seré feliz cuando...» te resulta familiar, lo primero que has de saber es que no estás solo. Casi todos los que formamos parte de la sociedad occidental contemporánea lo hemos sufrido en un momento u otro de nuestras vidas. Se invierten miles de millones de dólares en publicidad para que no abandonemos esa conducta. La cuestión es si tú quieres seguir padeciendo este síndrome o deseas trascenderlo.

Recuerda que, según los Vedas, la felicidad existe en un lugar (tu interior) y en un momento (ahora). Es más fácil decirlo que hacerlo, ¿verdad? Tranquilo, los beneficios de la meditación también se extienden a este aspecto de la búsqueda de la realización personal, ya que te ayuda a descubrir cómo puedes comprometerte de manera eficaz con algo que es más grande que tú. A medida que el deseo es eliminado de la percepción, comenzarás a notar que tus anhelos más profundos no están sometidos a una lucha desesperada por alcanzar la felicidad, sino que nacen de la propia felicidad. En otras palabras, **la meditación te permite pasar de ser una persona necesitada en busca de satisfacción a una satisfecha en busca de necesidad.**

Me gustaría que reflexionaras sobre ello durante un momento. En lugar de ser alguien lleno de deseos incumplidos que va por la vida buscando una manera de satisfacerlos, te puedes convertir en alguien colmado de contento que se dedica a buscar necesidades que satisfacer, maneras de contribuir. Cuando te sientes internamente realizado, puedes poner esa sensación al servicio de la gente y las circunstancias. Pronto serás capaz de distinguir con mayor claridad las necesidades específicas de tu entorno y de pensar de manera creativa en la forma de satisfacerlas. De un modo bastante inocente y espontáneo, comenzarás a hallar placer en ayudar.

¿Qué hay más hermoso que una dedicación total a algo en lo que crees, algo que es más grande que tú? Ese algo puede ser cualquier cosa que consideres que merece la pena fuera dc los parámetros de tu propia vida: la creatividad, ser padre, ser un compañero, conectar con tu propia divinidad, ayudar a la gente sin hogar, salvar el medio ambiente o ejercer de mentor infantil. No importa lo que sea, lo que importa es que pongas el corazón y el alma en ello. Esa es la diferencia entre la dedicación y el sufrimiento. Sufrir por un sueño te hace estar centrado en ti y en lo que quieres conseguir. La dedicación prescinde del ego, no le presta atención porque ya está satisfecho.

Estoy firmemente convencida de que cuanto más te comprometes con algo que trasciende tu propio ser, más a gusto te sientes contigo mismo. La alegría tiene un efecto multiplicador. Lo que quiero decir es que en lugar de centrarte en hacer feliz a una persona (a ti mismo), te centrarás en el colectivo, en hacer feliz a la gente, a los animales o al planeta Tierra. ¿A quién le importa que pueda haber una olla repleta de monedas de oro al final del arcoíris si te pasas toda la vida siendo infeliz mientras intentas alcanzarla? ¿A quién le importa que el destino sea maravilloso si el viaje ha sido una pesadilla? La vida es corta; ¿por qué llenarla de sufrimiento innecesario? Pero dar porque dar sienta bien, crear por el mero hecho de crear, se convierte en la propia recompensa.

Esto constituye la base de numerosas enseñanzas de carácter religioso, y por un buen motivo. Cuando dejas de priorizarte a ti mismo y tus objetivos individuales para pasar a centrarte en el progreso de otras personas o cosas, te conviertes en un participante activo en la creación de un mundo mejor, y eso es beneficioso para todos. Yo trabajo con muchos emprendedores jóvenes que son una inspiración para mí; se dedican en cuerpo y alma a identificar deseos no satisfechos, a averiguar cómo pueden ayudar... y a hacerlo.

¿Pero cómo descubre uno el objeto de su devoción? Si todavía no has encontrado tu pasión, puede resultar frustrante oír a otras personas hablar sobre su misión en la vida. ¿Cómo supieron cuál era? ¿Y por qué tú no has encontrado la tuya? En el fondo, ¿no nos gustaría a todos haber nacido con un manual de instrucciones, un pequeño conjunto de directrices que nos enseñara a vivir? Yo creo que en realidad sí lo hacemos, pero la mayoría no sabemos cómo descifrarlo. La idea de que cada uno de nosotros posea una sola misión o un solo propósito es debilitante y puede impedir que nos pongamos en marcha. Yo no creo que tú tengas una única misión; lo que creo es que cada persona tiene varios desafíos que resolver. Los desafíos que resuelvas y cómo lo hagas…, bueno, eso es cosa tuya.

Pero no es algo que tengas que averiguar tú solo. Hay cuatro preguntas que te pueden ayudar a acotar la búsqueda, que te permitirán hallar una causa mucho más concreta y personal, que sea significativa para ti, entre todo un mundo de posibilidades. Estas preguntas te enseñarán a ver tus deseos como el GPS de la Naturaleza y a liberarte del síndrome «seré feliz cuando…».

Pregúntate:

1. ¿Cuál es la necesidad más acuciante del momento?
2. ¿Cómo puedo poner mis dones al servicio de esa necesidad?
3. ¿Cuál de mis dones quiero utilizar?
4. ¿Cuál de mis dones quiero utilizar en este mismo instante?

¿Y cómo entra aquí en juego la meditación? Veamos qué sabemos sobre ella: es la manera más rápida de eliminar el estrés, y eso se traduce en una mejor toma de decisiones. Activa el hemisferio derecho del cerebro, lo que hace que tu intuición se fortalezca y se agudice más cada día. Cuando meditamos, somos capaces de distinguir mejor entre nuestros deseos adictivos (dinero, sexo, éxito aparente, etc., que proceden de la individualidad) y nuestros deseos intuitivos, que son «descargados» del conjunto. Además, como ahora ya sabes, a los treinta o cuarenta segundos de haber comenzado una sesión, el cerebro y el cuerpo se inundan de dopamina y serotonina, dos de las sustancias químicas de la felicidad; cuando rebosas dicha, puedes enfocar tus deseos y tus decisiones desde un punto de vista lúcido de satisfacción en lugar de hacerlo desde un estado de necesidad. Suena bien, ¿verdad?

Recuerda que durante la práctica que vas a aprender en el capítulo siguiente, cuando tu cuerpo libere los químicos de la felicidad que genera de manera natural, accederás a la fuente de la satisfacción, de la realización personal. Como consecuencia de ello, te sentirás menos confundido con respecto a lo que deberías hacer porque tomarás tus decisiones desde el contento en lugar de hacerlo desde el sufrimiento o el pánico. Debido a que estas decisiones estarán en casi total consonancia con tus creencias y tus metas, en última instancia acabarán siendo también las decisiones más prudentes, creativas e incluso lucrativas.

Una de mis citas favoritas es: «Riega las flores, no las malas hierbas». Se trata de algo muy sencillo pero muy potente a la vez. Ese es, en el fondo, el objetivo que se persigue al combinar la meditación con la manifestación. Centramos la atención en lo que queremos cultivar —lo significativo, lo potente, lo dichoso— y dejamos que la necesidad, la insatisfacción y el estrés se marchiten. La meditación nos ayuda a arrancar esos atributos negativos del cuerpo y del sistema nervioso. La manifestación, por su parte, nos ayuda a reconocer qué cosas tienen el potencial de florecer y convertirse en algo hermoso.

Lo que hay que tener presente es que, al liberarte del síndrome «seré feliz cuando…», los objetivos y las ambiciones no desaparecen; de hecho, ocurre justo lo contrario. Es muy posible que ahora sientas más deseos de lograrlos que nunca. La diferencia es que tu apego al resultado no será tan paralizante porque ahora sabes que tu felicidad no depende de él. **Serás libre para pensar y actuar con una creativi-**

dad y una confianza quizá desconocidas hasta ahora para ti, y la toma de decisiones estará guiada por una intuición agudizada en lugar de nublada por el miedo o la desesperación.

Por supuesto, seguirás experimentando todo el conjunto de emociones humanas. La meditación no desconecta los sentimientos. Cuando aprendes a acceder a tu dicha interior, no niegas tu capacidad de sentir tristeza, envidia, nerviosismo, etc. Esos pensamientos, dudas y sensaciones incómodas son parte de la experiencia humana, pero a medida que profundices en tu práctica diaria tu dicha interior aumentará, así como tu habilidad para acceder a ella.

Ejercicio con los ojos abiertos

Riega las flores, no las malas hierbas

Ejercicio de gratitud: todas las mañanas y todas las noches pon por escrito tres cosas por las que te sientas agradecido. Puedes hacerlo en el teléfono móvil (es lo que hago yo) para que siempre lleves contigo tu diario y puedas reflexionar sobre lo que vas anotando cuando lo necesites. Oprah dice que este es el hábito más importante que ha adoptado nunca. Este ejercicio ayuda a que tu cerebro se acostumbre a reconocer las cosas que van bien en lugar de estar siempre buscando problemas para resolver.

Practicar la gratitud es una de las maneras más rápidas de liberarse del síndrome «seré feliz cuando...». Tú la practicarás todos los días al pasar de la fase de meditación a la de manifestación de la Técnica Z (como veremos en el capítulo 8), por lo que este ejercicio debería resultarte cada vez más sencillo y acabarás interiorizándolo. No te preocupes demasiado por hacerlo «correctamente». Incluso en esos días en los que parece que te has levantado con mal pie, el mero hecho de preguntarte qué hace que te sientas agradecido es suficiente para cambiar la química del cerebro.

» 8 «
La Técnica Z

¡POR FIN! ¡HA LLEGADO EL MOMENTO! Esta es la razón por la que en un principio decidiste leer este libro. Te has comprometido y has sido advertido sobre la potencial desintoxicación mental y física, así que estás listo para aprender la Técnica Z. ¡Vamos allá!

Comenzaremos desglosando las tres emes que la componen.

» Las tres emes

Como sistema, la Técnica Z está compuesta por tres palabras que comienzan por la letra eme: mindfulness, meditación y manifestación. Cada uno de estos aspectos aporta algo importante a la práctica general. Y el conjunto es, de hecho, más grande que la suma de sus partes. Para resumir: **el mindfulness te ayuda a gestionar el estrés en el momento presente, la meditación elimina el estrés del pasado y la manifestación te ayuda a crear tus sueños para el futuro.** A mí me gusta pensar en las tres partes de la Técnica Z como en un entrante, un plato principal y un postre.

» Un día cualquiera

Lo ideal es que lleves a cabo la práctica matutina nada más despertarte para que comiences el día totalmente descansado y con la creatividad y la productividad a su máximo nivel. Levántate (un poco más temprano de lo habitual), ve al baño, cepíllate los dientes y lávate la cara si te apetece. Es mejor meditar antes de desayunar, de tomarte un café o de encender el ordenador. Como el café es un estimulante, puede contrarrestar los efectos relajantes de la meditación y hacerte sentir como si estuvieras teniendo un ataque de ansiedad. Confía en mí y deja el café para cuando hayas terminado la práctica.

La única excepción a la regla de «esto es lo primero que debes hacer por las mañanas después de haber ido al baño» es que seas padre o madre de un niño (o de varios). No todos tenemos las mismas prioridades, y en esta fase de tu vida, las mañanas, definitivamente, no te pertenecen. Comprendo que en tu caso has de ir amoldándote a las circunstancias, así que simplemente adapta esta actividad matutina a tu agenda lo mejor que puedas. Si tu hijo tiene un patrón de sueño predecible, te recomendaría que pusieras el despertador media hora antes de que abra los ojos para que puedas disponer de ese tiempo para ti. Merece la pena. Te lo aseguro. Una situación similar sería que tuvieras que dar de comer a tus mascotas. Hazlo. Solo recuerda que el objetivo es llevar a cabo esta práctica poco después de haberte despertado, porque una vez que el día comience a ganar impulso te será mucho más difícil poder sentarte en la silla.

La segunda meditación tendrá lugar en algún momento entre las primeras y las últimas horas de la tarde; no inmediatamente después de la comida, ya que el triptófano presente en tu sándwich de pavo puede adormecerte, sino después de haber hecho la digestión y antes de la cena. La mayoría de las personas con una jornada típica de trabajo llevan a cabo la segunda meditación entre el mediodía y las ocho de la tarde. Lo ideal es que sea antes de que aparezca el bajón vespertino. El fin es aportarle de manera proactiva al cerebro el descanso y la recarga que necesita para aguantar todo el día en plena forma y que tú no te quedes bizco delante de la pantalla del ordenador a las cinco de la tarde ni tengas que tomarte la tercera o cuarta taza de café para poder acabar un proyecto. Tampoco has de atenerte a un horario excesivamente rígido; si normalmente meditas sobre las tres y media y un día tienes programada una conferencia telefónica a esa hora, puedes hacerlo más temprano para que hayas terminado antes de tener que centrar tu atención en ella. (Eso también te ayudará a sentirte como si tuvieras poderes negociadores sobrehumanos durante la llamada).

Recuerda que es importante no dejar la meditación para las últimas horas del día. De la misma forma que una siesta a las nueve de la noche sería contraproducente si te vas a acostar a las once, meditar muy tarde puede dificultar la conciliación del sueño, ya que tu cuerpo acabará de disfrutar de un descanso profundo y reconstituyente durante la práctica. Si meditas poco antes de meterte en la cama, es probable que permanezcas despierto con la energía por las nubes y un montón de ideas estupendas en la cabeza, pero sin nadie a quien contárselas excepto a tu gato.

Cuando vayas a comenzar a practicar la Técnica Z, piensa en dónde lo vas a hacer. En contra de lo que se suele creer, no es necesario disponer de un espacio específico en tu casa engalanado con velas, incienso, guirnaldas de lucecitas blancas colgando de manera artística del techo y la música de Enya sonando en bucle. ¿Que sería encantador? Sin duda. ¿Relajante? Es probable. ¿Necesario? No. Una de las cosas que más me gusta repetir es que la meditación es el *dispositivo* portátil definitivo. Puedes meditar en el tren, en un parque, en tu escritorio, en la oscuridad… Parece que estoy hablando de un libro infantil, pero lo cierto es que puedes meditar en cualquier sitio. Ahora poseerás la capacidad (léase superpoder) de meditar en cualquier espacio en el que puedas pensar y dispongas de un lugar para sentarte.

Si tienes la posibilidad de elegir entre unas luces brillantes y unas suaves, un lugar bullicioso y uno tranquilo, escoge las luces tenues y el entorno apacible si puedes, por la sencilla razón de que la experiencia será más agradable. Si te apetece crear un espacio especial decorado de una manera relajante o personal, puedes hacerlo, pero no es necesario para que la meditación sea efectiva. En la meditación lo que importa es ese cambio interior que se proyectará en tu vida exterior. **Cualquier espacio puede convertirse en un espacio adecuado para la meditación porque tú lo dotarás de ese sentido simplemente con tu intención de meditar y con tu sólida formación en una técnica pensada para ti, no para un monje.**

Lo único que necesitas es un lugar en el que puedas sentarte con la espalda apoyada y la cabeza suelta. Puedes cruzar las piernas, estirarlas, acercar las rodillas al pecho… Lo importante es que estés cómodo. Elige un asiento en el que puedas recostarte, pero que al mismo tiempo te permita mover el cuello hacia delante y hacia atrás. (¿Recuerdas todas esas charlas que te dio tu madre cuando eras adolescente sobre la forma correcta de sentarse? Olvídate de ellas).

Es posible que esto te resulte desconcertante si estás acostumbrado a ver preciosas fotografías de yoguis del Himalaya o de mujeres con unas mallas y unos tops fabulosos sentados al borde de un acantilado con las piernas cruzadas, sin nada en lo que apoyar sus erguidísimas columnas vertebrales y haciendo un gesto extravagante con los dedos. No hay nada de malo en ello, y sin duda queda muy bien en las fotos, pero ese tipo de meditación es más monacal. Tómate un momento y pregúntate: «¿Soy un monje?». Si la respuesta es no, entonces no te estreses por querer lograr la postura perfecta o realizar un elaborado ritual sedente. No olvides que el objetivo de la Técnica Z es meditar para que se nos dé bien vivir. Este es un estilo de meditación para gente ocupada con mentes ocupadas, y está concebido para que puedas incorporarlo a tu ajetreada vida.

Ahora busca un asiento cómodo para comenzar con la parte mindfulness de nuestra práctica, la primera de las tres emes. Recuerda que el mindfulness es el arte de traer la conciencia al momento presente. No te preocupes por cómo va a ser tu práctica dentro de unos minutos ni trates de preparar los deseos para el ejercicio de manifestación. En Ziva nos gusta utilizar el mindfulness como una pasarela hacia la meditación. Se trata de una práctica en la que se utiliza más el hemisferio izquierdo del cerebro y que se lleva a cabo en estado de vigilia, por lo que te proporciona algo que hacer mientras avanzas hacia la sosegada rendición que es la meditación.

» La primera M: mindfulness. Tomar conciencia de los sentidos

Comienza con los ojos cerrados, la espalda apoyada y la cabeza suelta.

Dedica un momento a disfrutar de unas respiraciones relajadas y después desvía la atención de manera gradual hacia los sonidos de tu entorno. Empápate de ellos. Ahora céntrate en el sonido más destacado; quizá sea tu compañero de trabajo hablando por teléfono o el ruido del aire acondicionado. A continuación, tras varias respiraciones, dirige tu atención poco a poco hacia el sonido más débil que seas capaz de detectar; el de tu propia respiración o el sonido ambiente del pasillo. Tu «objetivo» es adaptarte a las sutiles diferencias sónicas que te rodean mientras vas asimilando cada uno de los sonidos que ahora mismo ocupan el espacio.

Disfruta de ello durante unas cuantas respiraciones más y después, en la siguiente inspiración, lleva tu atención hacia la sensación táctil dominante en estos momentos; quizá sea tu trasero apoyado en la silla o una rodilla dolorida. Identifícala y luego busca la más sutil, ya sea el cosquilleo que te produce el pelo en el cuello o la percepción del aire entrando y saliendo de los pulmones. No debes juzgar estas sensaciones como «buenas» ni «malas», simplemente advertir cuál es la más prominente y cuál la más débil.

Al cabo de unos instantes, desvía la atención hacia el sentido de la vista. Sí, tienes los ojos cerrados, pero ¿qué ves? ¿Oscuridad? ¿Un rayo de luz penetrando por el espacio en el que los párpados se encuentran? Es posible que incluso llegues a ver colores en el ojo de la mente.

De manera gradual, lleva tu conciencia al sentido del gusto. Aunque no estés comiendo nada (¿no es así?), la boca siempre tiene algún tipo de sabor, ya sea a pasta de dientes, café o mantequilla de cacahuete. Después de varias respiraciones, céntrate en el sabor más suave; puede ser el del aliño de la ensalada de la comida o el sabor a menta del chicle que has masticado luego, o es posible que solo percibas un regusto ácido o seco.

Por último, fija la atención en los olores. Mientras sigues respirando de forma pausada, céntrate en el olor más intenso que puedas detectar. ¿Es tu laca, tu perfume o la vela que has encendido? ¿Y cuál es el más sutil? ¿El de unas flores o simplemente el del polvo que se está calentando sobre el radiador encendido? Quizá notes una ausencia completa de olor.

Ahora te invito a que prestes atención a los cinco sentidos de manera simultánea, a que percibas los sonidos más altos y más bajos, las sensaciones táctiles más prominentes y las más suaves, la luz y la oscuridad, el sabor y la insinuación de un sabor, el olor más marcado y el más sutil. Al poner el foco en todos ellos al mismo tiempo estarás despertando la simultaneidad de la percepción; adquirirás conciencia plena de tu entorno y de ti mismo.

Respira de forma pausada y natural mientras te abres a integrar todo lo que ocurre a tu alrededor en esta experiencia de mindfulness. Tómate la libertad de estar en el momento, en el ahora. Olvida esa vieja noción de que el ruido es una «distracción» y simplemente incorpora todo lo que está ocurriendo a la experiencia. Recorre los cinco sentidos varias veces hasta que puedas empezar a sostenerlos todos al mismo tiempo. Permítete ser deliciosamente humano y estar totalmente presente. Tu estrés reside en el pasado y en el futuro; la dicha siempre se encuentra en el ahora. Este sencillo pero potente ejercicio te ayudará a emplear los cinco sentidos como una herramienta para acceder a tu propio cuerpo y al ahora. Utilízalo para avanzar hacia la dicha, no para alejarte del estrés. Esta es una distinción sutil pero importante.

Si así lo deseas, durante unos días puedes practicar solo este ejercicio. Te ayudará a gestionar el estrés en el momento presente. Después, cuando estés listo, puedes agregar la parte de la meditación. Si quieres que yo misma te guíe a través de la fase de mindfulness de la técnica, en www.zivameditation.com/bookbonus encontrarás un vídeo del ejercicio «Tomar conciencia de los sentidos» («Come to your senses», en inglés).

Una vez que hayas completado la fase de mindfulness, puedes pasar a la fase de meditación, la segunda M de la Técnica Z, en la que emplearás un mantra para desexcitar el sistema nervioso, lo que te ayudará a lograr un descanso profundo y sanador.

» La segunda M: meditación

Al pasar de la fase de mindfulness a esta segunda fase, llevarás contigo la sensación de conciencia expandida e inclusión para incorporarla al acto de entrega que es la meditación. (Entregarse, por cierto, a veces tiene la connotación negativa de «rendirse», pero yo te invito a pensar en esta entrega como en la confianza en tu cuerpo, la confianza en esta práctica y, en definitiva, la confianza en que tu intuición emergerá a la superficie para que puedas confiar más en ti mismo).

ENTREGA: Confiar en que la Naturaleza posee más información que tú. El acto de abandonarse a algo más grande, sabio y poderoso que tú. Eso no significa rendirse ni renunciar; significa confiar en que ese poder superior (Dios, la Naturaleza, el universo o como quieras llamarlo) te protege.

La clave para que la transición sea lo más fluida posible es dejar que tu mantra acuda a ti. Uno no dice: «Vale, cerebro, ¡ha llegado la hora del mantra!», y comienza a cantarlo para sí mismo una y otra vez; lo que hay que hacer es dejar que surja desde el fondo de la mente sin esfuerzo y con inocencia. Imagina que estás en un bar y tu mantra es esa persona tan atractiva que sabes que te está mirando. Sin duda quieres entablar conversación con ella, pero no se te ocurre acercarte corriendo y comenzar a avasallarla con tus palabras. Actúa con recato y deja que el mantra acuda a ti.

No pronuncies el mantra en voz alta; eso sería cantarlo, lo que constituye una práctica totalmente distinta. De hecho, ni siquiera tienes que seguir un ritmo muy preciso. Solo deja que surja y que después resuene entre tus pensamientos, más como un sonido o un instrumento que como una palabra. Yo he escogido de manera específica y deliberada el mantra o «anclaje mental» que vamos a emplear, pero, en este caso, la palabra en sí no es lo importante.

» El mantra

¿Cuál es ese misterioso mantra del que no paro de hablar? Si estabas esperando algún tipo de sonido mágico que te transportara al abismo cósmico de un agujero negro de inconsciencia, siento decepcionarte; se trata de una palabra muy simple. Espero que saber que es la combinación del mantra y la sencilla técnica lo que hace que esta meditación sea tan efectiva te sirva de consuelo. En los cursos presenciales que impartimos en Ziva, a los alumnos se les entrega su propio mantra personalizado. En los cursos virtuales, se enseña a elegir el mantra de una lista cerrada. Me gustaría poder ofrecer el mismo nivel de orientación en estas páginas, pero no tengo manera de saber si cuentas con el apoyo de tu entorno ni de si vas a terminar de leer este libro para comprender plenamente el potencial y el impacto de esta nueva herramienta. Como los mantras personalizados son tan poderosos, hemos elegido a propósito una palabra más suave y universal para que la utilices como anclaje mental.

El término que vas a usar es simple y efectivo. Poco a poco, vas a ir oyendo la palabra *uno* en el fondo de tu mente, lo que te ayudará a penetrar en los estados de conciencia más sutiles.

¿Recuerdas que en el capítulo 1 dijimos que los mantras eran sonidos pensados para funcionar como «vehículos de la mente» y que servían para desexcitar el sistema nervioso? ¿Y recuerdas que prometiste que no cometerías el error de ver el mindfulness, la meditación y la manifestación como «pensamiento mágico»? Bien, no lo olvides. *Uno* como tu mantra es el ejemplo perfecto de lo que estoy hablando. La palabra podría tener multitud de significados distintos: unidad; convertirte en el número uno en tu campo; lo que ahora es tu única prioridad. Sin duda, podría simbolizar para ti cualquiera de esas cosas. Pero tampoco tiene por qué. Puedes deleitarte sin más con su sonido mientras la entreoyes en el fondo de la mente. El propósito es dejar que el vehículo de la mente induzca un descanso profundo y sanador mientras tú disfrutas de una breve rendición —de tan solo unos minutos al día— y de los beneficios que reporta. No tienes que rumiar la palabra para tratar de descubrir significados ocultos ni ideas profundas. Hacer eso sería intentar desviar la dirección de la práctica, lo que te conduciría a un estado de «contemplación» o bien te sacaría por completo del estilo de meditación *nishkama karma* y te llevaría a un estado de atención plena. Comenzarás a notar que la palabra cobra vida propia. Con el tiempo se volverá más tenue y sutil.

Imagino lo que estarás pensando: «Esto parece demasiado simple. Digo esa palabra varias veces al día, pero no siento que tenga menos estrés ni que el cerebro me funcione mejor, como has asegurado en los primeros siete capítulos que ocurriría». A veces las verdades más profundas son las más sencillas. No debemos confundir sencillez con ineficacia. El poder de esta práctica reside en la sencillez.

Pero tienes toda la razón: la palabra no inducirá ningún cambio mental si la utilizas en el hemisferio izquierdo del cerebro, en el estado de vigilia, con la intención de comunicar una idea. En este caso, la emplearás como anclaje y para preparar el cuerpo y la mente para un descanso y una entrega profundos. La llave de un coche tampoco sirve de mucho sobre la encimera de la cocina. Tienes que saber a qué vehículo pertenece y cómo utilizarla.

Si hay un consejo que nunca has de olvidar a la hora de meditar es el siguiente: los pensamientos no son el enemigo. Recuerda que igual que el corazón late de forma involuntaria, la mente piensa de manera involuntaria, así que, por favor, no le ordenes a la mente que permanezca en silencio. Eso no va a funcionar jamás y lo único que conseguirás es sentirte frustrado. Has de comprender que los pensamientos no son un problema, que, de hecho, son una parte útil de este proceso. Y además, ahora dispones de un anclaje fiable, *uno*, al que regresar cuando notes que has empezado a divagar.

La fase de meditación —la parte de la Técnica Z que pronto descubrirás que puede asemejarse un poco a una siesta sedente— debería durar unos catorce minutos. Con el tiempo necesitarás solo alrededor de un minuto del entrante que es el mindfulness. Un minuto de mindfulness más catorce de meditación suman quince. Programa quince minutos en tu cronómetro interno; te sorprenderá descubrir lo preciso que es tu reloj natural si lo educas. No pasa nada si quieres consultar un reloj. Te animo a hacerlo. Déjalo cerca de tu posición y míralo todas las veces que haga falta. Incluso es posible que descubras que tiendes a repetir un patrón. En mi caso, suelo mirarlo hacia la mitad de la práctica y después siento cómo salgo de ella en el momento justo. Yo les aconsejo a los alumnos principiantes que pongan un despertador de emergencia para que suene unos minutos después del tiempo establecido. Eso ayuda a calmar la paranoia que produce la posibilidad de perder todo un día de reuniones si por casualidad te quedaras dormido. (En los once años que llevo meditando dos veces al día, solo me he quedado dormida en un par de ocasiones, por lo que es algo que no debería preocuparte demasiado). Esta es una de las razones por las que es importante sentarse con la espalda apoyada y la cabeza suelta; si apoyas la cabeza, es mucho más probable que acabes durmiéndote.

Lo ideal, no obstante, es que eduques tu reloj interno para que puedas dejar de depender de cualquier tipo de alarma. «Pero ¿por qué no puedo poner una alarma, Emily?». En pocas palabras, porque las alarmas son muy alarmantes. En lugar de ello, consulta el reloj que hayas dejado cerca. Es mejor utilizar un reloj de pulsera o uno de mesa y tirar tu móvil al río más cercano, pero si no tienes otra cosa y *te ves obligado* a usarlo, existe una aplicación gratuita llamada The Clocks que convierte el teléfono en un reloj digital gigante, de manera que no tendrás que tocar la pantalla ni ningún botón ni introducir ninguna contraseña para poder ver la hora. Si quieres saber cuánto tiempo ha pasado, simplemente míralo. Si todavía no han transcurrido los quince minutos, vuelve a cerrar los ojos y retoma tu mantra. Prefiero que consultes un reloj cien veces a que una alarma te saque de la meditación a la fuerza (sí, aunque se trate de ese suave *om* del reloj de tu aplicación de meditación). Y el motivo es algo que yo llamo «el síndrome de descompresión de la meditación».

EL SÍNDROME DE DESCOMPRESIÓN DE LA MEDITACIÓN: Dolores de cabeza, visión borrosa e irritabilidad causados por salir demasiado rápido de la meditación.

En el buceo, si asciendes demasiado rápido de una inmersión, las burbujas de gas atrapadas en los tejidos del cuerpo se expandirán, lo que provoca una dolorosa e incluso peligrosa sensación física que compromete las articulaciones. En el caso de la meditación, si sales de ella de manera repentina, es probable que padezcas dolores de cabeza, visión borrosa e irritabilidad. El cerebro y el nervio óptico no tienen receptores del dolor, por lo que no pueden comunicarte que duelen cuando sales de la meditación de un sobresalto, pero una transición brusca de un estado de reposo a uno de vigilia puede resultar traumática. Lo que queremos es que el cerebro y el nervio óptico se adapten gradualmente al estado de vigilia, así que nada de alarmas, salvo las de emergencia para evitar quedarte dormido mientras aprendes a meditar. Si sales de la meditación demasiado rápido y eso te causa irritabilidad y dolores de cabeza media hora después, entonces habrás malgastado tu tiempo; puedes tener dolores de cabeza y estar irritado sin tener que meditar dos veces al día.

La manera de impedir la aparición de este síndrome de descompresión es hacer una «parada de seguridad» de dos minutos al final de la meditación, en la que cortarás la cuerda del ancla de tu mantra y regresarás al estado de vigilia sin abrir los ojos. Esto hará que los ojos y el cerebro puedan readaptarse a la vigilia de manera gradual. Será durante este período de dos minutos cuando incorporarás la práctica de la manifestación.

» La tercera M: manifestación

Comenzaremos la fase de la manifestación desde la gratitud. Esto no te llevará mucho tiempo. Solo has de formularte la pregunta «¿Por qué me siento agradecido en este momento?». Da gracias por tus amigos, por tu hogar y tu salud, por tu familia y por las oportunidades, por el hermoso atardecer del día anterior o porque esta mañana no has perdido el autobús por los pelos. Cualquier cosa que albergues en el corazón que te haga sentir agradecido, reconócela. **A la Naturaleza/Dios/poder superior —como quieras llamarlo— le gusta que le presten atención, como a todo el mundo.** ¿Sabes ese amigo que todos tenemos que jamás parece agradecer nada, que pide, pide y pide hasta que al final dejas de hacerle favores porque nunca te los reconoce ni te ofrece su ayuda a cambio? No seas esa persona. Valora lo bueno que hay en tu vida, por muy insignificante, corriente, incomprensible o superficial que pueda parecer. No hay una forma errónea de mostrar gratitud por las cosas buenas, salvo no valorarlas. Esto puede parecer simple (¿te has fijado en el patrón de herramientas simples pero potentes que se repite a lo largo del libro?), sin embargo, existen algunas investigaciones de neurociencia bastante fascinantes sobre la gratitud en las que se ha observado que, incluso en los días en los que sientes que no tienes nada por lo que dar gracias, el mero hecho de plantear la pregunta «¿Qué hace que me sienta agradecido?» es suficiente para cambiar la química del cerebro[1]. Esta sencilla práctica te ayuda a identificar todo lo que va bien en tu vida para que puedas comenzar a regar las flores en lugar de las malas hierbas de una manera más eficaz.

Cuanto más estimulas estos caminos neuronales mediante la práctica de la gratitud, más fuertes y automáticos se vuelven. A nivel científico, este es un ejemplo de la ley de Hebb, que afirma que «las neuronas que se activan juntas se conectan juntas». Pero también es algo que puedes ver claramente en la vida cotidiana: si estás abriendo una senda nueva a través del bosque, el primer viaje será el más complicado, y tendrás que prestar mucha atención. Pero cuantas más veces se recorra ese camino, más definido se volverá y más fácil será seguirlo. El cerebro funciona de la misma manera: cuantas más veces se active un camino neuronal (las neuronas se activan juntas), menos costará estimularlo la próxima vez (las neuronas se conectan juntas).

La gratitud te prepara para la tercera M de la Técnica Z: la manifestación. Cualquier atleta que haya ganado una medalla de oro, cualquier actor que haya ganado un Oscar o un Tony, o cualquier ejecutivo de éxito habrá creado primero un esquema mental con los pasos a seguir para alcanzar su objetivo y habrá imaginado cómo se sentirá cuando lo haga. Una vez que hayas terminado los quince minutos de mindfulness y meditación, consulta tu reloj, deja marchar el mantra y entra en la parada de seguridad. La parada de seguridad solo dura dos minutos. Comienza con un momento de gratitud y a continuación te invito a que pienses en **un sueño, un objetivo o un deseo** y que lo imagines como si se tratara de tu **realidad actual**. Esa es la clave de la manifestación: imaginar el sueño como si estuviera ocurriendo ahora. No lo contemples como algo que puede pasar en un futuro. Concédete permiso para ver, sentir, oír, saborear y oler cada aspecto de ese deseo como si lo estuvieras viviendo en este momento, en tu realidad actual e inmediata. Explóralo en tu mente como si fueras un niño jugando a ser adulto. Reivindícalo como tuyo. Mientras dedicas tiempo a marinar este sueño, dejando que tu imaginación añada color a los detalles, presta especial atención a cómo te sientes. Todos pensamos que estamos persiguiendo un objetivo, pero en realidad lo que perseguimos es la idea que tenemos de cómo ese objetivo nos hará sentir. Este ejercicio te brinda la maravillosa oportunidad de experimentar la dicha, el éxito y la generosidad en el ahora.

Cuando sientas y veas que ese sueño se hace realidad a tu alrededor, pregúntate a quién llamarías primero para comunicarle la noticia. Imagina esa conversación. ¿Qué dirías? ¿Estás llorando? ¿Riendo? Ahora imagina la respuesta de esa persona. ¿Ríe? ¿Llora? ¿Grita de emoción? Tómate un momento para empaparte de su entusiasmo y deja que alimente tu sueño.

Y después, cuando estés listo, abre los ojos poco a poco y regresa al lugar en el que te encuentras. ¡Enhorabuena! Tú, amigo mío, amiga mía, acabas de completar tu primera sesión de la Técnica Z.

» Haz que la Técnica Z sea innegociable

Es posible que nunca hayas oído hablar de un estilo de meditación como este. Lo que yo digo es que no hay que dejar la mente en blanco, que no pasa nada si oyes e incluso incorporas todos los sonidos y las experiencias sensoriales que tienen lugar a tu alrededor, que no hay que concentrarse en nada. Y, además, no tienes que poner ninguna alarma ni usar ninguna aplicación de meditación para controlar el tiempo. Si te parece que todo esto se aleja demasiado de tus disciplinados y rígidos intentos anteriores de dejar la mente en blanco, pregúntate: «¿Me han funcionado? ¿He notado algún beneficio significativo a cambio del tiempo invertido? ¿He logrado comprometerme con una práctica diaria?». Si estás dispuesto a probar algo distinto, aquí tienes un resumen de lo que hemos aprendido hasta ahora:

Siéntate con la espalda apoyada y la cabeza suelta.

Ten un reloj a mano (programa tu alarma interna para que te avise pasados 15 minutos).

Comienza con el mindfulness («Tomar conciencia de los sentidos»): 1-2 minutos.

Deja que el mantra acuda a ti de manera gradual: 13-14 minutos.

Libera el mantra pero mantén los ojos cerrados para hacer una «parada de seguridad»: 2 minutos.

Practica la manifestación: durante los 2 minutos de la parada de seguridad, imagina un sueño como si estuviera ocurriendo ahora.

Abre los ojos y ofrece tu grandeza al mundo.

Por favor, lee este capítulo las veces que haga falta hasta que hayas interiorizado el proceso de pasar de una fase de la Técnica Z a otra. Sería una lástima que tuvieras que salir de una meditación deliciosa para rebuscar en estas páginas porque no te acuerdas de cuál es el siguiente paso. No obstante, si tienes que hacerlo, no seas demasiado duro contigo mismo y recuerda que incluso una «mala» meditación es mejor que no meditar. **No permitas que la perfección sea enemiga de lo bueno y no dejes que lo bueno sea enemigo de lo terminado.** Si no recuerdas qué viene a continuación, si lo único que haces es darle vueltas a tu mantra mentalmente como si fuera una peonza o si olvidas silenciar el móvil y tu abuela te llama en mitad de la sesión para saludar, no te preocupes. Eso no supondrá el fin de tu carrera de meditador. Todo suma y seguirás progresando cada vez que te sientes en la silla. Si necesitas un poco de ayuda, siempre puedes dejar que te guíe en algunas fases del proceso. Solo tienes que entrar en www.zivameditation.com/bookbonus. Recuerda que una práctica meditativa es precisamente eso, una práctica. La perfección no existe.

» Una advertencia

Antes de continuar, es vital que responda a una pregunta que surge en todas las clases que imparto: «¿Puedo utilizar este estilo de meditación para calmarme si me encuentro en una situación "estresante", como un atasco?». La respuesta es un rotundo no, al menos la parte de la meditación propiamente dicha. La parte de «Tomar conciencia de los sentidos» se puede practicar con los ojos abiertos sin peligro alguno. Hay varios ejercicios relajantes de mindfulness en la página web de Ziva (zivameditation.com) que son ideales para ese tipo de situaciones. Sin embargo, dado que has de estar totalmente despierto y alerta y ser plenamente consciente de tu entorno cuando estás conduciendo, supervisando a niños pequeños o hablando en público, en modo alguno sería conveniente que te sumergieras en ese cuarto estado de conciencia.

El objetivo de la Técnica Z no es tranquilizarte en el momento, sino preparar el cerebro y el sistema nervioso de tal modo que tú estés más capacitado para responder a ese tipo de situaciones de una forma adecuada y productiva. Lo que la Técnica Z hace es ayudar a llegar a la raíz del problema; trata la causa, no los síntomas.

» Las cinco cosas que ocurren con más frecuencia durante una práctica

Sería absurdo ordenarle al corazón que dejara de latir o pedirles a las uñas que dejaran de crecer. El cuerpo, sencillamente, no funciona de esa manera, y a pesar de ello todavía hay quien cree que la meditación «ideal» es aquella en la que se logra acallar la mente. Yo llevo meditando más de once años y jamás he experimentado una meditación sin pensamientos. Ni una sola vez. Así que o bien no debería estar enseñando esto o es posible que dejar la mente en blanco no sea el objetivo. Tú podrás decidirlo cuando termines de leer este libro y acumules unas semanas de práctica. Por el momento, por favor, sé indulgente contigo mismo, aunque más que ser indulgente, me gustaría que tuvieras curiosidad. Te reto a que olvides todas las ideas preconcebidas que puedas tener con respecto a lo que la meditación *debería* ser y pongas en práctica esta técnica solo para ver cómo te sientes. Esa es, de hecho, la razón por la que he titulado el libro *Rendir más con menos estrés*, porque de lo que en última instancia trata es del resultado final. Si eres alérgico a la palabra *meditación*, fantástico. Simplemente prueba la Técnica Z y observa de qué manera te afecta. No me canso de repetir que si has probado la meditación y has creído fracasar porque eras incapaz de «dejar la mente en blanco», eso no constituirá un problema con este tipo de práctica. Concédete el privilegio de abordarla con el espíritu de un principiante. Los principiantes aprenden mucho más que los expertos.

Pensar mientras se medita es en realidad un indicador de que estás eliminando estrés. Así es como uno empieza a curarse. Mejor fuera que dentro, ¿no te parece? Esos pensamientos que surgen y después se desvanecen no son sino el estrés abandonando el sistema nervioso.

Si solo vas a recordar una cosa de este libro, que sea la siguiente: una meditación profunda no es más beneficiosa que una meditación superficial. Lo voy a repetir para que quede bien claro: una meditación profunda no es más beneficiosa que una meditación superficial. Yo defino la meditación profunda como una en la que el tiempo pasa rápido, tienes pocos pensamientos y en general disfrutas de la práctica. En la meditación superficial te puede parecer que el tiempo transcurre más despacio o que lo único que haces es estar sentado sin parar de pensar, y es posible que ni siquiera la disfrutes. Las dos son beneficiosas para ti. Con una meditación profunda el cuerpo descansa profundamente; con una superficial el cuerpo libera estrés en forma de pensamientos. La una no es mejor para ti que la otra. Copia esto en un espejo, hazte una camiseta o tatúatelo en la frente. Sé que parece una locura y que va en contra de todo lo que probablemente hayas oído hasta ahora sobre la meditación, pero es cierto.

Como cada persona es única, es imposible definir de manera precisa cómo va a ser tu meditación. No obstante, todas las prácticas suelen encajar en una u otra categoría de cinco, de las cuales, tres son eficaces y dos no.

Ten presente que las situaciones planteadas en los siguientes ejemplos no son excluyentes. Es probable que experimentes las cinco durante una sola sesión. Además, el mantra que aparece en ellas no es un mantra real, así que no lo pongas en práctica.

Una vez que te hayas sentado, tengas la espalda apoyada y la cabeza suelta, consulta tu reloj y calcula cuándo deberías terminar (necesitarás 15 minutos para el mindfulness y la meditación y 2 minutos aproximadamente para la manifestación, que te ayudará a salir del estado de descanso profundo). Después, cierra los ojos y deja que el mantra se acerque a ti como si fuera una persona atractiva en un bar.

EXPERIENCIA MEDITATIVA EFICAZ NÚMERO 1: LA CADENA DE PENSAMIENTOS

Te preparas para la meditación y dedicas unos segundos simplemente a relajarte con los ojos cerrados. Tomas tu mantra y piensas en él varias veces; después le permites que se vaya volviendo más tenue y sutil, hasta que no sea más que un susurro en el fondo de tu mente. Quizá notes que se alarga o se acorta por sí mismo, que suena más fuerte o más suave, más rápido o más despacio, después de que lo hayas dejado reverberar varias veces. Al cabo de un rato, es posible que pierda el significado y se convierta tan solo en un sonido. Empiezas a pensar en tu mantra:

(Ziva). [Sí, voy a utilizar la palabra *Ziva* como modelo de mantra en estos ejemplos]. (Ziva. Ziva. Ziiiva). *Ziva* es una palabra extraña. Palabra. Extraña. Palabra extraña. Me pregunto por qué la letra *x* tiene un sonido tan fuerte. Explosión. ¿Cómo se pronuncia exactamente la palabra *explosión*? ¿Ecsplosión? Sí, *ecsplosión*. Con un golpe en la parte posterior del paladar. Sí. Así. *Ecsplosión*. ¿Cuánto tiempo habrá pasado? Voy a ver. Cinco minutos. Vale. No ha estado tan mal. Seguro que puedo aguantar cinco minutos más.

(Ziva. Ziva). Diva. Ziva. Diva. Viva. Ziva diva viva. ¡Ziva Las Vegas! No. Es «¡Viva Las Vegas!». Aunque creo que debería ser «vivan». Viva. (Ziva). Vaya. Mierda. He dejado dinero en el bolsillo del pantalón. Que no se me olvide. Dinero en el pantalón, dinero en el pantalón, dinero en el pantalón. Se me va a olvidar. Ya sé. Pensaré en la canción esa de «No tengo dinero», aunque al revés. Porque yo sí lo tengo. En el pantalón. En el bolsillo del pantalón. Dinero. Dinero. Dinero. No debería estar pensando en dinero. No parece lo más apropiado para alcanzar la iluminación. Creo que ya habrán pasado cinco minutos. Voy a mirar. Un minuto. Bueno. Vale. Venga. El mantra.

Incluso si lo único que haces es pensar, pensar y pensar, siempre y cuando te hayas sentado con la intención de meditar y hayas dejado que tu mantra se acercara a ti, aunque fuera como una idea difusa —y si realizas la parada de seguridad al final—, estarás meditando correctamente. Tienes permiso para hacer excursiones mentales y perderte en las cadenas de pensamientos, pero en cuanto te des cuenta de que estás divagando, has de regresar con suavidad al mantra. **Recuerda, los pensamientos no son enemigos de la meditación; el esfuerzo sí. Los pensamientos son un indicador de que estás liberando estrés.**

No olvides que cuando quieras saber cuánto tiempo ha transcurrido no tienes más que abrir los ojos y consultar tu reloj o el de tu móvil (si *no te queda más remedio* que usar el teléfono, tenlo siempre en modo avión y descárgate la aplicación The Clocks; véase la página 142). Si todavía no es la hora (son 15 minutos de mindfulness y meditación y 2 minutos adicionales de manifestación), simplemente cierra los ojos y retoma el mantra. No dejes que la curiosidad por saber cuánto tiempo ha pasado te consuma. Al cabo de unos pocos días, comprobarás con asombro lo preciso que puede llegar a ser tu reloj interno si te tomas la molestia de educarlo.

EXPERIENCIA MEDITATIVA EFICAZ NÚMERO 2: LA FIESTA

Te sientas con la espalda apoyada y la cabeza suelta, miras la hora antes de comenzar, calculas cuándo vas a terminar, cierras los ojos. Dejas que el mantra vaya hacia ti…

> (Ziva. Ziva. Ziiiivaaaa…). Oh, vaya. ¿Sabes qué tengo que hacer esta semana? ¡La declaración de la renta! Qué tostón. No me apetece nada ponerme a buscar papeles. Aunque podría aprovechar para mirar las facturas que necesito para hacer el ejercicio del libro y calcular cuánto dinero me está costando el estrés. Que no se me pase el plazo… ¿Qué estaba haciendo? Ah, sí, meditar. Lo siento, declaración, tengo que volver a mi mantra… (Ziva… Ziva…). ¿Debería cortarme el flequillo? Me gustó mucho el flequillo que llevaba aquella mujer que vi en el supermercado el otro día. Pero no sé si a mí me quedará bien. Puede que sí, aunque el flequillo da mucho trabajo y no sé si me apetece… Espera. ¿Qué se supone que tenía que estar haciendo? ¡Meditar! Lo siento, flequillo, tengo que ir a visitar a mi mantra… (Ziva… Ziva…). Me pregunto en qué estará pensando mi perro en estos momentos. Seguramente en las galletas que le doy. Esas galletas le chiflan. Me encantaría que a mí me gustara algo tanto como a mi perro esas galletas. Si él tuviera un mantra sería «Galletas. Galletas. Galleeetas. Galletas». Ese no es mi mantra. ¿Cuál era mi mantra? Ah, sí. (Ziva). Galletas. (Ziva). Galletas. (Ziva…).

En este ejemplo, el mantra se ha vuelto un poco más tenue y sutil y se solapa con los pensamientos. Verás que esto ocurre con bastante frecuencia. ¿Cuál es la manera de gestionar una situación en la que los pensamientos y el mantra se dan simultáneamente? Hacer como si fuera una fiesta.

En esta fiesta, tu mantra es el invitado de honor y tus pensamientos son los demás asistentes. Entre ellos hay algunos que son bienvenidos (los pensamientos que te gusta tener) y otros que no lo son tanto (los pensamientos que no te gusta tener). Los bienvenidos son: «Me acaban de ascender en el trabajo», «He empezado a salir con una persona maravillosa», «Creo que soy el mejor meditador del mundo», etc. Los no bienvenidos son: «No sé si lo estoy haciendo bien», «Este mantra no me gusta», «Me parece que estoy perdiendo el tiempo», «Tengo que responder a un millón de correos», «No sé cómo voy a pagar el alquiler este mes», etc. Estos son los estúpidos y estresantes invitados que nadie querría en su fiesta. Pero pasa una cosa: en esta fiesta tú eres el anfitrión, no el portero. Estoy segura de que eres perfectamente capaz de acudir a una fiesta y cogerte de la mano con tu cita —en este caso, el invitado de honor, el mantra— mientras conversas con otras personas.

Esta analogía de la fiesta es buena. La vas a utilizar mucho. Algunas fiestas te van a encantar; unos cuantos amigos íntimos y una cena exquisita. Otras meditaciones se parecerán más a una multitudinaria fiesta de fraternidad, con la música a todo trapo, luces estroboscópicas y cien tíos borrachos vomitando en el césped. Independientemente del tipo de fiesta que tu meditación acabe siendo, recuerda que tú eres el anfitrión, no el portero.

Quiero que te tomes esta analogía de manera muy literal. Digamos que estás en una fiesta hablando con alguien y enseguida te das cuenta de que es un pesado, que no tiene nada interesante que decir y que además le huele el aliento.

En lugar de dejarlo ahí plantado y largarte sin más, esperarás a que termine de hablar y después buscarás una manera educada de escabullirte. «Discúlpame, voy a charlar con un viejo amigo», le dirás, y entonces te marcharás con elegancia.

Lo que haces es dirigirte hacia lo positivo, no alejarte de lo negativo. Lo mismo se aplica a la meditación. Cuando veas que tus pensamientos te han separado del mantra, dirige la mente hacia él poco a poco en vez de alejarla de los pensamientos de manera brusca.

EXPERIENCIA MEDITATIVA EFICAZ NÚMERO 3: CAMPO DE DICHA

Lo tercero que puede suceder durante la meditación es lo que a mí me gusta llamar el «campo de dicha». Es algo así: comienzas la práctica, tomas el mantra y...

> (Ziva. Ziva. Ziva. Ziva. Ziva. Ziva...). (...) (...) ¡Guau! ¿Qué ha ocurrido? Creo que debería estar meditando. Vale. Sí. (Ziva. Ziva. Ziva. Ziva. Ziva. Ziva...) (...) (...).

Has tenido un pensamiento momentáneo de «a ver, espera, se me ha ido el mantra», pero el último pensamiento que tuviste fue el mantra. Hay un breve espacio de tiempo ahí en el que no sabes muy bien qué ha sucedido. Quizá solo estabas dejándote llevar o puede que te quedaras dormido o creyeras que te habías quedado dormido. Un minuto parecían cien o quince parecían dos. Es fácil confundir ese estado con el sueño. Pero eso no es dormir. Eso es la meditación del perezoso. En realidad estabas entrando en el campo de dicha, ese cuarto estado de conciencia del que tanto te he hablado.

Lo que ocurre con el campo de dicha es que nunca vas a saber que te encuentras en él cuando te encuentres en él. Por definición, habrás trascendido el plano del pensamiento y habrás entrado en el plano del ser, por lo que nunca vas a pensar nada parecido a «Oh, sí, ahora me encuentro en el campo de dicha y es maravilloso».

Por lo general, lo sabrás inmediatamente después, cuando pienses algo como «Un momento, ¡creo que lo acabo de lograr! ¡Estaba en el campo de dicha! Espera, ¡quiero regresar a él! ¡Ziva, Ziva, Zivaaaaaaaaaaaa!». Entonces comenzarás a sentirte como si estuvieras ligeramente colocado, algo muy normal durante los primeros días. Lo que cada vez te resultará más fácil será dejar que suceda cuando tenga que suceder y que dure lo que tenga que durar.

Estos tres primeros ejemplos son tres cosas absolutamente maravillosas que pueden ocurrir durante la fase de la meditación de la

Técnica Z, y es muy probable que las experimentes todas en una misma práctica.

Ahora pasemos a esas otras dos cosas que suelen darse durante la meditación y que deberemos corregir.

EXPERIENCIA MEDITATIVA INFRUCTUOSA NÚMERO 1: CONTEMPLACIÓN

La cuarta cosa que puede ocurrir durante la meditación es la contemplación. Sería algo parecido a esto:

> (Ziva. Ziva. Ziva. Ziva). ¿Voy al gimnasio cuando salga de trabajar? Sí, creo que sí. Debería ir al gimnasio todos los días después del trabajo. Siempre me encuentro mejor cuando voy. (Ziva. Ziva). Pero mañana tengo que entregar ese proyecto tan importante. Sí, lo mejor es que termine el proyecto. (Ziva). Pero es que me apetece mucho ir al gimnasio, aunque cuando estoy allí enseguida me aburro. Si voy al gimnasio, me voy a sentir culpable por no hacer el proyecto. (Ziva. Ziva. Ziva). Espera, mantra. Tengo que decidir qué voy a hacer. Si trabajo en el proyecto, me voy a sentir culpable por no ir al gimnasio. ¡Ahhh! ¿Acabo el proyecto o voy al gimnasio? ¿Trabajar o hacer ejercicio? ¿Trabajar o hacer ejercicio? Oh, un momento. Se suponía que yo debía estar meditando. ¿Cuál era el mantra? (Ziva). ¡TE HE DICHO QUE ESPERES UN SEGUNDO, MANTRA! ¿Trabajar o hacer ejercicio? ¿Trabajar o hacer ejercicio?

En este ejemplo, eres consciente de que te has desviado del mantra, pero *eliges* no volver a él porque tienes que acabar de resolver la gran duda: trabajar o hacer ejercicio. Esta es una de las pocas cosas que se pueden «hacer mal» en la meditación. Cuando te das cuenta de que has abandonado el mantra y eliges no volver a él, pasas de la meditación a la contemplación. Pero tienes las otras veintitrés horas y media del día para contemplar. No es necesario que leas este libro para aprender a hacerlo.

En esas dos sesiones diarias de quince minutos, te vas a dedicar a meditar, y eso quiere decir que cuando te des cuenta de que te has olvidado del mantra, vas a volver a él de una manera gradual y serena. Lo malo de la contemplación es que todos esos pensamientos que bullen en tu cabeza te van a parecer superrelevantes, superimportantes y superespeciales, pero el 99,9 % de las veces no lo son. La mayor parte del tiempo, lo que está haciendo tu cerebro es sacar la basura mental.

No tienes que llevar un diario siempre contigo para escribir todos y cada uno de los pensamientos que se te ocurran. Déjalos pasar y confía en que esas fabulosas ideas fluirán con más libertad cuando te halles en el estado de vigilia. Lo que merezca la pena seguirá estando ahí cuando termines de meditar.

La única diferencia real entre la contemplación y la cadena de pensamientos es que en la contemplación eres consciente de que has abandonado el mantra y te resistes enérgicamente a volver a él. En la cadena de pensamientos, cuando te das cuenta de que te has alejado del mantra, resuelves regresar a él. Es perfectamente normal tener un millón de pensamientos dando vueltas en la cabeza, pero cuando el mantra te da un toquecito en el hombro, significa que ha llegado el momento de retomar lo que estabas haciendo, es decir, desestresarte. Ni ignores esa tarea ni la pospongas.

EXPERIENCIA MEDITATIVA INFRUCTUOSA NÚMERO 2: EL BATE DE BÉISBOL

Te preparas, cierras los ojos, tomas tu mantra:

(Ziva… Ziva…). Me pregunto qué estará pensando mi perro en estos momentos. Seguramente en las galletas que le doy. Esas galletas le chiflan. ¡No! ¡Cállate, cerebro! Nada de galletas. ¡ZIVA! ¡ZIVA! ¡ZIVA! Me encantaría que a mí me gustara algo tanto como a mi perro le gustan… ¡ZIVA! ¡ZIIIIIVAAAAA!

La quinta cosa que puede ocurrir durante la meditación es que utilicemos el mantra como si fuera un bate de béisbol para deshacernos a golpes de los pensamientos. Te dices: «Aunque Emily comentó que lleva meditando más de once años y que nunca ha tenido una práctica sin pensamientos, seguro que está todo el tiempo flotando en el campo de dicha, así que cada vez que me sobrevenga un pensamiento, lo que voy a hacer es librarme de él a batazo limpio, como si estuviera golpeando una piñata. Va a ser todo "mantra, mantra, mantra, mantra" y voy a mandar bien lejos cualquier pensamiento que se me acerque».

Esta experiencia es lo opuesto al concepto de alcanzar la unión mediante la inacción casi total. Tu mantra no es un bate de béisbol con el que batear los pensamientos. Deberías tratar a tu mantra y a tus pensamientos como a los invitados a un cóctel, que sin duda se alarmarían (y con razón) si te diera por perseguirlos con un bate. Cuando adviertas que has empezado a divagar (algo que está permitido), regresa a tu mantra poco a poco.

Resulta muy tentador usar un bate de béisbol si te encuentras en un entorno ruidoso y juzgas esos ruidos como malos o como una «distracción». Es comprensible que quieras utilizar el mantra para deshacerte del ruido. Por favor, no lo hagas. Deja que el ruido sea parte de la experiencia. No olvides que el ruido no es un obstáculo para la meditación. En cualquier lugar en el que puedas pensar, podrás pensar en el mantra. ¡Si puedes pensar en el mantra, puedes meditar!

Lo que descubrirás es que cuanto menos te esfuerces con el mantra, más eficaz será. Es probable que ya hayas notado que si focalizas, te concentras o frunces el ceño, empiezas a sufrir dolores de cabeza en el córtex prefrontal; eso es tu cerebro, que te está entrenando de una manera mucho más efectiva de lo que yo nunca podría. Pero si dejas que el mantra sea el susurro de un eco en el fondo de tu mente, entonces comenzará a actuar como un anclaje y a desexcitar el sistema nervioso.

Básicamente, cuando focalizas o te concentras en el mantra, el cerebro te castiga con dolores de cabeza. Si lo usas como una pluma, como el susurro de un eco, para desexcitar el sistema nervioso, el cerebro te premia con dopamina y serotonina. ¿A que tienes un cerebro muy listo?

Esto es lo que ocurre con el bate de béisbol. Habitualmente lo usamos cuando estamos intentando acceder al campo de dicha. Cuanto más te esfuerzas en llegar, más te alejas. Acceder al campo de dicha no es el objetivo. Ese sería un objetivo terrible, porque no sabrías si lo has logrado hasta que no te hallaras de nuevo fuera de él. Lo bueno es que no importa cuánto tiempo permanezcas en el campo de dicha, porque habrás pasado del plano del pensamiento al plano del ser, y eso significa que habrás trascendido el plano temporal. Aquí no vale de nada ser competitivo. Nadie te va a dar una medalla por permanecer en el campo de dicha dos minutos más. Eso no depende de ti. El campo de dicha es solo una de las cosas que pueden ocurrir durante el ciclo de la meditación. No es la idea, ni el objetivo, ni el único momento en el que obtienes beneficios. Y, paradójicamente, cuanto más empeño pongas en acceder a él, más te alejarás. Así que, amigos, aquí hay que ir a lo fácil. Permítete ser descuidado, incluso indolente, con la práctica. Eso hará que seas mucho menos indolente en el resto de las áreas de tu vida.

» Una reflexión final

De la misma manera que no puedes ordenarle a tu corazón que deje de latir ni a tu mente que deje de pensar, tampoco puedes obligar a tu cerebro a realizar un tipo u otro de práctica. El cuerpo y la mente trabajarán de manera conjunta con el mantra para guiar el proceso de eliminación de estrés en la dirección en la que tu cuerpo necesite ir. Cuanto más te empeñes en controlar la experiencia, menos efectiva será. Incluso si va en contra de tu instinto ganador, cuanto antes aceptes este hecho, cuanto menos «esfuerzo» inviertas en la meditación en sí, mejor será para ti. ¿Recuerdas cuando hablamos de la entrega? Aquí es donde resulta clave: tu tarea consiste en no hacer nada en absoluto, aparte de atenerte al plan de dos meditaciones diarias siguiendo las directrices que te he dado. Únicamente has de plantar el trasero en una silla dos veces al día todos los días, aunque, créeme, solo eso ya constituye todo un reto. Cuando te hayas sentado, deja que el mantra tome el control. Confía en que tu cuerpo sabe cómo curarse a sí mismo y en que tú sabes cómo proporcionarle el descanso que necesita. Eso es *nishkama karma yoga*, amigos. La unión alcanzada mediante la inacción casi total. Esta es tu nueva obligación: dos veces al día todos los días.

Programa diario de la Técnica Z

1. Pon el despertador para que suene 20 minutos antes de lo habitual.

2. Aséate.

3. Siéntate en la silla:
   - Espalda apoyada, cabeza suelta.
   - Ten un reloj cerca.
   - Si la estancia no está en silencio, no te preocupes.
   - Antes de comenzar tienes que saber cuándo vas a terminar la práctica de 15 minutos. Calcula la hora.
   - **MINDFULNESS:** Comienza con 1-2 minutos de «Tomar conciencia de los sentidos».
   - **MEDITACIÓN:** Deja que el mantra llegue a ti poco a poco. Esta no es una herramienta de focalización y los pensamientos no son el enemigo. La clave es la ausencia de esfuerzo. Si el mantra solo aparece como una idea difusa, tómalo igualmente. Si se te escapa, déjalo ir. Otros pensamientos surgirán. Eso es estupendo. Siempre que sientas curiosidad por saber cuánto tiempo ha transcurrido, abre los ojos y consulta el reloj. No pongas ninguna alarma; comienza a educar tu reloj interno. (Si quieres, puedes poner una alarma para que suene pasados 22 minutos como precaución adicional; así no tendrás que preocuparte por que puedas quedarte dormido el resto del día).
   - **MANIFESTACIÓN:** Durante la parada de seguridad de 2 minutos, tras haber abandonado el mantra, practica la gratitud unos instantes y después, con suavidad, pasa a visualizar un sueño o un objetivo como si estuviera ocurriendo en el presente. Concédete el privilegio de sentirte como te quieres sentir al lograrlo.

4. Disfruta del resto de la jornada a un nivel de rendimiento máximo.

5. Repite la práctica a mitad o a última hora de la tarde. Hasta que se convierta en algo instintivo, programa la segunda meditación en tu agenda como harías con una llamada a tu abogado o una comida con tu mejor amigo.

6. No permitas que la perfección sea enemiga de lo bueno. No consientas que lo bueno sea enemigo de lo terminado. Simplemente planta el trasero en una silla dos veces al día y deja que el mantra haga el resto.

DEBERES: Coge tu teléfono móvil o tu agenda y programa tus siguientes veintiún días de meditación. Hazlo. Solo te llevará cinco minutos, pero será lo que decida tu futuro como meditador. Si no programas las sesiones, no las llevarás a cabo. Pon el despertador veinte minutos antes de la hora en la que sueles levantarte para que te dé tiempo a hacer la meditación matutina antes de desayunar. Después echa un vistazo a cada día y decide en qué momento de tu apretadísima agenda vas a dar prioridad a tu persona, a tu cerebro y a tu rendimiento.

De un pozo vacío no se puede sacar agua, así que acostúmbrate a mirar primero por ti. Los demás te lo agradecerán, confía en mí.

» 9 «
Mejor karma para encontrar aparcamiento

¡ENHORABUENA! TE HAS INFORMADO, te has comprometido con este viaje y estás listo para ver cómo mejora tu rendimiento en todas las áreas de tu vida. Ahora es cuando las cosas empiezan a ponerse verdaderamente interesantes: tras unas cuantas semanas de doble práctica diaria y una vez superadas las fases iniciales de desintoxicación mental y física, probablemente notarás que los efectos de la Técnica Z habrán comenzado a sobrepasar los límites de tu entorno laboral y a incidir en tu vida diaria. Se trata de un fenómeno que yo cariñosamente he bautizado con el nombre de «mejor karma para encontrar aparcamiento», y es real. No te asustes por el repentino incremento de «coincidencias» en tu vida; eso solo significa que los efectos de tu disciplina diaria y de la acción de sentarte en la silla a meditar están empezando a impregnar tu cuerpo, tu mente y tu rendimiento.

» Bandas sonoras en la carretera de la vida

Me gustaría aclarar qué quiero decir cuando hablo de *karma*. En Occidente, el concepto se ha empleado, por regla general, para aludir a una suerte de cuenta corriente cósmica, en la que lo bueno que haces por y para los demás te será retribuido con el tiempo y las cosas malas que te ocurren son el resultado de acciones negativas de tu pasado que tienen que suceder para restaurar el equilibrio. Sin embargo, se trata de una idea equivocada. La traducción literal de la palabra sánscrita *karma* es 'acción'. Cuando hablo de mejorar el karma a la hora de encontrar aparcamiento no me refiero a ninguna recompensa espiritual por tus buenas acciones ni a las deudas que el universo tiene contigo ni a ningún tipo de castigo por algo que hiciste en el pasado. El karma son solo las acciones que llevas a cabo y el efecto dominó que provocan en tu vida.

KARMA: Traducida de forma literal, la palabra *karma* significa simplemente 'acción'.

DHARMA: El camino o viaje de vida.
   (No olvidemos que estos términos proceden de la antigua sabiduría recogida en los Vedas. Los Vedas son una interpretación humana de las leyes de la Naturaleza, no un dogma ni una doctrina de carácter religioso).

Dharma, por otro lado, es la palabra sánscrita empleada para describir el camino de vida o propósito superior. Para comprender cómo el karma y el dharma trabajan juntos, piensa que vas conduciendo por una carretera de seis carriles bien pavimentada. El dharma es el trayecto del viaje, mientras que el karma es tanto el tráfico fluido que te permite llegar a tu destino con tranquilidad y prestancia como las bandas sonoras que hay en los márgenes, que te despertarán y te harán regresar a tu carril si comienzas a salirte de él.

Si consideramos el karma desde esa perspectiva —como unos badenes amables que nos hacen saber cuándo nos hemos desviado del camino o la serendipia que confirma que nos hallamos en él—, comprenderemos mejor cómo los efectos de incorporar el mindfulness, la meditación y la manifestación a tu día a día pueden extenderse mucho más allá de los límites de tu vida profesional o personal. A medida que tu conciencia se vaya expandiendo, es probable que comiences a notar más y más felices «coincidencias», ya sea encontrar una plaza de aparcamiento justo cuando más la necesitas o conectar con personas con tus mismas aspiraciones. Esta hermosa sinfonía de serendipia y sincronización obedece a una mezcla de intuición agudizada y el hecho de haber eliminado la dependencia que nublaba tu entendimiento. Conforme vaya aumentando la confianza en tu instinto y en tu voz interior, verás que tus acciones se vuelven más determinantes y significativas, aunque al principio no siempre estés seguro del razonamiento que las sustenta. Yo llamo a esto fortalecimiento de la intuición o GPS de la Naturaleza.

Reconsideremos el concepto de la simultaneidad de la conciencia. Mientras sigas comprometido con la doble práctica diaria, gracias a tu mejorada capacidad para percibir múltiples cosas a la vez, podrás distinguir pistas muy sutiles, casi imperceptibles, que te permitirán leer las situaciones con mayor rapidez y precisión. Es posible que de forma inconsciente empieces a reconocer e interiorizar patrones que te indicarán cuándo tus lugares favoritos están menos concurridos, lo que se traducirá en poder aparcar mejor y tener que hacer menos colas. Tu directorio mental de datos sobre la vida de la gente tal vez comience a expandirse, por lo que quizá de pronto te des cuenta de que conocidos aparentemente no relacionados entre sí tienen recursos y metas similares, lo que será ventajoso para todos ellos. En otras palabras, es posible que tu vida no sea la única que mejore.

» Déjate guiar por la magia

El mejor consejo que puedo darles a aquellos que perciben un aumento de la serendipia es que «se dejen guiar por la magia»; en otras palabras, **hazle caso a tu instinto.** Eso es lo más maravilloso de afinar tu intuición, que cada vez confiarás más en ella. Este tipo de intuición te permite leer las situaciones tal como son y actuar en consecuencia en lugar de intentar forzar los acontecimientos. Cuando no sentimos apego por el resultado, dejamos que las cosas sean como son en vez de forzarlas a ser como nosotros queremos que sean. En modo alguno estoy diciendo que debas convertirte en un observador pasivo de la vida; lo que quiero es que te atrevas a enfrentarte al mundo desde la autenticidad y que pongas tu plenitud al servicio de las necesidades que verdaderamente puedes satisfacer. Cuando las cosas parecen obedecer a la serendipia, es el karma diciéndote que estás haciendo exactamente lo que debes. Y gracias a tu creciente capacidad para detectar las sutilezas, tu habilidad para facilitar soluciones y conexiones también aumentará.

Permíteme que ponga un ejemplo personal. Un soleado día de hace unos años, iba de camino al centro Ziva de Nueva York cuando de repente me sobrevino un intenso antojo de chocolate. Sé muy bien lo que es la adicción al chocolate. Esto era distinto. Era un deseo enviado por la Naturaleza. Me detuve unos instantes, desconcertada; me parecía increíble que una sensación así hubiera surgido de una manera tan repentina e intensa. No estaba embarazada y ya no soy tan golosa como antes, pero me moría de ganas de comer chocolate. Volví sobre mis pasos hasta la panadería que acababa de dejar atrás para ver si tenían algo con lo que satisfacer mi antojo y entonces me topé con Pam, una vieja amiga. Me hizo mucha ilusión verla, porque hacía unos años que habíamos perdido el contacto, y nos quedamos charlando un buen rato. Pam y yo habíamos estado de gira por todo el país con la obra *Los productores*. Ahora ella era masajista titulada, pero me comentó que hacía poco había hecho un curso de profesora de yoga y que le apetecía mucho combinar las dos disciplinas, aunque no sabía muy bien cómo. Entonces yo le hablé del ayurveda, ya que algunas de sus vertientes incorporan elementos tanto de masaje como de yoga. Le encantó mi sugerencia y me dijo que precisamente había estado pensando en algo así, pero que no había sabido cómo enfocarlo. La puse en contacto con mi médico ayurvédico en el acto y ahora se está formando con él.

Tras despedirnos con un abrazo y marcharnos cada una por nuestro lado, me percaté de que el antojo de chocolate se me había pasado sin ni siquiera haberle dado un mordisco a un *brownie*. Fue entonces cuando me di cuenta de que el antojo no había tenido nada que ver con el chocolate; solo había sido una táctica empleada por mi cerebro para llamar mi atención, o una treta empleada por la Naturaleza para indicarme adónde debía ir para ayudar a alguien. Quizá vislumbrara a Pam por el cristal al pasar por delante de la panadería, pero como hacía tanto tiempo que no nos veíamos, no fui consciente de que la conocía. Quizá todo formara parte de un plan más grande. Para hacer que me diera la vuelta, mi mente me envió un antojo abrumador que me llevara a entrar en ese establecimiento a fin de que reconociera a una vieja amiga y retomara el contacto con ella. Como resultado de ese encuentro «casual», pude ofrecer mis conocimientos sobre medicina ayurvédica y ayudar a Pam a tomar el camino suavemente pavimentado de su dharma. Lo que no parecía nada más que un antojo de chocolate era en realidad mi intuición guiándome hacia una oportunidad de poner mi plenitud al servicio de una amiga para que ella pudiera encontrar la suya propia. La clave aquí es un cambio de percepción.

La reacción habitual cuando te enfrentas a momentos duros es: «¿Por qué tiene que pasarme esto a mí?». Yo te animo a que en lugar de pensar así te preguntes: «¿Con qué fin me está pasando esto a mí?». Volviendo a la imagen de las bandas sonoras a los lados de la carretera, ¿qué reacción es la más adecuada, quejarte por conducir por encima de las ruidosas e irregulares bandas o reconocer el aviso que te envían y regresar a tu carril? Aquí se aplica el mismo principio. Cuando cambias la perspectiva y pasas de pensar que las cosas te ocurren a ti (convirtiéndote en una víctima) a pensar que ocurren para ti (para tu crecimiento, desarrollo y, en última instancia, fortalecimiento), no solo recuperas el poder sobre tu vida, sino que empiezas a reconocer las implicaciones y las consecuencias, mucho mayores, de tus acciones. Toda experiencia tiene una causa y en toda experiencia hay una lección que aprender; el pasado, el presente y el futuro se unen para ayudarte a evaluar tu realidad actual. (Menos mal que estás reforzando el hemisferio derecho de tu cerebro para que pueda seguir el ritmo del izquierdo, ¿eh?). Cuando asimiles la idea de que las cosas pasan *para* ti, que Dios, la Naturaleza, el universo o el poder superior en el que creas está de tu parte y emplea el karma como una manera de guiarte hacia un objetivo más elevado, te resultará más fácil descubrir la lección que toda circunstancia esconde. Cuando vemos los obstáculos de la vida como una ayuda en lugar de un castigo, comenzamos a plantear mejores preguntas. Y si te dejas guiar por la magia (esto es, le haces caso a tu instinto) mientras esta te conduce hacia las hermosas sorpresas que la vida te tiene reservadas, ya sea algo aparentemente baladí como conseguir mesa en un famoso restaurante o algo decisivo como un encuentro casual con el directivo con el que llevas seis meses tratando de concertar una cita, descubrirás que **eres una**

persona influyente en el mundo y que el mundo sobre el que ejerces tu influencia es mucho más grande de lo que crees.

» Estado de *flow*

Un concepto que ha ganado mucho terreno en los últimos años es el comúnmente conocido como «estado de *flow*». El término fue acuñado por el psicólogo Mihály Csíkszentmihályi para describir el estado mental en el que una persona tiene una intuición aparentemente sobrenatural, a veces hasta el punto de perder la noción del tiempo, que produce grandes logros a muy alto nivel. Los atletas lo llaman «estar enchufado». Es probable que tú lo hayas experimentado: empezaste a trabajar en un proyecto, a ensayar un espectáculo o a entrenar para algún tipo de prueba física y el tiempo pareció detenerse o ralentizarse y tus instintos se agudizaron significativamente. Puede que incluso llegaras a olvidarte de ti mismo mientras cosechabas un buen resultado tras otro, superándote cada vez. Normalmente, el estado de *flow* solo dura unos minutos, unas pocas horas como máximo, pero lo que puedes conseguir en ese corto período de tiempo suele superar con creces a lo logrado en un estado normal.

Esta idea no es nueva; constituye una parte esencial del pensamiento oriental desde hace miles de años. El cerebro humano puede producir resultados asombrosos cuando es capaz de trascender el estado básico de vigilia y acceder a unos estados de conciencia más elevados. Cuando el cerebro de una persona entra en ese modo operativo superior, trabaja a gran velocidad, generando multitud de ideas y ejecutando movimientos, pero sin las trabas de la consciencia y la duda. ¿Recuerdas cuando en el capítulo 4 hablamos de las ondas alfa y theta, que ayudan al cerebro a pasar del estado de vigilia al de sueño? Hay estudios en los que se ha observado que las ondas alfa y theta también asumen el control cuando una persona entra en el estado de *flow*. ¿Alguna vez te has quedado asombrado por la creatividad de tus sueños o te has despertado pensando: «Esa sería una buena idea para una película, una novela o un producto»? Cuando te encuentras en ese estado intermedio, no soñando todavía, no tienes al hemisferio izquierdo del cerebro, con su inhibidora voz crítica, haciéndote dudar o diciéndote que eso que se te ha ocurrido no se puede hacer.

¿Pero cómo accedemos al estado de *flow*? Existen dos maneras. La primera consiste sencillamente en empezar a trabajar en algo, cruzar los dedos y esperar que llegue. Pero como mi brillante esposo a menudo me recuerda, la esperanza no es una estrategia. Si lo único que hubiera que hacer para experimentar el estado de *flow* fuera tener esperanza, entonces todos accederíamos a él al salir a un escenario, al sentarnos a trabajar, al salir a correr o al intentar hacer cualquier cosa. En la mayoría de los casos, el cerebro no está entrenado para entrar en ese estado intermedio, por lo que, o bien acabamos regresando al estado de vigilia activa, o bien nos quedamos dormidos como un tronco.

La segunda forma de acceder al estado de *flow* es entrenar el cuerpo y la mente para que puedan entrar fácilmente en él y después implementar ese estado de conciencia en tu estado de vigilia. Y la manera de lograrlo es… sí, mediante la meditación regular. (¡Venga ya! No me digas que no te lo imaginabas).

La meditación produce las mismas ondas alfa y theta en el cerebro que el estado de duermevela y el estado de *flow*. Cuanto más tiempo cultives una práctica diaria, más fácil te resultará acceder a ese plano de creatividad, innovación y rendimiento extraordinarios. Cuanto más cómodo te sientas permitiéndole a tu cerebro que explore ese espacio, menos te costará entrar en él incluso cuando no estés meditando. Y si eliges practicar unas formas de meditación todavía más profundas como parte de tu viaje personal, es probable que el estado de *flow* se convierta en algo normal para ti.

Una de las maneras de profundizar en tu práctica, si eso es lo que deseas, es hacer nuestro curso virtual de quince días, zivaONLINE, en www.zivameditation.com/online. Una alumna que lo hizo me comentó que ahora siente su cuerpo como si fuera un vehículo autónomo y que ella ya no tiene que conducir. ¡Eso sí que es dominar el *flow*!

Esto es lo que otro alumno de zivaONLINE, Larry Sark, contó sobre su experiencia con el estado de *flow*. Además, te ofrece unas valiosas palabras de aliento para el comienzo de tu viaje:

> «Como la persona perfeccionista y adicta al trabajo en vías de recuperación que soy, puedo decir que zivaONLINE me ha cam-

biado la vida. Comencé hace unos meses y he hecho de la doble práctica diaria de las tres emes una parte irrenunciable de mi día a día. Desde entonces he atravesado períodos emocionalmente difíciles. Sin embargo, ahora siento que a nivel personal alcanzo el estado de *flow* con más frecuencia, que soy más paciente y más tolerante. En el trabajo estoy más centrado y soy más productivo. Consigo hacer más cosas en menos tiempo, lo que significa que ya no tengo que dedicarle a mi profesión todas las horas del día. Ahora puedo disfrutar más de la vida. Si estás empezando, que sepas que esta práctica marca un antes y un después. Por favor, tómate el tiempo que necesites para acostumbrarte a ella y haz que la meditación forme parte de tu rutina diaria. Los que te rodean te lo agradecerán».

Pero ¿cómo le afecta al mundo que te rodea tu capacidad para acceder con mayor facilidad al estado de *flow*? Cuando puedes beneficiarte de algo que es más grande que tú, no solo rindes a un nivel mayor, sino que dispones de más tiempo y energía para ayudar a otras personas y motivarlas para que mejoren su propio rendimiento. Lo que la mayoría deseamos es la experiencia que creemos que tendremos cuando alcancemos nuestros objetivos: libertad, realización personal, bienestar. Debes preguntarte si es más satisfactorio buscar esas sensaciones por medio de recursos vacíos o lograrlas mediante tu rendimiento en el trabajo y en la vida, y cómo puedes a tu vez transformar ese éxito en mejores decisiones que repercutan en tu familia, tu empresa, tu comunidad e incluso en el planeta en general.

» Cambia el mundo de quince minutos en quince minutos

Soy consciente de que es posible que apenas lleves un par de días meditando, así que lo de curar el mundo te parecerá algo bastante lejano, pero me gustaría darte un adelanto de lo que está por llegar. ¿De qué manera sentarse tranquilamente en una silla dos veces al día puede afectarle al mundo? A pequeña escala, te puedo asegurar que cuando comienzas a meditar te vuelves mucho más intuitivo con respecto a lo que tu cuerpo necesita realmente para rendir al máximo. Algo tan sencillo como ser capaz de percibir mejor las demandas de tu organismo puede cambiar tu manera de comer, comprar, moverte, pensar y conectar con otras personas. A mayor escala, es importante señalar que la misma conexión que te hace ser más empático también te hace ser más generoso. Cuando meditas, se activa algo llamado corteza prefrontal medial, que es la parte del cerebro que procesa la información sobre las personas que percibimos como diferentes. También se fortalece la conexión entre esa región medial de la corteza prefrontal y la ínsula, que es el centro empático del cerebro. Como consecuencia de ello, comienzas a sentir más empatía hacia la gente que percibes como distinta.

Eso también te hace ser más generoso. Cuando los neurotransmisores que ayudan a estas regiones del cerebro a comunicarse entre sí se refuerzan, aumenta la capacidad de sentir y de dar. Si consigues superar el síndrome «seré feliz cuando…» y dejas que la meditación te recuerde que la felicidad no se halla en el exterior, entonces la relación que mantienes con tus deseos cambia. Puede que sigas queriendo ganar mucho dinero, pero ya no vivirás con la idea de que ser rico te va a hacer feliz. En lugar de ello, permitirás que tus deseos sean un indicador de cómo la Naturaleza te utiliza para que ayudes a los demás mientras tratas de cumplirlos. Gracias a eso será más fácil que los antiguos sentimientos de codicia y vacío dejen paso a otros de abundancia y generosidad.

De hecho, en un estudio científico[1], los meditadores demostraron actuar con más generosidad que los no meditadores. Cuando poner nuestra plenitud al servicio de los demás, en vez de ganar toneladas de dinero, se convierta en nuestro objetivo principal, poco a poco iremos pasando de tener una mentalidad precaria, que es lo que estimula la avaricia, a tener una mentalidad de abundancia, que fomenta la generosidad.

Casi todos conocemos el viejo aforismo de Gandhi: «Sé el cambio que deseas ver en el mundo», pero hay otra cita suya menos popular que resume perfectamente lo que quiero decir: «Como seres humanos, nuestra grandeza no radica en ser capaces de rehacer el mundo [...], sino en ser capaces de rehacernos a nosotros mismos». Cuando cultivamos la empatía personalmente, aumenta nuestra capacidad de amar y disminuye nuestra tolerancia hacia todo lo que se oponga a esa empatía.

El Dalai Lama dijo: «Si enseñáramos a meditar a todos los niños de ocho años, eliminaríamos la violencia en una generación». ¿Tu decisión de comenzar a meditar hará que alguien que se halle a once mil kilómetros de distancia se sienta súbitamente impelido a iniciarse también en la meditación? No. Pero tu decisión incrementa la capacidad del mundo para sentir empatía, aunque solo sea en una persona. Y eso es importante. Mientras te curas a ti mismo, contribuyes a curar al colectivo.

Las razones por las que has decidido emprender este viaje meditativo son tuyas, y los resultados que obtengas van a repercutir sobre todo en tu vida. Pero lo que elijas hacer con esos resultados —menos estrés, mejor salud y más energía creativa; una conciencia expandida y una mayor empatía; más intuición y una creciente sensación de realización personal— tiene el potencial de crear un legado cuyos efectos sobrepasarán los límites de tu propia vida e incluso podrían sobrepasar los de tu propio tiempo.

Ejercicio con los ojos cerrados

Postura de superpoder

Mientras escribo este libro, con frecuencia imagino al estrés como el villano, a ti como el héroe y a estas potentes técnicas mentales como tu nuevo superpoder. En este ejercicio vamos a activar el cerebro, la respiración y el cuerpo para acceder al espacio mental del éxito desde el primer momento. El lenguaje corporal está influido por el estado mental de igual forma que el estado mental está influido por el lenguaje corporal, así que vamos a representar una postura física de victoria para que podamos alcanzar ese estado mental. Levanta los brazos y forma una uve gigante con ellos, como hacen los árbitros de fútbol americano para señalar un *touchdown*. Las manos han de estar abiertas y las palmas enfrentadas.

En esta posición, iniciaremos una práctica llamada «respiración de fuego», que consiste en inspirar y espirar con fuerza por la nariz.

Primero afloja la mandíbula y separa los labios. Después suaviza el ceño y empieza a inspirar y a espirar rápidamente por los dos orificios nasales al mismo tiempo. Puedes comenzar despacio, aunque tarde o temprano tendrás que acelerar el ritmo hasta que parezcas un cachorro alborozado y jadeante (pero jadea por la nariz, no por la boca).

Respira aceleradamente durante 30 segundos, siempre con el rostro relajado e impulsando el aire desde la barriga. Si le echas un vistazo a tu tripa, deberías ver que sube y baja con rapidez. Es posible que los brazos empiecen a dolerte un poco; eso es perfectamente normal. Si estás de pie y notas que te mareas, puedes sentarte. (Estas molestias se irán mitigando con la práctica).

A continuación, baja los brazos, cierra los ojos y dedica unos instantes a evaluar tu estado. ¿Cuál es la sensación corporal predominante ahora mismo? ¿Cómo te sientes en comparación a cómo te sentías antes de comenzar? ¿Notas cómo la sangre regresa a los brazos? Tómate un momento para que cada célula de tu cuerpo asimile esa sensación de regocijo y victoria.

Vuelve a empezar. Levanta los brazos y forma una uve con ellos. Las palmas han de estar abiertas y enfrentadas. Practica de nuevo la respiración de fuego, esta vez durante 45 segundos.

Deja que la Naturaleza actúe por medio de ti. Imagina que eres un conducto para canalizar la energía, las ideas y la intuición. Deja a un lado tu ego, tus dudas y tu apego a los resultados. Tú solo eres el vehículo. Piensa que eres una antena gigante y que la energía penetra en tu cuerpo a través de los brazos y de la parte superior de la cabeza y que viaja por él hasta llegar al suelo a través de los pies. Disfruta de la ligereza y el enraizamiento simultáneos que en estos instantes están teniendo lugar en tu cuerpo. Después concluye la respiración de fuego y baja los brazos.

Dedica un momento a consolidar esas sensaciones y compara tu estado actual con tu estado inicial. Haz este ejercicio siempre que desees reforzar tu confianza o antes de un gran acontecimiento.

Si necesitas asesoramiento sobre este ejercicio y quieres ver una demostración, entra en www.zivameditation.com/bookbonus.

» 10 «

La versión más extraordinaria de ti mismo

IRÉ DIRECTA AL GRANO: ¿en tu trabajo, qué es lo que importa realmente? ¿Se te valora y se te asciende en función de lo que opinas sobre él o de cómo lo llevas a cabo? Esta, creo, es una de las cuestiones más importantes a tener en cuenta a la hora de decidir si merece la pena o no comprometerse con la práctica diaria de la Técnica Z.

Muchos estudiantes potenciales dicen sentir curiosidad, pero se resisten a darle una oportunidad porque están «muy ocupados» o porque, simplemente, no les atrae la idea de convertirse en un «meditador de esos». Fenomenal, porque *ese* no es el estilo de Ziva. De hecho, la mayoría de nuestros alumnos acude a nosotros buscando una herramienta para mejorar su rendimiento más que una manera de convertirse en un «meditador de esos». Lo cierto es que lo que pienses de la meditación no importa. Me gustaría que te plantearas lo siguiente: ¿se molesta alguien en averiguar cómo se siente con respecto al Stairmaster mientras está subiendo peldaños? ¿Analiza alguien el hecho de si disfruta o no de los ocho vasos de agua que bebe al día? Por supuesto que no. Lo que a la gente le importa es si tiene más energía y una tensión arterial normal. Lo que a ti probablemente te importe es si la ropa te sienta mejor, si tienes la piel más radiante y una mayor agudeza mental. En otras palabras, cuando se trata de mejorar la salud, da igual lo que pienses del proceso en sí; lo que cuenta en última instancia son los resultados producidos por esos cambios en tu estilo de vida.

Lo mismo se aplica a la meditación. Si decides que para mejorar tu vida solo necesitas una rutina de ejercicios distinta, hacer un curso para aprender a hablar en público o llevar una dieta más saludable, o incluso si te parece que todo esto que te estoy contando sobre tener menos estrés y aumentar tu rendimiento es una tontería, yo no me voy a enterar.

Pero tú sí lo harás.

Tú eres el que va a vivir con las decisiones que tomas cada día. Es posible que esos otros cambios te funcionen, y si ese es el caso, te deseo toda la felicidad del mundo, de verdad. Pero si has intentado lo mismo una y otra vez y no has logrado ningún resultado duradero, es posible que haya llegado la hora de probar otra cosa.

Si tu carrera profesional está estancada, si tu vida familiar está atrapada en la rutina o si padeces un bloqueo mental que afecta a tu creatividad, puedes esperar…, pero ¿a qué?

Quizá las oportunidades empiecen a llamar a tu puerta. Quizá se te ocurra una idea brillante en un momento de inspiración. Quizá tu salud mejore como por arte de magia. Quizá tu tono muscular aumente y tu nivel de colesterol disminuya y de la noche a la mañana te conviertas en un dechado de forma física. Quizá todos los años de estrés acumulado se diluyan un día sin más. Quizá las cosas mejoren a base de esperar. Quizá…, pero probablemente no.

Puedes desear que una versión nueva y mejorada de ti mismo viva una versión nueva y mejorada de tu vida o puedes probar algo diferente. Como reza el dicho: «La definición de locura es hacer lo mismo una y otra vez y esperar un resultado distinto». Tú no estás loco. Tú eres extraordinario. Solo has de tener la voluntad de confiar en ti mismo para cultivar esa naturaleza extraordinaria. Una de mis citas favoritas pertenece a Albert Einstein, quien al parecer dijo: «Ningún problema puede ser resuelto con el mismo nivel de conciencia con el que fue creado». Si desde hace tiempo tienes problemas que no eres capaz de resolver, quizá sea el momento de que le des una oportunidad a una práctica que está científicamente probado que incrementa el rendimiento cognitivo y el nivel de conciencia. Ha llegado la hora de tomar una decisión y comprometerse. Hazte una promesa a ti mismo y mantenla. Cada vez que lo hagas, reforzarás tu integridad personal.

» Pasar al siguiente nivel

En el ámbito de los videojuegos, pasar al siguiente nivel significa que un personaje ha logrado alcanzar, de una forma u otra, un mayor nivel de éxito dentro del mundo virtual, lo que le reportará nuevas habilidades, nuevas herramientas o el acceso a otras áreas del juego. Dicho de otro modo, el personaje se convierte en una versión más avanzada de sí mismo.

En el mundo real esto también se puede lograr. Para poder acceder a un nivel superior de rendimiento, contribución y éxito en el mundo real has de querer ser mejor cada día; tienes que estar dispuesto a aprender, a progresar y a cultivar tus capacidades y habilidades.

Estoy viendo tu expresión de incredulidad. «Venga ya, Emily. Eso no es nada nuevo. Esa es solo otra manera de definir la autoayuda». No. Esto no es autoayuda. Aquí no se persigue únicamente mejorar a nivel personal, sino mejorar *la vida*; y no solo la tuya propia, también la de los que te rodean. Como se suele decir, el sol sale para todos. Cuando empieces a mejorar tu vida, será inevitable que las personas de tu entorno se beneficien de tu mayor productividad, autoconocimiento, sabiduría, confianza y empatía. Esto, a su vez, hará que se sientan motivadas y capacitadas para pasar ellas mismas al siguiente nivel.

A fin de cuentas, ¿quién no querría disfrutar de todos los beneficios que ello reporta? ¿Quién no querría progresar en prácticamente todos los aspectos de su vida al tiempo que se convierte en una persona mejor? «Vale, sí, me has convencido». Pero pasar de nivel no es algo que ocurra por casualidad; debes comprometerte a sentar las bases que te permitan hacerlo. Y eso requiere un esfuerzo: para obtener beneficios tienes que invertir en el proceso. **No se pasa de nivel como consecuencia de un golpe de suerte; es una elección.** Es decir, no estoy hablando de personas que se han tropezado con el éxito (todos conocemos por lo menos a una). Estoy hablando de personas que de manera activa y deliberada deciden elevar su rendimiento vital a un nivel superior. Estas personas no solo se dedican a perseguir objetivos a corto plazo, sino a mejorar la calidad de cada aspecto de su mente y de su cuerpo, de sus relaciones y sus interacciones con el mundo.

De ahí mi defensa a ultranza del mindfulness, la meditación y la manifestación. De todas las prácticas conductuales que conozco, ninguna ofrece mejores resultados a cambio de tan poco esfuerzo como estas tres técnicas. Si quieres mejorar tu vida y disfrutar de los beneficios que eso reporta, tanto a ti como a los que te rodean, tendrás que estar dispuesto a romper con algunas de tus viejas costumbres. Todos tus hábitos deberán ser examinados periódicamente para garantizar que estén en consonancia con tus creencias, prioridades y objetivos del momento. Esa es una de las señas de identidad de todo individuo que haya triunfado en cualquier campo: una predisposición a adaptar sus hábitos continuamente para seguir mejorando. Puedes quedarte donde estás, seguir haciendo lo mismo de siempre y esperar a que las cosas cambien, o puedes llevar a cabo unos pequeños ajustes deliberados en tu rutina diaria y comenzar a ver grandes transformaciones y mejoras en tu manera de pensar, en tu percepción del mundo y en tu forma de ser.

En última instancia, la decisión depende de ti, pero, como se suele decir, desearás haber empezado hoy.

» El genio en tus genes

Hablando de Einstein, él fue solo uno de una impresionante lista de genios que parecieron comprender la trascendencia de programar períodos cortos de descanso a lo largo de la jornada. Se sabe que Leonardo da Vinci tenía un patrón de sueño bastante extraño: en lugar de seguir la norma cultural actual y acostarse por la noche, optaba por dormir una siesta de quince o veinte minutos cada cuatro horas, independientemente del momento del día. En ocasiones dormía un poco más, pero nunca superaba las dos horas.

Esta práctica, conocida como sueño polifásico, es una manera bastante extrema, casi maníaca, de enfocar el sueño, pero Aristóteles, Albert Einstein, Thomas Edison, Nikola Tesla y Salvador Dalí también descansaban durante breves períodos de tiempo a lo largo del día para revitalizar la mente y favorecer la creatividad. Se decía que Einstein dormía «siestas» de veinte minutos cuando no podía resolver un problema y que después volvía a él y lo abordaba desde una perspectiva distinta. Eso me sugiere que aunque quizá Einstein no empleara estas técnicas particulares originarias de la antigua India, tenía su propia manera de acceder al estado *turiya* o cuarto estado de conciencia. De hecho, los escritos del inventor visionario Nikola Tesla demuestran que estaba muy familiarizado con la sabiduría contenida en los Vedas[1].

No, no estoy afirmando que todos estos visionarios fueran meditadores experimentados (que sepamos, en cualquier caso), ni estoy insinuando que tú también serás capaz de asomarte a lo que se esconde tras la cortina del espacio y el tiempo solo con poner en práctica la Técnica Z. (Aunque, si lo haces, sería maravilloso que nos mencionaras en tu discurso de aceptación del Nobel). Lo que estoy diciendo es que los anales de la historia están repletos de hombres y mujeres extraordinarios que comprendieron la importancia de descansar durante breves períodos de tiempo a lo largo del día como parte del proceso creativo. Los modelos de pensamiento extraordinarios requieren una preparación extraordinaria. Recientemente, el profesor de Psiquiatría de la Facultad de Medicina de Harvard Srini Pillay sugirió que tenemos que programar un tiempo cada día para que el cerebro se *descentre* a fin de que nosotros podamos centrarnos mejor cuando sea necesario[2]. Su investigación indica que, con nuestras modernas agendas, el cerebro experimenta fatiga mental. Aunque Pillay aconseja dormir una siesta, yo te recomendaría poner en práctica la Técnica Z, que es precisamente un tipo de actividad reparadora que no necesita centrarse en nada y que proporciona un grato alivio de la fatiga mental sin que tengas que padecer el típico sopor postsiesta.

Entre uno y diez minutos después de haberte acostado, aparecen los husos del sueño, que son ráfagas de actividad cerebral que se producen mientras la mente comienza a *apagarse*. A los veinte minutos más o menos, el cerebro empieza a emitir ondas theta, lo que indica que está enfrascado en la labor de soñar. La meditación, aunque es diferente de la siesta, presenta el mismo patrón de actividad cerebral, lo que le permite al cuerpo beneficiarse de un profundo descanso mientras la mente entra en ese lugar que se encuentra entre la vigilia activa y el sueño.

Si la idea del sueño polifásico encaja en tu vida tan mal como en la mía, quizá merezca la pena explorar alternativas que operen con principios similares pero mucho menos extremos. En mi opinión, ahí es donde reside la belleza de esta práctica, en que se trata de una herramienta fomentadora de la productividad y la creatividad que te capacita para alcanzar mayores niveles de rendimiento sin trastocar tu vida ni la de tu familia, vecinos, compañeros de trabajo y clientes. **La meditación te permite mejorar tu vida sin ponerla del revés.**

Todos los genios que he mencionado antes reconocían el valor de reposar durante breves períodos de tiempo. Huelga decir que es imposible demostrar que sus patrones de descanso contribuyeran directamente al desarrollo de sus brillantes ideas y trabajos, pero desde luego no parece una coincidencia que algunos de los pensadores más extraordinarios de la historia pusieran en práctica distintas variantes de este patrón conductual.

Al repasar esa impresionante lista de nombres, resulta fácil pensar: «Sí, claro, pero ellos son genios. De acuerdo, puede que yo sea más listo que la media o que el idiota de mi cuñado, pero de ninguna manera soy tan listo como esos tipos». La buena noticia es que no importa si eres o no el próximo Da Vinci o el próximo Tesla; te encuentras en una posición única para dejar tu huella en el mundo con tu propio repertorio de conocimientos, experiencias, intuición e ideas. Es muy probable que haya algo en lo que destaques, y si quieres desarrollar tu propio talento y triunfar, ¿qué mejor manera de hacerlo que estudiar los hábitos de los grandes genios del pasado para ver si hay alguno que merezca la pena imitar?

En 2016, el *Biological Psychiatry Journal* publicó un estudio llevado a cabo por un equipo liderado por J. David Creswell, profesor ayudante del Departamento de Psicología y del Center for the Neural Basis of Cognition de la Universidad Carnegie Mellon[3]. Lo que descubrieron fue que la meditación disminuía la inflamación sistémica en buscadores de empleo con altos niveles de estrés a la par que alargaba los períodos de concentración y mejoraba los factores mentales que controlan el comportamiento del individuo en su persecución de un objetivo. En otras palabras, la meditación cambió la manera en la que los sujetos enfocaban y abordaban la persecución de su meta a la vez que su salud física mejoraba.

Para los profesionales que ocupan cargos de poder y responsabilidad, los beneficios de la meditación también son significativos. Según se pudo observar en una serie de experimentos llevados a cabo por un equipo internacional de investigadores, entre los que se hallaba un catedrático de la Escuela de Negocios de Wharton[4], después de una práctica meditativa de quince minutos, los sujetos tomaban decisiones empresariales más seguras y juiciosas.

Tanto las pruebas anecdóticas recabadas en Ziva como las evidencias científicas apuntan a una correlación directa entre el descanso meditativo y una mejora en las capacidades y habilidades mentales y una potenciación del ingenio y de la aptitud para solucionar problemas de manera creativa. Pero ¿por qué?

» Autoconocimiento e intuición

Uno de los mayores beneficios de la meditación es algo de lo que nosotros no hablamos mucho porque suena demasiado *hippie*: la expansión de la conciencia.

Antes de que abandones la lectura del libro porque pienses que voy a empezar a decir tonterías, me gustaría dedicar un momento a explicar qué es la conciencia en términos que no suenen como si tuviera un segundo empleo vendiendo pachuli en la parte posterior de una furgoneta Volkswagen de los setenta.

CONCIENCIA: La fuerza vital que se halla en el interior de todos nosotros; la condición o el estado de ser consciente, en especial de algo que se encuentra dentro de uno mismo.

Todo ser vivo expresa conciencia, pero en distintos grados. Para mi perro, la conciencia expandida puede consistir en darse cuenta de que aunque hay una persona que le ofrece una chuchería, hay otra que está dispuesta a rascarle la barriga y, por lo tanto, tendrá que decidir hacia cuál de las dos ir. En este caso, no existe implicación moral relevante alguna. Pero en lo concerniente a los seres humanos, cuando hablo de expandir la conciencia, me refiero a nuestra comprensión de cómo conectamos con el mundo y del lugar que ocupamos en él.

Cuanto más consciente sea una persona, más dicha, paz, serenidad y unión experimentará. Una menor conciencia puede dar lugar a más sufrimiento y a una mayor sensación de aislamiento.

Existen tres indicios que te permitirán medir tu grado de conciencia:

1. La capacidad de ser consciente de varias cosas a la vez, es decir, de estar mentalmente conectado a distintos niveles sin esfuerzo.
2. La capacidad para detectar sutilezas.
3. La capacidad para detectar temas.

Tu rendimiento en cada uno de estos apartados repercute directamente en tus logros personales y profesionales. Considera, por ejemplo, tu capacidad para ser consciente de varias cosas al mismo tiempo. ¿Puedes gestionar un proyecto mientras buscas ideas para vender el siguiente? ¿Eres capaz de dirigir una reunión de trabajo y ser totalmente consciente de todos los detalles de las negociaciones y de la dinámica emocional de la sala a la vez? Si la respuesta es sí, es muy probable que te asciendan antes que a ese compañero que se descentra con una simple pregunta. ¿Eres capaz de conducir, beber café, introducir la dirección del campo de fútbol en el GPS y mantener algo parecido al orden entre tus hijos y sus amigos en el asiento trasero de tu vehículo mientras reflexionas mentalmente sobre tu agenda semanal? En ese caso, eres el superpadre o la supermadre que los demás padres y madres querrían ser.

Ahora piensa en la época en la que apenas podías gestionar una o dos de esas tareas al mismo tiempo sin perder los nervios, tirarte el café por encima u olvidarte de esa cosa tan importante que debías hacer. No cabe duda de que seguiremos teniendo días malos en los que nada parece salir a derechas, pero cuando por defecto y sin esfuerzo eres capaz de ser consciente de varias cosas a la vez porque dispones del espacio mental que ha dejado libre todo ese estrés inútil que has eliminado, estás destinado a un tipo distinto de éxito.

¿Y cómo logra esto la meditación? Cuando la comunicación entre los dos hemisferios cerebrales es fluida y eficaz, tu habilidad para rendir en el presente mientras lidias con cualquier asunto del pasado o del futuro que también esté llamando a tu puerta mejorará de modo natural. Independientemente de cuál sea tu trabajo, esta capacidad para ampliar de manera efectiva el alcance de tu conciencia te resultará sumamente provechosa.

¿Qué me dices de la capacidad para detectar sutilezas? ¿Por qué es relevante? Dicho de manera sencilla, se trata de un factor de tu intuición. Esas reacciones instintivas y esos juicios automáticos que de forma inexplicable pero incontestable te indican el camino que deberías seguir no surgen de la nada. La mente se dedica a detectar y registrar piezas de información, en ocasiones extremadamente sutiles, que actuarán como pistas y te señalarán la dirección correcta.

No hay dos cosas iguales. Ni dos relaciones potenciales, ni dos candidatos a un puesto de trabajo, ni dos ideas, ni dos propuestas para un cliente, ni siquiera dos pomelos del supermercado. La vida nos hace tomar decisiones constantemente. Como ya dijimos en el capítulo 7, cuanto más meditamos, menos probable será que cometamos un error. Recuerda, un error es algo que nos parecía una cosa, pero que en realidad era otra. Los errores se cometen cuando no prestamos atención o cuando emitimos un juicio estando cegados por el deseo.

En el ámbito profesional, una intuición bien afinada puede ser la clave para lograr el éxito. Los verdaderos líderes a menudo parecen tener un talento natural para saber cuándo arriesgar o cuándo actuar con prudencia; cuándo creer en la palabra de alguien o cuándo no dejarse embaucar; cuándo confiar en una persona o cuándo poner fin a una relación. Para algunos, la intuición es un don; para otros, es una habilidad que han de cultivar de manera activa. En cualquier caso, poseer la capacidad de detectar diferencias sutiles de una forma más precisa es esencial para mejorar el rendimiento. Cuando utilizas la meditación para acceder internamente a tu plenitud, desaparece la ceguera provocada por el deseo; despejas el camino para que tu percepción se vuelva más aguda y precisa de manera sistemática.

Por último, consideremos la capacidad para detectar temas. ¿Hasta qué punto somos conscientes de los temas que se dan cada día a nuestro alrededor? Un tema es simplemente un patrón, y la gente, las familias, las organizaciones, la Naturaleza… funcionan a base de patrones. Ahora bien, detectar patrones en otras personas resulta bastante sencillo. Todos somos expertos cuando se trata de la vida amorosa de nuestro compañero de piso o de nuestro mejor amigo. Todos tenemos amigos o amigas que nos llaman a las once de la noche, por cuarta vez en lo que va de año, llorando por otra ruptura sentimental o porque han tomado otra decisión nefasta, y tú, desde tu posición, eres capaz de ver claramente la serie de acciones y decisiones que les han conducido, una vez más, a la misma situación (o quizá a una peor).

Pero ¿qué ocurre con la capacidad para detectar nuestros propios temas? ¿Qué tal se nos da, sin la ayuda de unas cuantas sesiones de terapia y un par de rupturas importantes, identificar los patrones —en las decisiones que tomamos, las acciones que emprendemos, las relaciones que entablamos o rechazamos— de nuestra propia vida? Quizá más que cualquiera de los otros dos atributos de un nivel más elevado de conciencia, este es el que más ramificaciones tiene tanto en el éxito profesional como personal.

Mientras continúas meditando, desestresando el sistema nervioso, afianzando el equilibrio entre los dos hemisferios cerebrales y afinando la intuición, empezarás a percibir con mayor claridad todos los detalles sutiles que reclaman tu atención al mismo tiempo. En otras palabras, comenzarás a ver el bosque en lugar de los árboles. A medida que tu conciencia se expande, tu capacidad para reconocer, identificar y etiquetar los patrones que han contribuido a conformar tu vida actual aumenta. Esta comprensión te permitirá, por un lado, dedicar tu tiempo y tu atención a los temas que son constructivos y, por otro, ahorrar energía y recursos en los que son destructivos.

La conciencia expandida, ya ves, no tiene nada que ver con viajes mentales, con visiones cósmicas ni con bailar desnudos en el bosque para fundirnos con la Naturaleza, al menos no de la manera en la que la exploramos en este libro. (Pero si eso es lo que a ti te va, adelante). Lo que la Técnica Z hace es ayudarte a abordar las interminables demandas procedentes de tu trabajo, tu familia, tu vida social y tu vida amorosa de una manera consciente y elegante. Empezarás a gestionar tus muchas responsabilidades con una clase y una efectividad mucho mayores. Distinguirás mejor las pequeñas pistas que te indican cuáles son las decisiones más convenientes, y estarás más capacitado para identificar y eliminar los patrones dañinos al tiempo que fomentas los positivos. Esta capacidad de ver el mundo a través de los dos lados del telescopio —los patrones generales y los detalles microscópicos— es la clave definitiva para convertirte en la versión más extraordinaria de ti mismo.

» Pon fin a tu adicción a disculparte

Antes de cerrar este capítulo, me gustaría que viéramos cómo la expansión de la conciencia que ahora estás desarrollando puede ayudarte a pasar de infravalorar tus capacidades a celebrar la mejor versión de ti mismo sin sentirte culpable, sin disculparte y sin claudicar. Cuando empiezas a meditar, tu «poder acreedor» aumenta. El poder acreedor es lo que en el fondo tú crees que mereces. Como bien sabes, en la vida no conseguimos lo que queremos, conseguimos lo que creemos que merecemos. Con el tiempo, este incremento de «poder acreedor» te ayudará a poner fin a tu adicción a disculparte.

PODER ACREEDOR: Lo que crees que mereces.

Hace poco, una amiga me invitó a cenar. Me pidió que llevara una botella de mi vino favorito para acompañar un plato especial que iba a preparar. Estaba ansiosa por probar una nueva receta y creía que yo sería un conejillo de Indias perfecto.

Llegué a la siete de la tarde, puntual y con ganas de disfrutar de la deliciosa comida que mi amiga había cocinado con todo su amor. Me invitó a pasar y abrió la botella de vino, sin duda demasiado cara para ser de tapón de rosca, que yo había llevado. Cuando estuvo listo, puso sobre la mesa el impresionante plato que había preparado y acto seguido dijo: «Lo siento mucho. No me ha salido como quería. Seguramente estará malísimo. Me lo puedes decir. No pasa nada. No me ofende. Tampoco es que sea tan buena cocinera».

Ni siquiera había tenido tiempo de probar el plato en el que mi amiga había invertido tanto esfuerzo, pero ella ya sentía que debía disculparse porque cabía la posibilidad de que no le hubiera salido perfecto.

Yo solía hacer lo mismo. Me pasé la mayor parte de la adolescencia y la veintena disculpándome por cosas que no eran culpa mía o incluso pidiendo perdón por adelantado por cosas que hacía para los demás. Ese es un comportamiento típico entre los hijos de personas alcohólicas. No me gustan los estereotipos basados en el sexo, pero sé por propia experiencia y tras observar a miles de alumnos que tiende a ser algo más propio de las mujeres que de los hombres. Afortunadamente, gracias a la práctica de la meditación, fui capaz de abandonar esa conducta, pero sé que para muchos sigue siendo un gran problema.

Cuando creamos algo —ya sea una cena para un amigo, una presentación para el trabajo, unas memorias autopublicadas o una nueva empresa— estamos, por definición, llevando una cosa del plano oculto al plano manifiesto. Nos adentramos en terreno desconocido y nos volvemos vulnerables, ya que al poner en términos concretos algo que hasta ahora solo estaba en nuestra mente, quedamos expuestos, nosotros y nuestras ideas, al juicio de los demás. Esto puede resultar increíblemente intimidatorio y generar una poco honorable sensación de vergüenza y duda. A menudo terminamos disculpándonos por nuestro trabajo, nuestras elecciones e incluso, cuando alguien se choca con nosotros en el supermercado, por el mero hecho de existir.

La realidad es la siguiente: cuando nos enfrentamos a un plazo de entrega, a un proyecto importante o a un desafío creativo, siempre sentimos que tanto el tiempo como los recursos de los que disponemos son insuficientes. No conozco a ninguna persona creativa que esté completamente satisfecha con su obra. La mayoría nos pasamos la vida tratando de averiguar cuáles son nuestras carencias y cómo hacerlo mejor la próxima vez. Eso te puede hacer sentir verdaderamente vulnerable, pero no por ello has de pedir disculpas por tu trabajo. Así que te propongo un reto: no prologues tus futuras creaciones (sean del tipo que sean) señalando pequeños fallos ni obsesionándote con ellos. Es posible que lo que para ti no es perfecto para otros sí lo sea. Cuando te disculpas por adelantado, les estás dando permiso a los demás para que te critiquen.

En cuanto a la cena que preparó mi amiga, por cierto, estaba deliciosa. Su preocupación y su estrés eran infundados; todo estaba exquisito. Pero incluso si no hubiera sido así, habríamos disfrutado de una agradable velada de amistad y risas. Eso hubiera compensado cualquier mal plato. Y mi hipótesis es que si ella no se hubiera disculpado por adelantado de manera innecesaria, la comida habría sabido todavía mejor. Al criticar nuestras propias creaciones cuando las presentamos, en realidad estamos insultando al destinatario si las disfruta. Y eso es de muy mala educación.

Todos sabemos que uno de los factores más importantes del éxito es la confianza, ya sea real o proyectada. Nadie quiere seguir a un líder inseguro que cuestiona su propia valía y cada una de las decisiones que toma. Cuando empecé a meditar, hallé una nueva y muy distinta sensación de seguridad y confianza en mí misma. Eso me permitió poner fin con bastante rapidez a mi adicción a disculparme. Al aprender a gestionar múltiples tareas a la vez, me volví más competente a la hora de cumplir con mis obligaciones, lo que me hizo ser más consciente de mis propias capacidades. A medida que aprendía a fiarme de mi intuición, aumentaba la confianza en mis elecciones. Y cuando empecé a detectar patrones tanto en mí misma como en los demás con más facilidad, sentí que mi autoconocimiento y mi creatividad crecían y di con nuevas soluciones e ideas que llevaron mi vida y mi carrera profesional en una dirección que sabía que iba a tener un gran impacto.

No obstante, en lo concerniente a esta cuestión, habría una segunda adicción a tratar: la adicción a *intentarlo*. Como dijo Yoda: «Hazlo o no lo hagas, pero no lo intentes».

Intentar es tratar de lograr algo. ¿Estás intentando tener éxito? ¿Estás intentando ponerte en forma? ¿Estás intentando ahorrar dinero? ¿Estás intentando meditar? Si la respuesta es sí, enhorabuena. Lo has conseguido. Está sucediendo. Ahora mismo estás logrando *intentarlo*.

Pero lo cierto es que intentarlo no es suficiente. Un árbol no intenta crecer; simplemente crece. Una flor no intenta abrirse; simplemente se abre. No lo intentes. Hazlo.

Jamás oirás a un emprendedor de verdad decir: «Lo estoy intentando». Dirá: «Estoy haciendo». Oprah no dijo que iba intentar fundar una cadena de televisión. La fundó. Las cosas o se hacen o no se hacen. La seguridad que te proporciona el *intentarlo* es falsa, inmovilista y peligrosa.

Con esto no quiero insinuar que seas un holgazán, sino todo lo contrario, de hecho. El trabajo es importante y necesario. Actúa motivado por tus deseos para *hacer* todos los días. Nadie quiere pagar para verte obrar con esfuerzo, pero todo el mundo querrá mirar si desempeñas tu trabajo con elegancia, confianza y seguridad en ti mismo. Todos queremos generar un contexto en el que trabajemos porque nos encante trabajar y creemos porque nos encante crear. Nos preparamos para que podamos permitirnos el lujo de no esforzarnos. Esto se aplica también a tu nueva práctica. Llevas a cabo la tarea de incorporarla a tu agenda, llevas a cabo la tarea de enfrentarte con valentía a las molestias causadas por la desintoxicación emocional, llevas a cabo la tarea de sentarte en una silla dos veces al día todos los días. Si haces todo esto, podrás permitirte el lujo de no tener que realizar esfuerzo alguno durante la práctica meditativa en sí.

Gracias a tu doble práctica diaria, confiarás más en la capacidad de tu cerebro para percibir y obrar basándote en tus observaciones, autoconocimiento, educación, preparación y experiencia. Tienes todo lo que necesitas para progresar. La mayoría de nosotros hemos pasado demasiado tiempo fortaleciendo el músculo del «intentarlo» porque nos proporciona una salida fácil si no logramos nuestra meta. Deshazte de esa red de seguridad. Sal al mundo y *haz* con elegancia y confianza. Puede que «fracases». Hazlo de todos modos.

Una vez que hayas puesto fin a la adicción a disculparte y hayas escapado de la trampa del «intentarlo», podrás acceder a la versión más extraordinaria de ti mismo. Serás capaz de realizar cualquier tarea con pasión, sacando el máximo partido a tus aptitudes y conocimientos. ¿Cómo se gestiona un cambio de hábitos tan drástico? Paso 1: incorporando a tu agenda tu nueva doble práctica diaria y comprometiéndote con ella. Esto te permitirá cultivar un nivel de soltura que emana de la confianza en ti mismo y en tus crecientes capacidades cognitivas.

Ejercicio con los ojos abiertos

Poner fin a la adicción a disculparte

La adicción a pedir disculpas varía de grado según la persona y se manifiesta de muchas maneras distintas, desde decir «lo siento» sin darte cuenta cuando alguien se tropieza contigo hasta hacer puntualizaciones sobre tu trabajo cuando lo estás presentando. Así que te propongo un reto: durante una semana entera, esfuérzate por no disculparte. Para hacer un seguimiento puedes tomar nota en un lugar específico de tu diario o incluso en el móvil. De esta manera podrás llevar la cuenta de todas las ocasiones en las que has pedido perdón sin que tuvieras que hacerlo. Comprueba cuántas veces te disculpas de manera innecesaria en una semana.

Un consejo: no te conviertas en una persona desagradable. Si de verdad has agraviado a alguien o le has hecho daño, o si una disculpa es realmente pertinente y necesaria, entonces, por supuesto, has de pedir perdón. De lo que quiero que lleves la cuenta es del número de veces que a lo largo de una semana has caído sin percatarte en el viejo hábito de cargar con las culpas por algo que no has hecho. Observa cómo cambia la percepción que tienes de ti mismo cuando dejas de comportarte de esa manera durante tan solo siete días y después decide si quieres continuar con el reto.

Caso de estudio Ziva número 6

Rendir más con menos estrés

CHRISTIE ORROS, AGENTE INMOBILIARIA

Me apunté a Ziva porque me enteré de que la práctica que Emily enseñaba estaba dirigida a personas dinámicas y emprendedoras. Pensé que quizá eso era precisamente lo que yo necesitaba y ella me pareció la profesora ideal.

Lo que quería era aliviar el estrés, la ansiedad y una ligera depresión cuyo origen era en parte hereditario y en parte consecuencia de las exigencias que conlleva la profesión de agente inmobiliaria. Antes de Ziva, trabajaba de sesenta a setenta horas a la semana, dependiendo de la época. Estaba exhausta, por no decir otra cosa. Cuando te sientes encadenada al trabajo todo el día, todos los días, tu vida entera se ve afectada: comienzas a percibir los eventos sociales como una molestia porque te hacen perder un tiempo que podrías haber dedicado a trabajar; pagas el estrés con quienes sabes que siempre van a estar a tu lado; la depresión aparece cuando empleas adrenalina para sobrevivir a la carga de obligaciones; dejas de hacer cualquier cosa que no esté relacionada con tu profesión; los pocos días libres que tienes te quedas en la cama, medio despierta, durante doce horas seguidas o más, tratando de «recuperarte».

Así que... sí, necesitaba ayuda.

Llevaba tres años tomando un antidepresivo suave y decidí que enmascarar los síntomas no era la solución. Tenía que buscar en mi interior y hacer algunos cambios. Dejé las pastillas y empecé a meditar.

Hice el curso de Ziva y desde hace más de dos años medito dos veces al día.

Emily suele decir: «Estrésate menos... rinde más». Como la escéptica que era, pensé: «¿Hablas en serio? ¡Venga ya! Me encanta eso del mindfulness, la meditación y la manifestación, pero a lo mejor estás exagerando un poco». Siete meses después, durante la temporada alta de venta de propiedades en Florida, me di cuenta de que estaba trabajando entre cuarenta y cuarenta y cinco horas a la semana solamente. Al principio me asusté. Me preguntaba si no estaría fallando como agente inmobiliaria. «¿Por qué no estoy trabajando todo el día? He oído que otra agente ha trabajado veintiséis horas este fin de semana, mientras que yo solo he trabajado seis. ¿Me voy a morir de hambre el mes que viene y a perderlo todo porque no estoy trabajando tanto como ella?». Entonces miré mis cifras y, de hecho, tuve que mirarlas dos veces porque no daba crédito a lo que estaba viendo. Había vendido más inmuebles en los primeros seis meses de ese año que había empezado a meditar que los que había vendido durante todo el año anterior, a pesar de que entonces no le *robaba* a mi apretada agenda dos valiosos períodos de quince minutos. Eso es, trabajaba menos... y rendía más. También me di cuenta de que dormía mejor y de que hacía meses que había dejado de sentir la oscura nube de la depresión cerniéndose sobre mí. Incluso comencé a escuchar más y a hablar menos.

Los cambios que tú experimentes pueden ser similares o muy distintos a los míos, pero te garantizo que invertir en el proceso merece la pena a muchos niveles. Nunca me cansaré de recomendar esta práctica.

Caso de estudio Ziva número 7

De bien a excelente

ARI WHITTEN, AUTOR SUPERVENTAS, PADRE Y *HEALTH COACH*

No es que mi vida fuera un desastre cuando comencé el programa de Ziva. De hecho, era bastante buena. Tenía un negocio boyante, una pareja maravillosa y un precioso hijo de un año.

Pero no todo era perfecto. Con las exigencias que plantea dirigir un negocio y la semana laboral de siete días de un emprendedor, además del hecho de ser padre primerizo, ciertamente mi vida a veces era una locura. Todas esas obligaciones, las interrupciones constantes... Si a eso le sumas la falta de sueño a consecuencia del bebé, terminar cualquier cosa era casi misión imposible. Los proyectos se fueron acumulando hasta que llegó un punto en el que me sentía constantemente desbordado, en el que el tiempo nunca parecía suficiente para todo lo que tenía que hacer. No paraba de darle vueltas a la lista de tareas pendientes. Eso derivó en estrés y ansiedad. Cada día estaba más desmotivado y me resultaba más difícil cumplir con mis obligaciones profesionales, pero tampoco era capaz de relajarme y tomarme un respiro para pasar tiempo con mi familia ni de estar presente cuando surfeaba o escalaba. No dormía bien porque por las noches no podía desconectar. Tenía el cuerpo siempre en tensión y sufría todo tipo de dolores debido al estrés. Empecé a tener menos energía y mi rendimiento cognitivo y físico y la motivación a la hora de practicar deporte disminuyeron. Me hallaba atrapado en un círculo vicioso.

Al final me di cuenta de que estaba perdiendo la capacidad de estar presente y relajado, de simplemente reír, divertirme y disfrutar del momento. Así que tomé la decisión de volver a meditar.

Digo «volver» porque ya había probado distintos tipos de meditación esotérica años antes de fundar mi negocio, pero ninguno había calado en mí ni tampoco había logrado establecer una práctica diaria.

Entonces conocí a Emily en un congreso. Guio a todo el grupo durante una meditación y pensé: «¡Madre mía! ¡Esta mujer es muy buena! ¡Quiero aprender su estilo de meditación!».

Hace unos ocho meses decidí apuntarme a su curso y estoy encantado de haberlo hecho.

Lo que he experimentado es una profunda relajación, una gran calma, y en lugar de acumular tensión y ansiedad a lo largo de toda la jornada hasta sentirme exhausto, ahora me siento tranquilo y renovado todo el día.

Sigo estando igual de ocupado. En ese sentido no ha cambiado nada. Lo que ha cambiado es mi cerebro y mi capacidad para gestionar todas mis obligaciones.

Es posible enfrentarte a tu día a día y cumplir con tu deber estando estresado, sin energía, desmotivado, angustiado, con un humor de perros y sin rendir bien ni a nivel mental ni físico. Aunque eso mismo lo podrías hacer de manera relajada, serena y alegre, incluso lúdica.

Yo pasé años en el primer estado. Ahora, gracias a Ziva, me hallo inmerso en el segundo y me siento genial.

Y todo debido a esos breves períodos de tiempo consagrados a las tres emes. Es como borrar una pizarra dos veces al día. Tan pronto como lo haces, regresas a ese agradable estado de relajación.

Ahora rindo más que nunca, estoy presente y sosegado con mi familia, duermo de maravilla y nunca había surfeado ni escalado mejor (nunca había tomado tantos riesgos ni había sido tan bueno como ahora) y, lo que es más importante, me paso el día sonriendo y riendo.

Esta práctica realmente me ha cambiado el cerebro, y si me hubieran hecho una resonancia antes y otra después de empezar a meditar, no me cabe la menor duda de que quedaría confirmado. Mi compromiso con esta práctica diaria es para toda la vida.

» 11 «

Del «om» al «¡oh, madre mía!»

CUANDO LA GENTE POR FIN se olvida de la idea equivocada de que durante la meditación debería ser capaz de «dejar la mente en blanco» como por arte de magia, comienza a creer que, si tiene pensamientos, deberían ser solo pensamientos puros de iluminación y dicha. Paradójicamente, esta mentalidad a menudo nos impide hablar de uno de los grandes beneficios de la meditación: una mejor vida sexual. Aunque también es posible que este capítulo sea la razón principal por la que decidiste leer este libro. Si ese es el caso, me gustaría comenzarlo diciendo: «De nada».

Ahora bien, de primeras, puede parecer un poco fuera de lugar incluir un capítulo sobre cómo la meditación te hace mejor en la cama en un libro dirigido a personas dinámicas y emprendedoras; después de todo, no es algo que normalmente ayude a firmar contratos. Pero ¿has sentido alguna vez que tu vida sexual estaba estancada? Si es así, ¿eso no hace que todo lo demás también parezca más aburrido? En cambio, si sorprendes a tu pareja (y quizá también a ti mismo) con una noche de pasión, al día siguiente caminas con más brío y tienes la sensación de que puedes con todo, ¿no es cierto? A eso me refiero. Mejorar tu rendimiento en la cama, además de ser un beneficio magnífico en y por sí mismo, también puede contribuir a mejorar tu rendimiento en la sala de juntas. (Además, las personas ambiciosas tendemos a ser un poco competitivas y nos gusta sentir que somos las mejores en *todo*). Como se suele decir, no hay tarea pequeña, así que vamos a centrarnos en cómo las tres emes pueden mejorar tu rendimiento sexual.

Cuando uno piensa en los beneficios de la meditación, un sexo espectacular no suele ser lo primero que le viene a la mente, pero la Técnica Z puede hacer mucho más por ti en el dormitorio que la Viagra. Durante demasiado tiempo, la meditación ha estado asociada al ascetismo y a la vida monacal, razón por la que se ha tardado tanto en empezar a explorar sus efectos en el sexo (por si acaso necesitabas que te recordara una vez más que esta práctica no es para monjes).

» Primero, lo obvio

Uno de mis alumnos, un abogado neoyorquino, acudió a Ziva porque tenía problemas de ansiedad. Un año después de haberse apuntado a nuestro curso, se unió a un grupo de meditación y me comentó: «En una ocasión bromeaste sobre cómo la meditación podía mejorar mi vida sexual, pero lo que me está pasando es una locura. No parece propio de un meditador decir esto, pero ahora tengo una vida sexual espectacular». *Bestial, primitiva y alucinante* fueron los adjetivos más memorables que empleó para describir su recién descubierta potencia sexual. Me dijo que desde la primera semana del curso había notado que no solo podía aguantar mucho más durante el coito, sino que también tenía un mayor control sobre sus orgasmos, mucha más energía y, consecuentemente, un apetito sexual más voraz.

Otra alumna aseguraba que tras solo una semana meditando dos veces al día, llegaba al orgasmo cada vez que ella y su pareja practicaban sexo, algo que definitivamente no ocurría antes de que acudiera a Ziva.

Obviamente, la meditación no era el único factor responsable —al fin y al cabo, bailar es cosa de dos—, pero basándome en los testimonios de los alumnos de Ziva, estas experiencias son bastante comunes.

Así que ¿por qué las tres emes te hacen ser mejor en la cama? En primer lugar, hemos de considerar el contexto. Muchos padecemos estrés, ya sea por el trabajo, las relaciones, por cuestiones de dinero o por cualquier otra de nuestras muchas responsabilidades. A menudo estamos tan absortos en nuestros pensamientos que nos olvidamos del cuerpo. Además, con frecuencia lo único que hacemos es revisar el pasado y ensayar el futuro, por lo que no estamos presentes en el momento. Así es imposible tener una vida sexual fabulosa. Y por si eso fuera poco, los altos niveles de cortisol y adrenalina provocados por el estrés disminuyen tanto el deseo como el rendimiento sexual. Los traumas sexuales también podrían tener algo que ver. Recuerda: no deberíamos preguntarnos por qué la meditación es tan beneficiosa, sino por qué el estrés es tan perjudicial.

Pero además de la biología básica de la eliminación del estrés, hay otras razones por las que estas técnicas mentales son unas herramientas tan potentes para mejorar el rendimiento sexual.

» 1. Descanso corporal profundo, lo que se traduce en más energía para el sexo

¿Cuántas veces has puesto el cansancio como excusa para no hacer el amor? No eres el único: el agotamiento es una de las razones más comunes por las que las parejas tienen relaciones sexuales con menos frecuencia de la que les gustaría. Según un reciente estudio llevado a cabo por la Fundación Nacional del Sueño de Estados Unidos, una de cada cuatro parejas norteamericanas casadas o que hacen vida marital afirma tener tal carencia de sueño que a menudo está demasiado cansada para practicar sexo[1]. No es fácil excitarse si estás agotado y, por desgracia, muchos llegamos a casa tan exhaustos que lo último que nos apetece es darnos un revolcón.

Pero recuerda que cuando meditas desexcitas el sistema nervioso y le proporcionas al cuerpo un descanso que es más profundo que el sueño, por lo que luego te sientes más despierto. Esa inyección de energía puede ser precisamente lo que necesitas después del trabajo para poder disfrutar de una velada apasionada con tu pareja. Se acabó el poner el dolor de cabeza como excusa. Cuando estás más descansado, te sientes mejor, y cuando te sientes bien, es mucho más probable que tu cuerpo responda cuando quieras que lo haga. (Por cierto, si las migrañas te han estado impidiendo tener relaciones sexuales, la tasa de éxito de Ziva con ellas es del 90 %).

» 2. Las tres emes disminuyen el estrés, lo que se traduce en un mayor rendimiento

Tu nuevo hábito puede servir para mucho más que para ponerte a tono antes; también puede ayudarte durante el coito. El mindfulness refuerza la conexión mente-cuerpo, por lo que en todo momento serás más consciente de tu cuerpo y de las sensaciones físicas. Cuando experimentas el mundo por medio de los cinco sentidos en lugar de hacerlo solo por medio del cerebro, te muestras más receptivo a todo tipo de estímulos sensoriales, lo que obviamente resulta muy ventajoso cuando estás practicando sexo. Esta es otra gran razón para comprometerte con la Técnica Z, sobre todo con la primera M: mindfulness. El ejercicio «Tomar conciencia de los sentidos» es especialmente útil en este caso.

El acto de desexcitar el sistema nervioso también contribuye a relajar el cerebro y el cuerpo, lo que hace que te resulte más fácil excitarte. Existe una razón por la que, desde que el mundo es mundo, prácticamente todas las civilizaciones han tenido algún tipo de ritual de cortejo; cosas como una cena agradable, el champán, el chocolate y la música pueden ayudar a crear ambiente y a que te relajes antes del acto sexual. Cuanto más relajado estés, más probable será que disfrutes y que, por lo tanto, llegues al clímax.

Este tema es importante. ¡Unos niveles elevados de cortisol pueden inhibir el orgasmo femenino! Según un estudio reciente, las mujeres cuyos niveles de cortisol superan ciertos valores pueden perder la capacidad de llegar al orgasmo[2]. Piénsalo bien: ¿te resulta fácil excitarte cuando estás estresada? Probablemente no. Y los hombres tampoco se libran. Según el doctor Nelson E. Bennett, experto en disfunción eréctil de la Clínica Lahey, «el estrés, el miedo, la ansiedad, la preocupación y la frustración hacen que el cuerpo libere adrenalina, que contrae los vasos sanguíneos, y eso es un obstáculo para lograr una buena erección»[3].

La meditación te hace pasar del estado de lucha o huida al de quedarte y participar. A los pocos días de comenzar a meditar, la adrenalina y los niveles de cortisol decrecen en todo el cuerpo. La meditación, combinada con el mindfulness y la manifestación, ayudará a que el cerebro empiece a producir de manera natural mayor cantidad de dopamina y serotonina, esas maravillosas sustancias químicas de la felicidad, incluso cuando no estás meditando. Estos químicos permanecen en el cuerpo y contribuyen a aumentar el apetito sexual e incluso pueden incrementar la intensidad del orgasmo[4].

La meditación también ayuda a fortalecer la sensación de conexión con tu pareja o con tu propio cuerpo cuando estás disfrutando de un «momento a solas». En lugar de estar pensando en lo que ha ocurrido hoy en el trabajo o en todas las cosas que tienes que hacer mañana, serás capaz de permanecer en el aquí, en el ahora. Además, la meditación activa las neuronas espejo, lo que quiere decir que es muy probable que tengas una mayor sintonía con lo que está sintiendo tu pareja (retomaremos este tema en breve). Esto, sumado al hecho de que tú te encuentras relajado y presente, puede convertirte en un amante mucho más intuitivo y generoso.

» 3. Menos distraído, más presente

La mayoría de las personas tiene el hemisferio izquierdo del cerebro superdesarrollado y, como sabes, la función de este hemisferio es analizar el pasado y ensayar el futuro. Esto puede hacer que nos quedemos atrapados en un círculo de pensamiento pasado/futuro y disminuir nuestra capacidad para estar plenamente presentes en el ahora, que es el único momento en el que se puede llegar al orgasmo.

El hemisferio derecho es el responsable de la conciencia del momento presente, y esa es la parte del cerebro que la meditación ejercita. Cuanto más tiempo mantengamos la práctica diaria, más cohesión y plasticidad cerebral tendremos, lo que equilibrará ambos hemisferios. Esto dará lugar a un incremento en la atención, la conciencia y la capacidad para llevar a cabo cualquier tarea que tengas entre manos… y dependiendo de lo que sea, ¡puede que hagan falta unas cuantas manos! Nadie quiere un amante distraído. La experiencia es mejor para todos cuando tú estás plenamente comprometido con el presente.

» 4. Tu pareja no ha de completarte

«Tú me completas» es probablemente la frase más dañina que ha surgido de Hollywood. Nadie puede completarte. Como aprendimos en el capítulo sobre el síndrome «seré feliz cuando…», ni la pareja, ni el trabajo, ni un título universitario, ni el número de ceros de tu cuenta corriente pueden completarte. Tu nueva práctica de la Técnica Z va a contribuir a tu vida sexual ayudándote a realizarte interiormente, algo que, aunque no parezca obvio, es la clave para mantener una relación satisfactoria con otra persona. La meditación te proporciona un medio para acceder a la felicidad que se encuentra dentro de ti, por lo que no sentirás la necesidad de buscar una pareja que te complete. (Además, ¿desde cuándo esa clase de necesidad resulta atractiva?). Cuando eres capaz de acceder a la satisfacción y a la dicha que hay en tu interior, eres capaz de comprometerte al cien por cien con una relación, lo que te convierte en un compañero o una compañera mejor. Si te sientes realizado al ochenta por ciento, la relación será el lugar en el que reflejar esa satisfacción, no el lugar al que acudes a buscar el veinte por ciento que te falta. ¿Te imaginas cuánto mejoraría una relación si fuera un medio de expresión para tu plenitud en vez de un medio para tratar de encontrarla (y fracasar)?

» 5. Es posible que tu pareja piense que eres vidente

Si todavía no has oído hablar de las neuronas espejo, prepárate. Los científicos dicen que las neuronas espejo van a hacer por la psicología lo que la decodificación del ADN hizo por la biología[5]. Piensa en las neuronas espejo como en unos bumeranes diminutos emitidos por el cerebro que salen y danzan con las neuronas espejo de tu amante y después regresan para ofrecerte la información que han recabado. Las neuronas espejo te permiten «intuir» lo que tu pareja está sintiendo. Son el motivo por el que das un respingo cuando ves que otra persona se hace daño o sonríes de manera automática cuando alguien te sonríe. Las neuronas espejo son una de las razones por las que el porno es una industria multimillonaria. El simple hecho de ver a alguien disfrutando puede generar placer en tu cerebro. Son, básicamente, el fundamento biológico de la empatía.

Presta atención: a medida que la meditación crea nuevas sinapsis y caminos neuronales en el cerebro, también incrementa el número de neuronas espejo en funcionamiento. Esto hace que sientas más placer cuando ves que tu pareja está disfrutando, lo que te convertirá en un compañero de cama mucho más intuitivo y generoso.

» La meditación como juego preliminar

Esta es la guinda de este sexi pastel: puedes incorporar elementos de la Técnica Z a tu rutina sexual preliminar para que te ayude, en tiempo real, a olvidarte de esos informes que tienes que entregar mañana o a dejar de preocuparte porque no todo en tu vida es tan perfecto como te gustaría, y que te encuentres en el mejor estado mental posible (es decir, en ninguno, básicamente).

¿Recuerdas el ejercicio «Tomar conciencia de los sentidos» que aprendiste como el elemento mindfulness de la Técnica Z? Bien, pues esta es otra situación en la que puedes emplear esta herramienta para enraizarte en el momento presente.

Antes de una cita, mientras te duchas o preparas el espacio, respira profundamente varias veces y recorre todos los sentidos: el oído, el tacto, la vista, el gusto y el olfato, y después experiméntalos todos a la vez. Te sentirás deliciosamente humano e increíblemente presente en tu cuerpo. Cuanto más practiques este ritual, más lo interiorizarás y más fácil te resultará ponerlo en práctica mientras te cepillas los dientes, retiras la colcha de la cama y te pones —o te quitas— tu ropa interior más sexi. Al fin y al cabo, el sexo verdaderamente bueno requiere la participación de todos los sentidos. (Eso es lo que en realidad significa *ser sensual*: agudizar los sentidos). Para cuando termines de recorrerlos y seas consciente de todos ellos de manera simultánea, te hallarás tan presente en el ahora que el lógico hemisferio izquierdo del cerebro estará dispuesto a sentarse, callarse y abrocharse el cinturón para disfrutar de un viaje salvaje.

» Energía creativa y energía sexual

«A ver, Emily. Los consejos sexuales me encantan, pero es que yo empecé a leer este libro para avanzar en mi carrera profesional». Entendido, aguafiestas. De acuerdo, tratemos el tema con un enfoque eminentemente práctico, es decir, veamos cómo tu nueva y mejorada capacidad sexual te ayudará a alcanzar nuevas cimas de creatividad e innovación no solo en la cama, sino también en la sala de juntas.

¿Alguna vez te has parado a pensar por qué las carreras de Taylor Swift, Adele y las de prácticamente todas las estrellas del *country* están basadas en canciones compuestas con el corazón roto? Es porque la energía creativa y la energía sexual son básicamente lo mismo. ¿Alguna vez has comenzado a hacer ejercicio después de una ruptura? ¿Alguna vez has escrito un poema o te has apuntado a clases de pintura tras un desengaño amoroso? La energía sexual/creativa necesita una vía de escape, y cuando una relación termina, puede comenzar a manifestarse de otras maneras, ya sea componiendo canciones, escribiendo poesía o pintando el dormitorio. Es importante tener esto en cuenta, porque si no empleas esa energía sexual remanente en algo creativo, puedes acabar haciéndolo en algo destructivo (como borracheras de fin de semana, atracones de sofá y Netflix o fundiendo la tarjeta de crédito comprando compulsivamente por Internet).

Es cierto que el sexo puede consumir parte de esa energía creativa, lo que quizá parezca una desventaja cuando lo que buscas es ser más innovador en el trabajo (al menos en un principio). Pero en realidad, un mayor rendimiento sexual genera más energía sexual (todos queremos seguir haciendo lo que se nos da bien, ¿no es cierto?). Eso significa que una mejora en la vida sexual puede derivar en una mejora en la productividad laboral. No obstante, permíteme que te dé un consejo: la energía sexual y la energía creativa son recursos, una suerte de moneda energética, por decirlo de alguna manera, y deberías pensar bien en qué las vas a emplear. Tan poco conveniente es dedicar el cien por cien de estas potentes energías al sexo como poco saludable es destinarlas al cien por cien al trabajo (después de todo, la vida es algo más que trabajo, ¿no te parece?). Deberías aprovechar ese capital para invertirlo en tus prioridades.

En cualquier caso, la buena noticia es que se trata de energías renovables; energías que se potencian cada vez que se agotan y son repuestas. Cuando sientes que estás avanzando sexualmente dentro de una relación recíproca, tu confianza en el resto de tus capacidades aumenta. Y a la inversa, cuando tu rendimiento laboral se dispara, es muy probable que te sientas más activado en todas las áreas de tu vida, incluida la sexual. Al fin y al cabo, no se necesita demasiado para «celebrar» un gran éxito, un contrato o un ascenso. Encuentra la armonía entre el trabajo y el placer que alimenta el ciclo de confianza y empoderamiento ¡y disfruta de los beneficios!

La conexión más importante entre el mindfulness y un sexo fabuloso es que el primero nos hace estar más presentes, lo que significa que puedes disfrutar de cada micromomento, en lugar de ver el sexo como una tarea orientada hacia el resultado. Mientras continúas ejercitando el cerebro —en concreto, fortaleciendo el hemisferio derecho—, notarás que los maravillosos beneficios de estar totalmente presente comenzarán a llenar todos los rincones de tu vida… incluido el dormitorio.

Estar presente no quiere decir que vivas exclusivamente en el momento, descuidando tus responsabilidades; tan solo significa que ya no vas a permitir que el estrés determine tu vida ni defina tus experiencias: ni tu empleo, ni tus metas personales, ni tus relaciones, ni tu vida sexual.

Piensa en las personas más atractivas que conozcas. ¿Qué atributos te vienen a la mente? ¿Irradian confianza, inteligencia y sentido del humor? ¿Están cómodas en su propia piel (sea lo que sea lo que eso signifique para ti)? Cuando te hablan, ¿te hacen sentir como si no existiera nadie más?

¿Sabes a quién es probable que no hayas incluido en esa lista? A alguien que pierda los papeles con facilidad, que esté agotado, que sea descuidado, que vaya encorvado, que esté siempre compadeciéndose de sí mismo, que tenga la piel cetrina o un aspecto enfermizo. El estrés no es sexi, como tampoco lo son sus efectos en el cerebro y en el cuerpo. Pero alguien que posee una mente dinámica y tiene un aspecto saludable —ya sea porque luce unos músculos definidos, unas curvas tentadoras o se halla en un delicioso término medio— encarna todo aquello que estamos biológicamente predispuestos a encontrar atractivo en un compañero.

A su vez, salud, ingenio y seguridad en uno mismo son atributos que en general todos deseamos también para nosotros. Siempre seremos mejores amantes si nos sentimos confiados y sexis. ¿Quieres que te vean como una persona atractiva y cautivadora? ¿Dinámica y enérgica? Adopta una práctica que te permita alejarte de aquello que perjudica tu bienestar físico y mental y te acerque a la mejor versión de ti mismo. Eso es lo que esta práctica puede hacer por ti. Eso es sexi. ¿No te apetece cerrar los ojos y lanzarte de cabeza?

Caso de estudio Ziva número 8

Siempre hay una primera vez para todo

ANÓNIMO

Me gusta pensar que sé lo que quiero a nivel sexual y nunca me ha dado reparo comunicarles mis necesidades a mis parejas. Dicho esto, durante los primeros seis años de mi vida como adulta sexualmente activa me sentí bastante frustrada porque era incapaz de llegar al orgasmo solo con la penetración. No lo logré ni una sola vez. Como aparte de eso tenía una vida sexual satisfactoria (o eso creía), pensaba que, simplemente, era «una de esas mujeres» incapaces de llegar al clímax durante el coito. A muchas de mis amigas les pasaba lo mismo, así que básicamente renuncié a tener un orgasmo interno. Escribir esto ahora me horroriza.

Más adelante, cuando hice el curso de Ziva, no presté demasiada atención cuando Emily habló de los potenciales beneficios sexuales.

Yo veía la práctica como algo que mejoraría mis niveles de estrés y mi rendimiento cognitivo, sin darme cuenta de que todo está conectado. Pensaba que, como mucho, conseguiría unos orgasmos más intensos y placenteros, pero no necesariamente más cantidad ni de otra clase. En aquella época tampoco tenía pareja, así que no lo consideraba una prioridad. (Vamos, que era un caso perdido. ¿Quién lo hubiera imaginado?).

Cuando llevaba unos meses meditando, comencé a salir con alguien y enseguida noté que mis orgasmos externos eran mucho más fuertes, aunque, por otro lado, bastante predecibles. Entonces un día, en mitad del acto sexual y de manera totalmente inesperada ¡tuve un orgasmo! Dejé lo que estaba haciendo y dije: «Vaya... eso ha sido muy raro», y le expliqué a mi pareja que era la primera vez que me ocurría. Eso le subió el ego, aunque yo sabía que la verdadera causa era otra.

Desde aquella vez, tener un orgasmo como consecuencia solo de la estimulación interna es algo mucho más habitual. También he notado que, cuando no medito regularmente, no ocurre tan a menudo. Esa ha sido una de las principales motivaciones para seguir siendo fiel a mi doble práctica diaria (¿quién no quiere más orgasmos?), ya que sé que cuando estoy más relajada y presente casi siempre alcanzo el clímax.

Este es también uno de los argumentos que más utilizo con mis amigas cuando intento convencerlas de que comiencen a meditar. Cuando se lo conté a aquellas que también pensaban que eran «una de esas mujeres», empezaron a comprender mi entusiasmo. Incluso logré que una de ellas hiciera el curso zivaONLINE, y cuando Emily le preguntó en el foro virtual por qué se había apuntado, ella contestó: «¡Por los orgasmos!».

Ejercicio con los ojos abiertos

De corazón a corazón

Este ejercicio tiene como objetivo establecer un vínculo con tu pareja, crear esa sensación de generosidad y franqueza que inevitablemente conduce a una intimidad y a una conexión más intensas. Se trata de un ejercicio que puede resultar un tanto incómodo, por lo que yo recomiendo preguntar primero. Podrías plantearlo de la siguiente manera: «¿Te apetece probar algo que puede enriquecer nuestra vida sexual?». Si la otra parte accede, proceded como se indica a continuación:

1. Sitúate frente a la otra persona, pon tu mano derecha sobre su corazón y haz que ella ponga su mano derecha sobre el tuyo.

2. Colocad ambos la mano izquierda sobre vuestros corazones y miraos a los ojos. Es posible (léase muy probable) que esto resulte incómodo, pero seguid manteniendo el contacto visual a pesar de las risas y los nervios. Una vez que eso pase (pasará, te lo prometo), pídele a tu pareja que te cuente cuál es su mayor sueño u objetivo. Después haz tú lo propio.

3. A continuación, imaginad el sueño del otro durante 2 o 3 minutos como si estuviera ocurriendo ahora. Imagina a tu pareja alcanzando su máximo potencial, la confianza y la sensualidad que emana de ello. La manifestación es una práctica muy potente cuando la llevas a cabo para ti mismo, y lo es incluso más cuando lo haces por otra persona.

4. Imagínate absorbiendo toda la energía de ese sueño y entrégasela a tu pareja como si fuera un regalo. Inspira profundamente y, al espirar, imagina que con tu aliento llenas a tu pareja de la energía del sueño, que va acompañada de una explosión de amor. Ahora cambiad los papeles para que tú recibas lo que tu pareja te da. Repetid para que se convierta en un ciclo y disfrutad tanto al dar como al recibir. Tenéis que

mantener el contacto visual todo el tiempo. Si es posible, céntrate más en el ojo izquierdo de tu pareja y pídele a ella que haga lo mismo con el tuyo.

5. Al cabo de 2 o 3 minutos, o cuando sintáis que el proceso ha concluido de manera natural, dale las gracias a tu pareja, abrázala si te apetece y deja que las cosas progresen sin forzarlas con esta nueva y profunda sensación de intimidad y generosidad.

En www.zivameditation.com/bookbonus encontrarás una práctica de visualización guiada para disfrutar de unas mejores relaciones sexuales.

» 12 «

Ese instante

UNOS MESES DESPUÉS DE HACER EL CURSO, un alumno llamado Warren estaba en el metro, tratando de llegar al aeropuerto con todo su equipaje. Y no estoy hablando de una maletita de esas que puedes llevar en cabina. Estoy hablando de tres maletones, una maleta pequeña y una mochila grande. Fue una proeza digna de una fuerza sobrehumana el que lograra pasar todos aquellos bultos por los tornos del metro, pero lo había hecho y había llegado hasta el acceso al tren del aeropuerto cuando de repente se encontró con que no solo llevaba una cantidad excesiva de equipaje, sino que además la tarjeta MetroCard no le funcionaba. Iba muy apurado de tiempo y mientras pasaba la tarjeta una y otra vez inútilmente, con una cola de veinte personas impacientes esperando detrás de él, se acordó de que no la había recargado. La única forma de hacerlo era en las máquinas que había en la otra punta de la estación, pero para llegar a ellas tendría que arrastrar todo el equipaje por el vestíbulo entre diez filas de pasajeros que esperaban su turno para pasar por los tornos. En resumen, una pesadilla.

Como el propio Warren reconoció, su antiguo yo hubiera reaccionado profiriendo una retahíla de palabras malsonantes, dándole una patada a la máquina o gritando por la frustración, pero esta vez respiró hondo y se echó a reír porque, en el fondo, la situación no dejaba de tener su gracia. Después se hizo a un lado y apartó su equipaje para que la gente pudiera pasar mientras él trataba de dilucidar en calma cuál era la mejor opción para cruzar el abarrotado vestíbulo;

un sencillo y casi involuntario acto de rendición que condicionó el desarrollo del resto del día.

Antes de que Warren hubiera tenido tiempo de pensar en una manera de atravesar la estación, un hombre que estaba detrás de él, viendo que se encontraba en un aprieto, amablemente le dijo: «Oiga, ¿puedo ayudarle?». Y, con un movimiento rápido, pasó su tarjeta por el lector para que Warren pudiera acceder al andén con todo su equipaje.

Warren más adelante recordaría no solo el asombro que le había causado la calma con la que había reaccionado ante unas circunstancias que, antes de empezar a meditar con regularidad, habrían consumido en el acto el equivalente a un día de energía de adaptación y probablemente le habrían hecho perder el avión y miles de dólares en billetes, hoteles y trámites; también le sorprendió la amable respuesta de un desconocido, que no dudó en regalarle uno de sus viajes para sacarlo de una situación ciertamente apurada. «No creo que hubiera actuado de la misma forma si yo hubiera empezado a gritar o a hacer aspavientos airados —dijo—. Al conservar la calma, él estuvo más predispuesto a ayudarme».

El lapso entre el estímulo y la reacción —ese instante en el que un menor nivel de estrés te permite elegir cómo vas a responder ante una situación— puede condicionar el desarrollo de tu jornada, así como el de la de los que te rodean. Puede afectar incluso a tu reputación y eficiencia como líder. Tu habilidad para hacer una pausa, pensar y elegir una respuesta de manera deliberada, en lugar de entrar involuntariamente en un estado de lucha o huida, es un reflejo directo de tu resiliencia y de tu capacidad de liderazgo. Ahora, cada vez que se presente una situación difícil, podrás elegir. ¿Qué vas a elegir, tener miedo o tener el control?

RESILIENCIA: Capacidad para recuperarte rápidamente de las dificultades. Cuanto más resiliente seas, más libertad tendrás para elegir cómo quieres responder ante una situación.

» Mártir o maestro

¿Se te da bien hacer el papel de mártir? Con esta pregunta no pretendo culpar ni avergonzar a nadie. Si la respuesta es sí, la buena noticia es que solo puedes ser un mártir si los recursos con los que cuentas son limitados. Y ahora que gracias a esta práctica vas a poder acceder dos veces al día a tu fuente de energía, esa restricción desaparecerá. Cuando nos sentimos como si fuéramos mártires o nos estresamos, entrar en modo lucha o huida no depende de nosotros; es una reacción involuntaria del cuerpo, heredada de miles de años de enfrentamientos con animales salvajes. Ahora que la mayoría de las situaciones difíciles que debemos afrontar poco tienen que ver con el ataque de un depredador y que estamos cultivando el hábito diario de estresarnos menos y acceder a la fuente de la creatividad, comenzaremos a tener libertad para elegir cómo respondemos a las demandas.

Con esto no quiero decir que no vayas a estresarte nunca más; a veces esa es la reacción más adecuada y podría salvarte la vida. Recuerda, estresarse no es malo, pero estar siempre estresado sí lo es. Lo que va a cambiar después de unos meses de práctica regular es que empezarás a tener el poder de elegir cómo quieres responder a las demandas: ¿es la reacción de lucha o huida realmente necesaria o sería más conveniente acceder a tu nueva realidad e interactuar con las circunstancias de manera distinta? Aquí es donde la disciplina diaria entra en juego, cuando te comprometes a ser tú el que maneje el estrés en lugar de dejar que el estrés te maneje a ti.

Mientras practicas las tres emes dos veces al día, te preparas para acceder por defecto a la intuición y a la conciencia del presente, que están controladas por el hemisferio derecho del cerebro. A medida que el hemisferio derecho se vaya fortaleciendo y su desarrollo se vaya equiparando al del izquierdo, es probable que empieces a responder ante situaciones complicadas de una manera más calmada y deliberada. La razón es bastante sencilla: si posees la capacidad de estar verdaderamente presente en cada momento cuando las circunstancias son particularmente complejas, te resultará más fácil saber qué decisión deberías tomar ahora… y ahora… y ahora. Tu mente no se encontrará ya ocho pasos por delante, pensando en todo lo que puede pasar, ni consumida por todo lo que podría haber hecho de forma distinta para evitar este momento de pánico. Lo que harás es reconocer la situación, renunciar a la ilusión de que tienes el control y buscar la mejor opción para resolver el problema. Por supuesto, el pensamiento estratégico también tiene cabida aquí, pero solo después de que las circunstancias inmediatas hayan sido evaluadas y la reacción de lucha o huida se haya activado o haya sido inhibida. De esta forma evitaremos sentirnos como víctimas cada dos por tres a lo largo del día, que es lo que ocurre cuando culpamos a otras personas o a las circunstancias en lugar de optar por asumir la responsabilidad y reforzar nuestra resiliencia.

Imagina la siguiente situación: estás yendo en coche al trabajo y alguien trata de adelantarte de manera un poco agresiva, lo que hará que comiencen a liberarse hormonas de estrés. Tienes dos opciones:

> Puedes reaccionar con calma, respirar profundamente y reconocer que no estás en peligro mortal. Esto dará lugar a que se inhiba la respuesta de lucha o huida que se había activado de manera automática, por lo que simplemente dejarás que te adelanten; o

> Puedes tocar el claxon y hacerle una peineta al conductor del otro vehículo, lo que provocará que su respuesta de lucha o huida también se active. Entonces acelerará, se pegará a ti y golpeará el parachoques trasero de tu coche con el morro del suyo. Tú acelerarás para alejarte de él, pero al hacerlo, sin darte cuenta, adelantarás a un coche de policía a una velocidad mayor de la permitida, y cuando te paren para multarte verás pasar al tipo que estaba tratando de adelantarte riéndose y señalándote con el dedo.

¿Cuánto te costó ese (aparentemente breve) momento en concepto de tiempo, reparaciones, tasas judiciales o pura humillación? A la larga, ¿mereció la pena tener esa reacción basada en el estrés? Y aunque el parachoques de tu coche no sufriera ningún daño ni a ti te quitaran ningún punto del carné, ¿dedicarle una peineta a esa persona realmente resolvió algo? Si reflexionas sobre ello, ¿no te parece que habrías salido ganando si hubieras mantenido ambas manos en el volante, los ojos en la carretera y la mente atenta a los límites de velocidad, o, todavía mejor, si simplemente te hubieras dedicado a escuchar el interesante *podcast* que habías puesto en el estéreo de tu coche?

Lo que ocurre es que todos sabemos lo que deberíamos hacer: comer más verduras, practicar ejercicio todos los días, acostarnos antes de la medianoche y llamar a nuestras madres con más frecuencia. No es tan difícil…, y sin embargo, la mayoría no lo hacemos. ¿Por qué? Porque no actuamos de acuerdo con lo que sabemos; actuamos de acuerdo con el nivel de estrés de nuestro sistema nervioso.

Ni te estoy descubriendo nada nuevo ni tengo ningún interés en decirte cómo debes comportarte. Simplemente te estoy animando a desarrollar una disciplina diaria que te ayude a actuar de manera más acorde con lo que ya sabes que es cierto. Eso es lo que hace la meditación: elimina ese estrés que te nubla el juicio y causa estragos en tu cuerpo. Te facilita el acceso al yo ideal que existe en tu interior. Recuerda, la meditación es como una actualización de tu cerebro que te permitirá ejecutar el *software* que tengas instalado. El cristianismo, el judaísmo, el islamismo, el budismo o el hinduismo pueden operar con más eficacia en un cerebro optimizado. No es de extrañar que la meditación sea practicada por tantas personalidades de tantos ámbitos y creencias religiosas diferentes.

» El líder natural

Piensa por un momento en el peor jefe que hayas tenido. Ahora piensa en el mejor. Lo más probable es que, independientemente de tu profesión, las diferencias entre uno y otro tengan que ver con sus niveles de autocontrol. Un líder que está siempre estresado, que es impredecible, desorganizado, que está desmotivado, falto de inspiración, que no muestra entusiasmo, que pierde los papeles, que culpa a los demás o que siempre parece a punto de estallar es una persona que seguramente deja que las circunstancias dicten su manera de actuar; alguien que, en el fondo, dista mucho de ser un verdadero líder, no importa el cargo que ostente. Por otro lado, un líder relajado, sereno, que mantiene la compostura bajo presión, que piensa con claridad incluso en las situaciones más apremiantes, que es perspicaz y que parece tener una relación sana con el estrés es alguien que inspira confianza, que sabes que nunca haría nada que pudiera perjudicar al equipo.

¿A qué tipo de persona desea la gente seguir o contratar? ¿Con qué tipo de persona querría uno asociarse, colaborar o casarse? Y lo que es más importante, ¿qué tipo de persona quieres ser tú?

En el documental *Jim y Andy*, que trata sobre el trabajo de inmersión que Jim Carrey hizo para interpretar al cómico Andy Kaufman en la película *Man on the moon*, Carrey habla de sus comienzos como humorista. Cuenta que cuando empezó a actuar en clubes, primero probó con una rutina que requería mucha interacción con el público. Comenzaba bombardeando a los asistentes con preguntas sobre su vida o sobre su día, y para que el número avanzara necesitaba que estos participaran, por lo que sentían que parte del peso del espectáculo recaía sobre sus hombros. Una noche, Jim hizo las mismas preguntas de siempre, pero en esta ocasión no se apoyó en el público para llenar los espacios vacíos; en lugar de esperar una respuesta, se contestó a sí mismo con la que acabaría siendo su coletilla más famosa: «¡Pues mira qué bien!». El público estalló en carcajadas. En ese momento, Jim se dio cuenta de que su labor como artista no consistía en poner a la audiencia contra las cuerdas haciéndole sentir que tenía que actuar, sino en absolverla de todo compromiso. Su labor consistía en hacerles saber a los espectadores que él estaba al mando. Tan pronto como Jim asumió esa responsabilidad, el público se relajó y pudo disfrutar del espectáculo. No importa si te gusta o no el trabajo de Jim Carrey, lo que importa es la lección que podemos extraer de este ejemplo: los líderes son mucho más eficientes y se ganan el respeto del resto del equipo cuando transmiten una sensación de dominio en cualquier contexto, lo que hace que los que están a su alrededor se sientan más cómodos.

Todos estamos de acuerdo en que un maniático del control o alguien que solo habla por medio de monólogos sin escuchar a nadie probablemente no será un buen líder, pero la idea subyacente es clara. Cuando asumes tu papel con confianza y autoridad, y gestionas los imprevistos con calma, los demás tenderán a seguirte porque esa seguridad que irradias les proporciona la tranquilidad que necesitan para sentirse cómodos en la posición que ocupan con respecto a ti. En la naturaleza, el macho alfa de una jauría de perros afirma su liderazgo con su presencia más que con cualquier demostración de fuerza, por ello los buenos adiestradores de perros les aconsejan a los dueños utilizar la misma estrategia para establecer una relación sana con sus animales. Lo habitual es querer seguir a alguien que irradia una energía tranquila y confiada, sobre todo en situaciones ambiguas o caóticas. Independientemente de cuál sea tu papel —director general, padre, profesor, gerente, supervisor—, cuando entras en tu zona de influencia con una mentalidad de dominio en vez de con una actitud victimista, transmites unas vibraciones que definen la clase de persona que eres y el tipo de líder que puedes ser.

Cuando empleas la Técnica Z, dos veces al día durante quince minutos cada vez, **estás afinando la capacidad de tu cuerpo para adecuar su respuesta de estrés a tus verdaderas circunstancias.** Al facilitar el acceso a tu fuente interna de dicha y satisfacción, esta práctica comenzará a reprogramar el cerebro para que actúe de manera más disciplinada y deliberada a la hora de gestionar las distintas situaciones que se te presenten a lo largo del día. Recuerda que entregarse no significa rendirse, sino confiar en que hay un poder superior guiándote y en que puedes recurrir a tu intuición para desplazarte por tu entorno en vez de manipularlo. Si te encuentras con dificultades, dedica unos instantes a replantearte tu perspectiva mediante una pregunta que ya hemos visto. En lugar de preguntarte: «¿Por qué tiene que pasarme esto a mí?», pregúntate: «¿Con qué fin me está pasando esto a mí?». Al tomarte un momento para cambiar el guion estás arrebatándole el poder a tus respuestas reflejas y se lo estás devolviendo a tu resiliencia. Así es como comenzarás a verte como un maestro en lugar de como un mártir. Y cuando uno se convierte en un maestro de sí mismo, está capacitado para rendir al máximo nivel.

» La cosa menos egoísta que puedes hacer

Volvamos a la historia con la que abrimos este capítulo. Cuando mi amigo Warren fue capaz de mantener la calma ante la situación del metro, hubo otra persona que también respondió de manera positiva. Esa interacción cambió por completo el curso de su día. Se sintió más tranquilo y liberado y no perdió el vuelo (y si has viajado últimamente, sabrás que eso no es poca cosa). Ponte en su piel por un momento: en lugar de levantarte tarde, ir a matacaballo al aeropuerto y comenzar el viaje completamente estresado, te levantas un poco más temprano, practicas las tres emes e inundas tu cerebro y tu cuerpo de dopamina y serotonina, lo que te permitirá comenzar el viaje con una sensación de plenitud. Después, en el transcurso del día, vas respondiendo de manera adecuada a todas las situaciones. El personal de tierra, los auxiliares de vuelo, el conductor del vehículo que te traslada al hotel... todos tienen una interacción positiva contigo entre miles de interacciones neutras o negativas. Al mejorar tu día también has mejorado los suyos, lo que a su vez redundará en beneficio de las personas con las que ellos interactúen.

Ahora piensa en cómo ese impacto positivo va sumando si tienes este tipo de interacciones favorables día tras día con la misma gente. Cuando les muestras a tus hijos tu mejor versión —el tú sosegado y paciente, que escucha y responde de manera meditada en lugar de exasperarse—, llevarán esas sensaciones de seguridad y confianza con ellos al colegio y se las transmitirán a sus compañeros de clase y a sus profesores, cuyas familias también se acabarán impregnando de esos buenos sentimientos. Cuando tu pareja puede disfrutar de tu mejor versión —ese tú que se comunica abiertamente, que ama de manera apasionada e irradia satisfacción—, todos los días llevará consigo esos sentimientos de respeto y amor a su trabajo o a su entorno, lo que a la postre acabará repercutiendo en ti. Cuando tus compañeros, tus empleados o tu jefe pueden disfrutar de tu mejor versión —el tú innovador y creativo, que no se amilana ante los desafíos—, se llevan con ellos a sus oficinas o espacios de trabajo el entusiasmo y la energía con los que abordas los proyectos. Por lo tanto, de forma paralela, también estarás motivando a tu equipo para que rinda más, lo que gustará e inspirará a tus clientes y usuarios.

Tú estás en el centro de tu zona de influencia; depende de ti el tipo de energía que quieras proyectar. Sí, tú disfrutas a nivel personal de la dicha y la satisfacción que te aporta tu autoconocimiento, pero es posible que descubras que también se puede experimentar un gran gozo cuando la dicha pasa de una persona a otra. Algunos de mis alumnos me han comentado que la meditación les parece una práctica egoísta, por aquello de que interrumpen su jornada para centrarse exclusivamente en ellos mismos. Mi trabajo es ayudarles a entender que cuando son capaces de mantenerse firmes y conservar la calma en mitad de las circunstancias más complicadas, pueden cambiar el devenir del día de personas que ni siquiera tienen una relación directa con ellos, ya que su decisión consciente de responder en lugar de solo reaccionar afectará a mucha gente. Su jornada será un poco mejor gracias a tu compromiso diario contigo mismo. El trabajo que realizas para curarte de los efectos del estrés es la cosa menos egoísta que puedes hacer, porque el que tú estés sano beneficiará a todos con los que entres en contacto. **Al curarte a ti mismo, ayudas a que se cure el colectivo.**

Ahora bien, a lo largo de mi trayectoria profesional me he topado con algunas *rara avis* que aseguran no albergar estrés en sus cuerpos ni necesitar curarse de ningún tipo de efecto a largo plazo. No seré yo quien ponga en duda la percepción que estos individuos tienen de sí mismos, ya que, obviamente, ellos son los que mejor se conocen, pero, con todo, los animo a que se planteen adoptar una práctica por los beneficios que aporta al colectivo. Solo invirtiendo treinta minutos al día (en total), pueden mejorar el efecto que tienen en la gente que los rodea, lo que a su vez influirá en la manera en la que esa gente ve el mundo. Incluso si crees que no estás estresado, puedes meditar por el bien común. Eso también es bonito. Piensa en ello como en tu contribución a la higienización de la conciencia colectiva.

De hecho, puedes considerar tu doble práctica diaria de la Técnica Z como un acto altruista. De esta manera, no solo tú disfrutarás de la larguísima lista de beneficios que aporta, sino que también lo harán todos los que te rodean y el resto del mundo. Es imposible no ver su lado positivo.

» El futuro de la autoayuda

Últimamente, en muchos círculos de autoayuda se ha empezado a hablar de que el concepto de «autoayuda» está desapareciendo y siendo reemplazado por la idea de ayudar al colectivo. No se me ocurre una evolución mejor para nosotros como comunidad ni una explicación más perfecta al avance de la meditación en Occidente.

John Donne escribió en 1624 que «ningún hombre es una isla», una verdad que hoy lo es todavía más, ya que la tecnología nos conecta de maneras que hasta hace poco eran consideradas ciencia ficción. No obstante, numerosos observadores culturales han señalado que, a pesar de nuestra interconexión, muchos de nosotros nos sentimos más solos que nunca porque pasamos gran parte de nuestro tiempo mirando pantallas o viviendo en mundos virtuales. Qué paradoja: estamos solos juntos y estamos juntos en nuestra soledad. Pero independientemente de lo conectado o desconectado que te sientas del resto del mundo, *nosotros* sigue siendo «nosotros». Según los Vedas, solo existe una cosa y todos somos ella. Nuestra sociedad y nuestro mundo todavía se basan en las interacciones personales, ya sea con quien te prepara el café por las mañanas, responde a tu llamada o a tu correo electrónico o habla contigo desde el otro lado de una mesa o a través de una pantalla. La vida está hecha de relaciones. Algunas son macrorrelaciones, que son las que mantenemos con nuestros seres queridos, nuestros compañeros de trabajo, nuestros clientes o nuestros alumnos; otras son microrrelaciones, que duran apenas unos instantes, pero que se pueden dar cientos de veces al día. El «tú» que participe en cada una de esas interacciones tiene el tremendo potencial de iluminar todo lo que le rodea. **Un mejor tú equivale a un mejor nosotros.** Cuando te ayudas a ti mismo a convertirte en una persona más fuerte, más calmada, más sana y más consciente, contribuyes a la mejora del colectivo. Cuando eliges tener en cuenta el instante entre reflejo y acción, estás poniendo fin al destructivo ciclo del estrés, y no solo en este momento, ya que eso provocará un efecto dominó difícil de cuantificar. Y es posible que el impacto de ese efecto dominó no se circunscriba solo a esta vida o a esta generación. Los genetistas están empezando a ver que el estrés y el trauma pueden transmitirse de una generación a otra mediante los cambios epigenéticos en el ADN. Por lo tanto, cuando te curas a ti mismo, no solo estás contribuyendo a la sanación de los que te rodean, sino que podrías estar poniendo fin a ciclos de trauma que han sido transmitidos de generación en generación. ¡Como para considerarlo una pérdida de tiempo!

La autoayuda es ayuda social. Tú no mejoras en el vacío. El que tengas menos estrés, rindas más, poseas una intuición más certera, seas más creativo, más consciente y te sientas más realizado inevitablemente repercutirá en todas las áreas de tu vida, incluidas tus relaciones. Piensa en ello como en los beneficios colaterales de tu búsqueda de la mejora personal; o, si lo prefieres, piensa en tu progreso como en una magnífica recompensa a tus esfuerzos por salvar el mundo. Eso es; con tu práctica estás contribuyendo a salvar el mundo, de quince minutos en quince minutos.

Caso de estudio Ziva número 9

De luchar o huir a quedarte y participar

CIARAN BYRNE, ACTOR

Crecer en un entorno violento no suele favorecer el desarrollo de la paz interior. Yo nací durante el conflicto de Irlanda del Norte, o *the Troubles* ('los Problemas'), como lo conocíamos los que lo vivimos. Soy del condado de Down (Irlanda del Norte) y vine al mundo a finales de 1972, el año en el que tuvo lugar el Domingo Sangriento. Después llegarían la recesión británica y norirlandesa y los continuos conflictos civiles de los ochenta. Además, siendo niño sufrí acoso, por lo que pasé mi juventud en un constante estado de lucha o huida. No es fácil lograr que el cuerpo y la mente ignoren ese tipo de pensamiento cuando es lo único que has conocido durante la mayor parte de tus años formativos. Pasé casi toda la adolescencia y la veintena metiéndome en peleas o rebelándome contra la autoridad.

Con el tiempo, me enamoré de una neoyorquina y en el otoño de 2008 me mudé a Manhattan, en medio de otra recesión, pero ahora tenía una esposa y una familia. Me encantaba actuar; sin embargo, con la economía como estaba, las oportunidades de dedicarme a la interpretación eran escasas. En Irlanda del Norte, continuando con la tradición familiar, me había formado como enlucidor, así que empecé a trabajar de ello para mantener a mi mujer y a mis hijas. Los años vividos en conflicto me pesaban. No podía evitar reaccionar a cada situación entrando en modo lucha o huida, lo que hacía que estuviera constantemente estresado y que me metiera en peleas con más frecuencia de lo que me gustaría reconocer. Creo que eso también contribuyó a que desarrollara arritmias cardíacas, por lo que, con tan solo cuarenta y dos años, tuvieron que practicarme una cuádruple ablación.

Mientras me recuperaba de esa operación, escuché una charla sobre la Técnica Ziva. Cuando Emily explicó cómo la meditación alivia el estrés del pasado, el mindfulness se ocupa del estrés en el presente y la manifestación te ayuda con tus sueños de futuro, me di cuenta de que eso era exactamente lo que había estado buscando sin saberlo. Como esposo y padre, necesitaba ser el hombre en el que mis hijas pudieran confiar siempre. Mi arte me proporcionaba placer, y mi familia, un propósito. Pero no tenía paz. Cuando me enfrentaba a situaciones comprometidas, mi reacción por defecto era luchar. Ese no era el ejemplo que quería dar. Ziva me ha ayudado a encontrar el camino para ser el hombre que necesito ser para mi esposa y mis niñas. El camino hacia la paz. Hacia una vida mejor. Y hacia el futuro. Ahora soy un marido, un padre y un actor mejor y más satisfecho por dos razones. La primera, porque me esfuerzo al máximo para ser el esposo, padre y artista que quiero ser; y la segunda, porque medito dos veces al día, que es lo que creo que me capacita para lo primero.

Irlanda del Norte ahora vive (mayormente) en paz, y gracias a Ziva, uno de sus hijos también ha encontrado al fin el camino hacia la paz.

Ejercicio con los ojos cerrados

Bomba de amor

Tómate un momento para acomodarte con la espalda apoyada y la cabeza suelta y cierra los ojos (después de haber leído esto, claro está). Comienza con la respiración doble (ve a la página 54 para refrescar la memoria), en la que la espiración dura el doble que la inspiración, por lo que has de inspirar contando 2 y espirar contando 4. (Cuando te vayas acostumbrando a esta práctica, puedes inspirar en 3 y espirar en 6). Repite 4 veces.

Empieza la «Bomba de amor» imaginando que alguien a quien quieres mucho está sentado frente a ti, más o menos a un metro de distancia. No te preocupes demasiado por que la persona que elijas sea la adecuada; por lo general, la primera que te viene a la mente es la más eficaz. Si en estos momentos eres incapaz de pensar en nadie que te inspire un sentimiento intenso de amor, podrías incluso utilizar a tu perro o a tu gato, o a cualquier persona que te permita experimentar una sensación de cariño.

Piensa por un instante en el rostro de esa persona. ¿Cómo son sus ojos? ¿Cómo es su pelo? ¿Qué lleva puesto? ¿Y cómo le afecta el simple hecho de que tú estés realizando esta conexión? ¿Está presente contigo? ¿Quiere ser vista? ¿Es tímida? ¿Se esconde?

Mientras percibes a esa persona sentada frente a ti, esa persona a la que tanto quieres y que tanta felicidad te aporta, deja que en la siguiente inspiración la sensación de amor comience a penetrar en tu cuerpo y lo recorra por entero; que esa persona despierte un sentimiento de amor en tu interior. Disfruta de la ola de amor y oxitocina que baña tu cuerpo y que al inspirar te colma de dicha. Ahora, cuando espires, imagina que le transmites a esa persona todo el amor que seas capaz de reunir, de manera que llene cada célula de su cuerpo.

Dedica un momento a examinar sus ojos de nuevo. ¿El que le hayas enviado tu amor ha provocado algún cambio en ellos? ¿Parecen más dulces? ¿Más amables? ¿Sientes que conectan más contigo?

Cuando inspires, recibe el amor que esa persona te devuelve, que recargará cada una de las células de tu cuerpo con ese sentimiento de amor y gratitud. Al espirar, imagina que repartes ese sentimiento por toda la estancia. Da igual el lugar en el que te encuentres; llénalo de amor. Algunas personas visualizan esto como un rayo dorado saliendo de sus cuerpos, o una luz blanca, o incluso una ola de amor propiamente dicha.

Con cada inspiración estás aventando la llama de ese amor en el núcleo de tu cuerpo, por lo que se volverá más grande, activa y brillante, hasta que no pueda ser contenida en la estancia en la que estás y empiece a extenderse por todo el edificio; toda tu casa y las personas que se encuentran en ella, cubiertas de amor cada vez que tú espiras.

Ahora, imagina que al inspirar refuerzas la frecuencia del amor en tu interior y, con la espiración, envía amor a toda la ciudad. A cada persona, lugar y cosa; a todos tus amigos, a toda tu familia, incluso a todos tus enemigos. Quiero que los bombardees con amor. El amor es uno de esos recursos maravillosos de los que cuanto más das, más recibes.

En tu siguiente respiración, introduce esa sensación en tu cuerpo y después deja que salga, deja que irradie a todo el país, que llegue a todos los partidos políticos, a todas las religiones, a todas las razas; envíales a todos tanto amor como te sea posible.

Si notas que la sensación de amor se está desvaneciendo, vuelve a centrarte en esa persona a la que tanto quieres, que sigue sentada frente a ti; imagina su rostro para que la llama del amor se reavive en tu interior.

Ahora imagínate envolviendo todo el planeta con este hermoso sentimiento de amor. Sé que puede sonar un poco cursi o *flower power*, pero el único antídoto verdadero contra el miedo es el amor. No puedes combatir el miedo con miedo; solamente puedes hacerlo con amor. Cuando inspiramos, recargamos cada célula de nuestro cuerpo con amor y después bombardeamos con él todo el planeta para crear un espacio de unidad y conexión. Imagina que, durante solo un instante, alguien a quien conoces o quieres, o incluso un extraño, puede sentir ese amor que tú estás enviando, que tú estás permitiendo que recorra el mundo. Quizá alguien se sienta un poco triste o solo; quizá ahora comience a sonreír o, de alguna forma, a sentirse más acompañado.

En tu siguiente respiración, inspira y siente el amor en cada célula de tu cuerpo, desde la cabeza hasta los pies, y cuando espires, envía ese amor al universo. Más allá del sistema solar, de las galaxias, de los cúmulos de galaxias, a la totalidad de lo que existe; deja que tu imaginación se expanda hasta donde te resulte concebible, sin olvidar que tú eres parte del universo y que el universo es parte de ti.

Según los Vedas, solo existe una cosa y todo somos ella. Reflexiona sobre esto durante un instante. *Solo existe una cosa y todos somos ella.* Eso significa que la materia y la energía de las que están hechas las estrellas de todas las galaxias del universo son las mismas que componen las células de nuestro cuerpo. Entrégate por un momento a esa sensación de expansión y conexión, y piensa que cuando bombardeas el universo entero con amor, ese amor te será devuelto al mismo tiempo por el universo.

Ahora, desde este plano de expansión, entrega y conexión, comienza a recuperar la conciencia de tu cuerpo. Mécete entre la conciencia del cuerpo entero y la del universo entero, juega con la simultaneidad de la individualidad y la totalidad, del hemisferio izquierdo del cerebro y del derecho, del cuerpo y del universo, imaginando durante un instante que eres una ola en un inmenso mar de conciencia. La ola es parte del mar y el mar es parte de la ola.

Deja que este sentimiento te acompañe el resto de la jornada. Si sientes que alguien empieza a sacarte de tus casillas, recuérdate a ti mismo: «Hoy le he enviado amor a esta persona, por lo que, si las cosas se ponen feas, puedo volver a acceder a ese sentimiento». Inspira profundamente, despierta tu cuerpo, mueve las manos, mueve los pies y ve abriendo los ojos poco a poco.

Es una experiencia curiosa, ¿verdad? Bombardear el planeta con amor. Este ejercicio viene muy bien en situaciones conflictivas. Si noto que empiezo a enfadarme con un taxista o con un dependiente, me digo: «¿Sabes qué? A esta persona le he enviado amor hoy. Ahora es parte de mí y yo soy parte de ella». Es una bonita forma de reconectar. Si te apetece volver a sentarte, relajarte y dejar que yo te guíe a través de la «Bomba de amor», entra en www.zivameditation.com/bookbonus. También puedes grabarte leyendo este ejercicio para dejarte guiar por tu propia voz.

» 13 «

Mejora tu rendimiento

ESPERO SINCERAMENTE QUE lo que has leído hasta ahora y tu decisión de embarcarte en este viaje para vivir con menos estrés y ser más productivo hagan que te sientas ilusionado y empoderado.

A menudo se cree que los meditadores son una especie de «yonquis de la dicha» que flotan sobre nubes y hablan con un afectado tono tranquilizador. ¿Existe gente así? Por supuesto. Pero ahora que la meditación se está volviendo tan popular, hay muchos individuos de perfil pragmático que han adoptado la práctica y que siguen sonando y actuando como personas normales; que no hablan con «voz de yoga» ni se empeñan en transformarlo todo en un ritual; que continúan con sus vidas, solo que siendo más competentes y eficaces que antes de comenzar a meditar. La meditación no te convierte en una persona aletargada y pasiva; no tienes más que fijarte en todos esos ejemplos que hemos visto de grandes triunfadores —a algunos de los cuales he tenido el privilegio de enseñar— que han experimentado justo lo contrario. Lo que la meditación hace es facilitarte el acceso a todo lo bueno que hay en ti para que puedas mejorar. No te cambia, sino que gracias a ella puedes ser más tú mismo, pero la mejor versión, no el tú enfermo, triste y estresado. Debido a que la Técnica Z se centra en tres prácticas distintas para ofrecer una experiencia mental multifacética, te ayuda a estar completamente presente (mindfulness), curarte del pasado (meditación) y crear tu futuro de una manera consciente (manifestación). Te permite ver qué aspectos de tu vida, tus experiencias y tus metas necesitan un impulso.

Dediquemos unos instantes a reflexionar sobre los increíbles beneficios y ventajas que puede aportar una doble práctica diaria:

> Si solo ofreciera una reducción del estrés que tienes almacenado en el cuerpo y una mayor capacidad para gestionar con elegancia las demandas de tu día a día, ¿no merecería la pena? Cuando te comprometes a realizar una doble práctica diaria, te abres a un sinfín de oportunidades nuevas que el estrés puede haber estado bloqueando sin que tú fueras consciente.

> Si no te ofreciera nada más que poder dormir mejor, ¿no merecería la pena? Si comenzaras el día con la mente clara y más energía, y para mantener ese nivel de energía solo necesitaras dos sesiones diarias de quince minutos cada una, imagina cuántas cosas más podrías hacer en veinticuatro horas.

> Si no ofreciera nada más que un sistema inmunitario más fuerte y el alivio de los síntomas de afecciones crónicas, ¿no merecería la pena? Piensa en cómo se ve mermada tu productividad cada año como consecuencia de enfermedades, dolores y demás achaques. ¿Cuánto estarías dispuesto a pagar por reducir drásticamente, incluso eliminar, muchos de esos problemas?

> Si no ofreciera nada más que plasticidad cerebral para mantener el cerebro joven y flexible, ¿no merecería la pena? A eso súmale el hecho de que también puede contribuir a disminuir los signos externos del envejecimiento (¿cuánto dinero gastas al año en cremas antiarrugas y tintes?) y estoy segura de que te costará encontrar a alguien que piense que el tiempo invertido no merece la pena.

> Si no te ofreciera nada más que una reconfiguración de tus caminos neuronales para que tu cerebro estuviera más preparado para gestionar múltiples demandas a la vez, ¿no merecería la pena? Piensa en cómo solo eso incrementaría tu valor dentro de tu empresa. ¿A quién no le gustaría convertirse en la versión humana de una navaja suiza a cambio de meditar durante quince minutos dos veces al día?

> Si no ofreciera nada más que una intuición mucho más certera, ¿no merecería la pena? Considera la cantidad de tiempo que pasas tratando de tomar una decisión. Al tener una mayor capacidad para reconocer las diferencias sutiles y los distintos patrones de las opciones que tienes delante, la Técnica Z te puede ahorrar muchas horas de debate interno e incluso años de arrepentimiento.

> Si no te ofreciera nada más que un acceso más fácil al estado de *flow*, ¿no merecería la pena? La capacidad de hacer uso de tu creatividad e imaginación innatas sin ser inhibido por la duda es uno de los mejores regalos que te puedes hacer, tanto a nivel personal como profesional.

> Y por último, si la Técnica Z no ofreciera nada más que acceso a una sensación de realización personal profunda, ¿no merecería la pena? ¿No es eso lo que, en el fondo, buscamos todos? ¿No querríamos todos disponer de los medios para descubrir cuál es nuestro camino?

» Haz que sea innegociable

Soy consciente de que a pesar de lo beneficiosa que pueda parecer la meditación, pensar en comprometerte con una práctica que alterará tu rutina cotidiana para siempre, aunque solo sea durante treinta minutos, al principio puede resultar un poco intimidante. Recuerda, sin embargo, que la meditación es ahora una parte esencial de tu higiene mental diaria. Así como nunca saldrías de casa sin cepillarte los dientes (espero), la meditación se convertirá en una parte de tu rutina igual de innegociable. La manera en la que nosotros tratamos y respetamos esas partes no negociables de nuestras vidas determina cómo lo hacen los demás. Cuando tú no eres capaz de proteger tu doble práctica diaria de la Técnica Z —cuando permites que te interrumpan, cuando contestas a «una pregunta rápida» de un compañero de trabajo, cuando atiendes a los antojos de tus hijos, cuando le lanzas la pelota a tu perro—, les estás diciendo a los que te rodean que no pasa nada si ellos tampoco la respetan. Pero si dejas claro que ese dos por ciento de tu jornada es innegociable, que no vas a permitir que, a no ser que haya ocurrido una catástrofe, nadie te levante de la silla (lo único que estás pidiendo es poder disfrutar de dos períodos diarios de quince minutos para ti), tus compañeros, tu familia y hasta tus mascotas pronto aprenderán a respetar e incluso preservar ese tiempo. Si actúas como si esos períodos de tiempo no fueran importantes, nadie creerá que lo son. Si los conviertes en una prioridad, habrá personas que empiecen a protegerlos por ti. Tal vez comiences a oír a tu hijo decir cosas como: «Mamá es mucho más agradable después de meditar» o «¿Ya has hecho tu segunda meditación, papá? Parece que estás de mal humor».

Es posible que conozcas alguna versión de ese popular relato ilustrado con piedras, arena y un tarro sobre cómo priorizar el tiempo. Si comienzas llenando el tarro con la arena y después colocas las piedras encima, no habrá espacio suficiente en el tarro para todas las piedras. Pero si metes primero las piedras y después echas la arena, esta rellenará hasta el último recoveco y todo cabrá en el tarro perfectamente. Las piedras son las partes innegociables de tu jornada, las cosas importantes que has de priorizar. Haz que la meditación sea una de esas piedras. No empieces el día con una taza de café, metiéndote en las redes sociales o quejándote; comiénzalo dedicándote un tiempo a ti mismo, con algo cuyo único propósito es hacer que mejores, y después observa cómo tu jornada va progresando a partir de ahí. Todos disponemos de un tarro del mismo tamaño, de la misma cantidad de tiempo al día; depende de ti cómo quieras llenar el tuyo.

Cuando estás empezando, una de las formas de lograr priorizar la Técnica Z es programándola todos los días. Pon una alarma en el móvil para que te recuerde que tienes que sentarte a meditar hasta que se convierta en una costumbre. Esto no solo te ayudará a estar atento, sino que el sonido también puede indicarles a tus amigos, familiares o compañeros de trabajo que tienes una cita ineludible. ¿Recuerdas lo que dije sobre no usar alarmas para Ziva? Me refería al final de la práctica, no que no se pudieran utilizar como recordatorio. No quiero que dependas de una alarma para salir de la meditación, pero por supuesto que quiero que la emplees para que no te olvides de tu doble nuevo hábito diario. De hecho, si no has completado los deberes que te mandé al final del capítulo 8, me gustaría que cogieras tu móvil —ve a por él; te espero— y abrieras el calendario. Ahora echa un vistazo a las reuniones, citas y demás compromisos que tengas programados para los próximos veintiún días. Busca un hueco por las mañanas y otro por las tardes en esos veintiún días para practicar la Técnica Z y añádela al calendario. Crea un recordatorio para que no se te olvide y después respétalo cuando te avise. Como mi querida amiga, alumna y actriz ganadora de un Tony Laura Benanti dice: «Concierto una cita conmigo misma y la mantengo porque me respeto». Cierra la puerta de tu oficina, silencia las alertas del correo electrónico y realiza este ejercicio de higiene mental. Jamás lamentarás dedicar tiempo a meditar.

» Busca un espacio para sentarte

¿Trabajas en un cubículo, en una gran superficie o en cualquier otro espacio en el que no dispones de la privacidad de una oficina? Medita en el coche. ¿Te desplazas en metro? Medita en un banco al aire libre o incluso en el cuarto de la limpieza. Solo hay una cosa más fácil que practicar este estilo de meditación y es encontrar una excusa para no meditar, pero entonces volverás a la situación en la que estabas o, todavía peor, empezarás a quedarte rezagado. Activa esas alarmas en el calendario del móvil para que te avisen hasta que meditar dos veces al día se convierta en algo instintivo, independientemente de lo complicada que esté siendo tu jornada o de lo ocupada que tengas la mente. De hecho, es en esos días en los que la lista de tareas pendientes no para de crecer o en los que tienes un millón de preocupaciones en los que más, y no menos, necesitas poner en práctica las tres emes.

Cabe la posibilidad de que al principio sientas la tentación de saltarte alguna meditación porque estés demasiado atareado, cansado o estresado. No lo hagas. ¿Sabes qué? Oprah también está ocupada, pero siempre encuentra tiempo para meditar dos veces al día. Cuando digo esto, a menudo la gente me responde que Oprah cuenta con equipos de empleados en los que delegar, a lo que yo pregunto que qué vino antes, ¿el éxito o la disciplina? Decir que estás demasiado ocupado para meditar es como decir que estás demasiado ocupado para parar en la gasolinera a repostar; no tiene sentido. ¿Tienes tiempo para sentirte agotado, estresado y estúpido? ¿Tienes tiempo para que tu vida se paralice cuando enfermas? Sí, esta práctica requiere una mínima inversión de tiempo, pero la recompensa será exponencial: solo necesitas el dos por ciento de tu jornada para mejorar drásticamente el noventa y ocho por ciento restante. Si antes tardabas seis horas en completar una lista de tareas, es posible que ahora solo tardes dos o tres, ya que al disponer de más energía, estar menos estresado y tener una intuición más certera, tu productividad, precisión y creatividad aumentarán. Enseguida te darás cuenta de que no solo puedes hacer más cosas en menos tiempo, sino de que ahora puedes hacerlas mejor. Ya sea conectar con clientes, innovar en el trabajo, gestionar la vida familiar o, simplemente, disfrutar de los pequeños placeres cotidianos, no pasará mucho tiempo antes de que sientas que todo a tu alrededor empieza a desarrollarse con más elegancia y que tú estás alcanzando tu potencial máximo.

» Esto no es una pedicura para tu cerebro

Lo primero que me gustaría decirles a los que quieren equiparar la meditación a algunos lujos como los tratamientos de *spa* o las velas perfumadas es lo siguiente: no se trata de un lujo si te proporciona más tiempo. Los lujos son, por definición, caprichos, cosas agradables pero innecesarias. Estoy completamente convencida de que, después de unas cuantas semanas de práctica regular de la Técnica Z, la manera positiva en la que afectará a tu mente, tu cuerpo y tu rendimiento profesional tendrá un impacto demasiado significativo en tu calidad de vida como para considerarla un mero capricho. En este mundo acelerado y altamente competitivo en el que vivimos, el agua de pepino y las pedicuras son lujos; un rendimiento optimizado es una necesidad.

Recuerda, no obstante, que la forma en que se manifieste ese «rendimiento optimizado» diferirá en cada caso. Empezar a meditar no te va a convertir en una persona distinta, dotada de un repertorio de conocimientos y aptitudes completamente nuevos. A simple vista, puede parecer que todos tenemos los mismos objetivos: ganar más dinero, disfrutar de más tiempo libre, afianzar nuestras relaciones personales, etc. Pero las razones que sustentan esos objetivos son únicas para cada persona. ¿Para qué quieres ganar más dinero? Para hacer senderismo en los Andes. Para financiar la investigación de una alternativa al plástico. Para comprarle una casa a mis padres. Para poner en marcha un rancho para caballos maltratados. ¿Para qué quieres disponer de más tiempo libre? Para hacer labores de voluntariado en mi comunidad. Para poder leer todos los libros que siempre he querido leer. Para escribir por fin ese libro del que llevo años hablando. Para pasar más tiempo con mi familia. Para plantar el jardín que siempre he deseado tener. Para viajar. Lo que queremos no es dinero ni tiempo ni relaciones, sino las sensaciones que provocan esas experiencias. Nuestras metas y aspiraciones últimas son tan particulares como nosotros mismos.

La meditación te ayudará a eliminar el estrés que has acumulado en el sistema nervioso a lo largo de tu muy particular existencia, lo que te hará estar más descansado, ser más intuitivo, estar físicamente más sano y disponer de más energía; eso te permitirá utilizar tus conocimientos únicos para generar respuestas innovadoras a las demandas específicas de tu vida. En pocas palabras, la meditación te ayuda a ser... mejor.

Por favor, ten presente que emprender este viaje no va a resolver todos tus problemas de un plumazo ni va a hacer que te sientas feliz a todas horas. No permitas que el síndrome «seré feliz cuando...» encuentre en la meditación una puerta trasera por la que volver a colarse en tu vida. Has sido feliz un millón de veces antes de comenzar a meditar y serás feliz un millón de veces más a lo largo de esta travesía. Tu felicidad no depende de lo bien que se te dé esta práctica. De hecho, no debes olvidar que la Técnica Z puede remover viejos sentimientos de tristeza, ira, confusión o fatiga durante las primeras semanas mientras te enfrentas con valentía a la desintoxicación emocional y física inicial. Pero recuerda: «Mejor fuera que dentro». De verdad. Puedes expulsar esos sentimientos o puedes dejar que se enquisten en tu interior y que quizá, con el tiempo, acaben manifestándose en forma de enfermedad. Así que escoge actividades que te ayuden a eliminar ese estrés antiguo, pero sin que tus seres más cercanos y queridos se vean afectados. Insisto, al comenzar esta doble práctica diaria, es posible que notes cómo el estrés acumulado durante toda una vida emerge y abandona tu cuerpo. Dicha experiencia puede ser intensa y hasta desagradable. Puede llegar incluso a resultar confusa si te has saltado el capítulo 3 y no tienes ni idea de lo que estoy hablando y lo que esperabas era estar flotando en una nube de dicha desde el primer día. La Técnica Z no te inmuniza contra los sentimientos. Es más bien una purga, y cuanto más escrupuloso seas con la programación de actividades que te ayuden a limpiar tu organismo, más fácil te resultará no pagarlo con tu pareja, tu compañero de piso, tu perro o el camarero que te sirve el café por las mañanas. Aunque es muy probable que cuando decidieras leer este libro no imaginaras ni esperaras tener que pasar por un proceso semejante, te alegrará saber que es precisamente esa purga la que crea el espacio mental necesario para que tú puedas mejorar tu rendimiento.

Mientras pasas por ese período de eliminación de estrés, existe una técnica avanzada que a veces comparto con mis alumnos más experimentados para que la empleen unos minutos después de haber concluido su práctica y reevalúen algunos acontecimientos de su pasado. Les invito a reflexionar sobre una época particularmente difícil o dolorosa de sus vidas y a que la contemplen desde su perspectiva actual. Sabiendo que todo marcha exactamente como debería, consuelan o alientan a esas versiones más jóvenes de sí mismos con mensajes fortalecedores. Huelga decir que no estoy sugiriendo que la meditación sea una suerte de viaje en el tiempo, sino que este estado de conciencia más sutil puede afectar a cómo percibes y experimentas el tiempo, y que dedicar unos minutos a reexaminar hechos relevantes de tu pasado desde tu estado de conciencia menos excitado puede ayudarte a responder a la pregunta «¿Con qué fin me ocurrió esto a mí?». ¿Te ayudó a ver las cosas desde otro punto de vista? ¿Te hizo más fuerte? ¿Te preparó para un futuro empleo? Aunque de forma indirecta, ¿supuso el primer paso del viaje que te llevó hasta donde te encuentras hoy? Al revisar la manera en la que los desafíos del ayer te pusieron en el camino de tus circunstancias presentes, podrás avanzar en tu percepción y en tu actitud con respecto al pasado y ser capaz de liberar el estrés relacionado con él de una vez por todas. Eso no es magia. Requiere un compromiso con una doble práctica diaria.

Los profesores de meditación a menudo refieren un antiguo relato sobre la forma en la que los monjes del Himalaya tiñen sus túnicas de color azafrán. La tela no adquiere ese tono tan intenso tras una primera inmersión en la cubeta del tinte, ni tras una segunda ni una tercera. Tienen que introducirla una y otra vez hasta que consiguen esa tonalidad distintiva. No se puede meter la tela en la pileta y dejarla en ella durante semanas. Hay que sumergirla en el tinte hasta que esté saturada y después secarla al sol. De lo contrario, le saldría moho. Pero tampoco se puede dejar expuesta al sol durante demasiado tiempo, porque este se comería el color y la tela se volvería quebradiza. Lo que hay que hacer es llevar la tela del tinte al sol y del sol al tinte varias veces hasta que no destiña. De ahí en adelante, ni el sol ni el uso continuado alterarán el color de la prenda.

¡Eso es lo que la meditación hace por el cuerpo! Nos vuelve resistentes mediante la dicha. Pero el tiempo y la regularidad importan. No es preciso meditar durante horas y horas o días y días sin descanso. Eso equivaldría a dejar la tela en el tinte durante un período demasiado prolongado. Tras quince minutos, estaremos saturados. De igual manera, no es bueno interrumpir la práctica durante días o semanas. Eso sería como dejar la tela bajo el sol mucho más de lo necesario.

En lugar de ello, lo que hacemos es despertarnos e inundar el cuerpo y el cerebro de dicha y satisfacción en la pileta de la meditación, y después nos secamos con las demandas de la jornada. Por la tarde volvemos a meternos en el tinte y nos secamos con las demandas vespertinas y nocturnas. Nos acostamos y al día siguiente repetimos el proceso. Este ciclo de meditación y actividad —saturar el sistema nervioso de dopamina y serotonina y después secarlo con las demandas de la jornada— es lo que nos permite rendir al máximo.

Lo que más me gusta de esta historia es que pone de manifiesto que la finalidad de la meditación no es eliminar las demandas; las demandas no te impiden alcanzar la iluminación. El objetivo de esta técnica tampoco es que te pases el día disfrutando del campo de dicha mientras el mundo sigue girando. Necesitas tanto el tinte como el secado, la meditación como la actividad. Gracias a la confluencia constante de ambos —de las demandas y el modo en que respondes a ellas, del sol y el tinte— lograrás convertirte en la versión más elegante de ti mismo.

¿Motivado para seguir aprendiendo?

¿QUIERES SER GUIADO PERSONALMENTE en tu viaje meditativo?

En www.zivameditation.com/bookbonus encontrarás visualizaciones guiadas y versiones de audio de algunos de los ejercicios que aparecen en este libro.

Puedes aprender la Técnica Ziva completa en nuestro curso virtual de quince días zivaONLINE. Visita www.zivameditation.com/online.

Para formar parte de nuestra comunidad global de meditadores Ziva y poder consultar tus dudas sobre la meditación, solicita el acceso a nuestro grupo de Facebook, zivaTRIBE, en www.facebook.com/groups/zivaTRIBE/.

» Sobre Ziva Meditation

www.zivameditation.com

Ziva es un centro para mejorar el rendimiento. Nuestra misión es proporcionar herramientas a la gente para que rinda al máximo de sus capacidades, tanto a nivel personal como profesional.

Más de dos mil quinientos alumnos han aprendido la Técnica Ziva con nosotros de forma presencial y más de nueve mil personas de todo el mundo lo han hecho en zivaONLINE. Todos ellos se han graduado en una práctica poderosa que los acompañará durante toda la vida. La Técnica Ziva es una combinación de mindfulness, meditación y manifestación. En Ziva colaboramos con algunos de los mejores neurocientíficos y creadores de tecnología de seguimiento corporal del mundo para que estas antiguas herramientas resulten accesibles y fáciles de incorporar a nuestras ajetreadas vidas.

Entre los alumnos de Ziva figuran ganadores de premios Oscar, Grammy, Emmy, Globo de Oro y Tony, así como altos ejecutivos, jugadores de la NBA, Navy Seals, veteranos del ejército, emprendedores y padres a tiempo completo. Ziva tiene su sede en Nueva York, donde ofrecemos nuestra formación presencial, zivaLIVE, una vez al mes. En Los Ángeles impartimos cursos varias veces al año. Los cursos para empresas y particulares se pueden adaptar según las necesidades. Esta práctica puede revolucionar tu manera de trabajar, vivir y amar.

Agradecimientos

QUÉ FELICIDAD PODER DISPONER de varias páginas para dar las gracias públicamente a la increíble tribu de seres humanos (y a mi perro, Mugsy) que han colaborado conmigo y se han sacrificado para hacer posible este libro. Gracias por leer estas palabras y por apreciarlas.

En primer lugar, a todas las personas que han confiado en mí para que les enseñara estas poderosas herramientas, gracias. Gracias por ser mis mejores maestros, gracias por reírme los chistes buenos y por quedaros mirándome fijamente en silencio cuando contaba otros que no lo eran tanto; de esa manera he sabido cuáles incluir en este libro y cuáles no. Una mención especial para todos los que habéis tenido la valentía de relatar vuestras historias, de hablar de vuestras dificultades y vuestros éxitos en estas páginas. Leer las profundas transformaciones que habéis experimentado gracias a vuestro compromiso con la práctica ha sido la parte más estimulante de este proceso.

A mi increíblemente inteligente y divertido esposo, Jason: podría escribir un libro entero con todo lo que he aprendido de ti. Gracias por tu curiosidad, por tu integridad, por predicar con el ejemplo y por esperar pacientemente para cenar mientras yo trabajaba «solo una hora más» en el manuscrito. Y sobre todo, gracias por verme como soy, por ayudarme a definir mis prioridades y por desafiarme a explotar mi potencial. Te quiero.

A Cassie Hanjian, gracias por proponerme la idea original para este libro hace tantos años. Gracias por acudir a mi primer curso Ziva en el sótano de aquel lóbrego gimnasio, por leer el artículo del *New York Times* y por confiar en tu corazonada de que el mundo estaba preparado para un libro sobre meditación enfocada al alto rendimiento. Tú has sido la auténtica matrona de este proyecto. Gracias por cuestionar mis ideas y por no dejar que me desviara del mensaje principal. Gracias por tomarme de la mano y enseñarme a ser una escritora. Sin ti, este libro no hubiera pasado de un mero esbozo.

A Tiffany Yecke Brooks. Eres una escritora y una editora como la copa de un pino. Gracias por ayudarme a dar forma a estos conceptos para poder trasladarlos al papel. Gracias por tu entusiasmo inagotable, por asistir al curso Ziva tantas veces y por compartir tus habilidades únicas conmigo y con todo el que lea estas palabras. Te estaré eternamente agradecida.

A la ahora célebre «australiana sentada a mi lado en el camerino», Deonne Zanotto. Si no hubieras sido tan increíblemente buena en tu trabajo ni hubieras rendido tan bien bajo presión, es posible que yo nunca hubiera superado mis prejuicios con respecto a la meditación. Gracias por brillar tanto que me motivaste a adoptar este hábito.

A Michael Miller, gracias por plantar la primera semilla de la meditación en mi estresado cerebro. ¿Quién hubiera imaginado que esa semilla crecería hasta convertirse en algo que sembraría tantas otras?

Sin un suelo fértil, ninguna semilla puede crecer. A mi madre, Margie Fletcher, y a mi hermana, Jessica Fletcher; vuestro amor y vuestro apoyo eternos me han ayudado a creer que puedo conseguir todo lo que me proponga. Os quiero.

John Hastings, gracias por ayudarme a organizar y estructurar *Rendir más con menos estrés*. John Lynn, eres el suegro ideal. Tu continuo asesoramiento me ha permitido disponer del tiempo y el espacio que necesitaba para escribir este libro.

«Ródeate de gente que te inspire» quizá sea la lección vital más importante que le transmita a mi hijo. Llamar a las siguientes personas *amigos* es un honor que no me tomo a la ligera. Gracias a todos y todas por vuestro compromiso para hacer de este mundo un lugar más sano, feliz y hospitalario en el que vivir. Gracias por hablarle a vuestro público de Ziva y gracias por apostar fuerte en la vida y por animarme a hacer lo mismo: JJ Virgin, Dr. Mark Hyman, Dave Asprey, Andrew Huberman y Vishen Lakhiani; todo comenzó en Grecia y me emociona ver lo lejos que se puede llegar.

Cassie Jones, es un gran honor publicar este libro contigo. En nuestra primera reunión me quedó claro que sabías lo que hacías. Gracias por apostar por una escritora novel y por creer en el alcance y la magnitud de lo que esta práctica puede hacer por el país y por el mundo.

Al siempre inspirador equipo de Ziva, Laura Sills, Sherri Kronfeld, Elizabeth Joyce Korfmacher, Ali McCabe, Liza Fernández, Whitney Diamond, Zara Louy, Lauren Shaw y Thomas Kavanagh: no existen palabras suficientes para expresar mi gratitud por todo lo que hacéis para lograr que Ziva funcione de forma tan impecable. Son vuestra inteligencia, vuestro duro trabajo y vuestra compasión los que de verdad hacen que la compañía sea especial y los que permiten que nuestros alumnos progresen.

Ashley Chappell, Abra Williams, Sarah Yargrouh, Heather Weiss, Radha Agrawal y Sandy Kenyon, gracias por vuestro entusiasmo inagotable y por vuestro deseo de trasladar el mensaje de este libro al gran público. Sin vosotros no habría tenido prácticamente ninguna repercusión.

A mi perro, Mugsy: no has hecho nada en absoluto para que este proyecto se convirtiera en realidad. Tu infinita guapura no ha hecho sino distraerme y retrasarme. Sin embargo, has aumentado mi capacidad de amar, algo que espero que todos los lectores puedan percibir en las páginas de este libro.

Y por último, a mi hijo, que pronto nacerá: has sido un verdadero cómplice en el útero. Has hecho que este embarazo sea una delicia. Has sacrificado una cantidad considerable de sueño mientras tu mamá seguía enseñando y escribiendo. Gracias por no absorber toda mi energía y por permitirme disponer de algo de creatividad para poner estas palabras por escrito. Al fin y al cabo, mi verdadero propósito es que crezcas en un mundo en el que la gente se responsabilice de sus emociones en lugar de culpar a los demás; en un mundo en el que sea más común la pausa para meditar que la pausa del café, y en el que todos nos preocupemos más por todos porque contaremos con una herramienta que nos ayudará a sentir, a un nivel visceral, que en realidad solo existe una cosa... y que todos somos ella.

Notas

Capítulo 2: Acceder a la fuente

1. J. David Creswell *et al.*, «Alterations in resting-state functional connectivity link mindfulness meditation with reduced interleukin-6: a randomized controlled trial». *Biological Psychiatry Journal* 80, n.º 1 (julio de 2016): 53-61.

2. David Gelles, «At Aetna, a C. E. O.'s management by mantra», *New York Times*, 27 de febrero de 2015, https://www.nytimes.com/2015/03/01/business/at-aetna-a-ceos-management-by-mantra.html.

Capítulo 3: El estrés te vuelve estúpido

1. David Yamada, «Is stress the "black plague" of the 21st century?». *New Workplace Institute* (blog), editado por última vez el 18 de noviembre de 2010; acceso el 25 de agosto de 2017, https://newworkplace.wordpress.com/2010/11/18/is-stress-the-black-plague-of-the-21st-century/.

2. Eileen Luders *et al.*, «Bridging the hemispheres in meditation: thicker callosal regions and enhanced fractional anisotropy (FA) in long-term practitioners», *Neuroimage* 61, n.º 1 (15 de mayo de 2012): 181-187, https://www.ncbi.nlm.nih.gov/pubmed/22374478.

3. Brigid Schulte, «Harvard neuroscientist: meditation not only reduces stress, here's how it changes your brain», *Washington Post*, 26 de mayo de 2015, https://www.washingtonpost.com/news/inspired-life/wp/2015/05/26/harvard-neuroscientist-meditation-not-only-reduces-stress-it-literally-changes-your-brain/?utm_term=.03139d47d453.

4. Melanie Curtin, «Want to raise to your IQ by 23 percent? Neuroscience says take up this simple habit», *Inc.*, editado por última vez el 1 de diciembre de 2016; acceso el 12 de noviembre de 2017, https://www.inc.com/melanie-curtin/want-to-raise-your-iq-by-23-percent-neuroscience-says-to-take-up-this-simple-hab.html.

Capítulo 4: Insomnes por el mundo

1. Farrell Cahill, «Sleep deprivation: as damaging to brain health as binge drinking?». *Brain Health* (blog), editado por última vez el 11 de julio de 2017; acceso el 3 de octubre de 2017, https://blog.medisys.ca/sleep-deprivation-as-damaging-to-brain-health-as-binge-drinking.

2. Helen Anderson, «The effects of caffeine on adenosine», Livestrong.com, editado por última vez el 3 de octubre de 2017; acceso el 6 de octubre de 2017, https://www.livestrong.com/article/481979-the-effects-of-caffeine-on-adenosine/.

Capítulo 5: Cansado de estar enfermo

1. Damian H. Gilling *et al.*, «Antiviral efficacy and mechanisms of action of oregano essential oil and its primary component carvacrol against murine norovirus», *Journal of Applied Microbiology* 116, n.º 5 (mayo de 2014): 1149-1163, https://www.ncbi.nlm.nih.gov/pubmed/24779581.

2. Fadel Zeidan *et al.*, «Mindfulness meditation trumps placebo in pain reduction», WakeHealth.edu, acceso el 28 de enero de 2018, http://www.wakehealth.edu/News-Releases/2015/Mindfulness_Meditation_Trumps_Placebo_in_Pain_Reduction.htm.

Capítulo 6: La (legítima) fuente de la juventud

1. Isha Sadhguru, «Are there choices about death?», *Isha* (blog), acceso el 22 de enero de 2018, http://isha.sadhguru.org/blog/yoga-meditation/demystifying-yoga/are-there-choices-about-death/.

2. Anne E. Moyer *et al.*, «Stress-induced cortisol response and fat distribution in women», *Obesity Research* 2, n.º 3 (mayo de 1994): 255-262, https://www.ncbi.nlm.nih.gov/pubmed/16353426.

3. Britta Hölzel *et al.*, «Mindfulness practice leads to increases in regional brain gray matter density», *Psychiatry Research: neuroimaging* 191, n.° 1 (30 de enero de 2011): 36-43, https://www.sciencedirect.com/science/article/pii/S092549271000288X.

4. Elissa S. Epel *et al.*, «Accelerated telomere shortening in response to life stress», *Proceedings of the National Academy of Sciences of the United States* 101, n.° 49 (7 de diciembre de 2004): 17312-15, https://www.ncbi.nlm.nih.gov/pubmed/15574496.

5. Elissa S. Epel *et al.*, «Can meditation slow rate of cellular aging? Cognitive stress, mindfulness, and telomeres», *Annals of the New York Academy of Sciences* 1172 (agosto de 2009): 34-53, https://www.ncbi.nlm.nih.gov/pubmed/19735238.

6. Elizabeth A. Hoge *et al.*, «Loving-kindness meditation practice associated with longer telomeres in women», *Brain, Behaviour, and Immunity* 32 (agosto de 2013): 159-63.

7. Eileen Luders, Nicolas Cherbuin y Florian Kuth, «Forever young(er): potential age-defying effects of long-term meditation on gray matter atrophy», *Frontiers in Psychology* 5 (21 de enero de 2015), https://doi.org/10.3389/fpsyg.2014.01551.

Capítulo 7: El síndrome «seré feliz cuando...»

1. Filipenses 4:7.

Capítulo 8: La Técnica Z

1. Alex Korb, *The upward spiral: using neuroscience to reverse the course of depression, one small change at a time* (Oakland [California]: New Harbinger Publications, 2015).

Capítulo 9: Mejor karma para encontrar aparcamiento

1. David DeDesteno, «The kindness cure», *The Atlantic*, 21 de julio de 2015, https://www.TheAtlantic.com/Health/Archive/E/2015/07/Mindfulness-Meditation-Empathy-Compassion/398867/.

Capítulo 10: La versión más extraordinaria de ti mismo

1. Tesla Memorial Society of New York, «Nikola Tesla and Swami Vivekananda», acceso el 22 de septiembre de 2017, http://www.teslasociety. com/tesla_and_swami.htm.

2. Srini Pillay, *Tinker dabble doodle try: unlock the power of unfocused mind* (Nueva York: Ballantine Books, 2017).

3. Creswell *et al.*, «Alterations in resting-state functional connectivity».

4. Andrew C. Hafenbrack, Zoe Kinias y Sigal G. Barsade, «Debiasing the mind through meditation: mindfulness and the sunk-cost bias», *Psychological Science* 25, n.º 2 (1 de febrero de 2014): 369-376.

Capítulo 11: Del «om» al «¡oh, madre mía!»

1. Robin Caryn Rabin, «Sleep: study finds many are too tired for sex», *New York Times*, 8 de marzo de 2010, http://www.nytimes.com/2010/03/09/ health/research/09beha.html.

2. Lisa Dawn Hamilton, Alessandra H. Rellini y Cindy M. Metson, «Cortisol, sexual arousal, and affect in response to sexual stimuli», *Journal of Sexual Medicine* 5, n.º 9 (septiembre de 2008): 2111-2118, http://www.jsm. jsexmed.org/article/S1743-6095(15)32148-2/fulltext.

3. Julie Marks, «Erectile dysfunction: symptoms and causes», *Everyday Health*, editado por última vez el 20 de diciembre de 2017; acceso el 1 de noviembre de 2017, https://www.everydayhealth.com/erectile-dysfunction/ guide/#01.

4. Troels W. Kjaer *et al.*, «Increased dopamine tone during meditation-induced change of consciousness», *Cognitive Brain Research* 13, n.º 2 (abril de 2002): 255-259, https://www.sciencedirect.com/journal/cognitive-brain-research.

5. Vilayanur Ramachandran, «Mirror neurons and imitation learning as the driving force behind the great leap forward in human evolution», *Edge*, editado por última vez el 31 de mayo de 2000; acceso el 15 de noviembre de 2017, https://www.edge.org/conversation/mirror-neurons-and-imitation-learning-as-the-driving-force-behind-the-great-leap-forward-in-human-evolution.

Índice temático

Sobre Emily Fletcher

EMILY FLETCHER es la fundadora de Ziva y la creadora de la Técnica Ziva. Está considerada la mayor experta en meditación enfocada al alto rendimiento.

El trabajo de Emily ha sido destacado en *New York Times*, *Today Show*, *Vogue* y ABC News. Ha sido elegida por MindBodyGreen como una de las cien mujeres de referencia en el ámbito del *wellness*, ha formado a más de quince mil alumnos en todo el mundo y ha dado charlas sobre la meditación enfocada al rendimiento en Google, la Escuela de Negocios de Harvard, Summit Series, Viacom, el Wanderlust Festival y el Omega Center. Entre los alumnos de Ziva figuran ganadores de premios Oscar, Grammy, Emmy y Tony, así como jugadores de la NBA, altos ejecutivos, padres ajetreados, emprendedores, etc.

Su vida actual poco tiene que ver con la de la actriz de Broadway estresada que era hace una década. Durante su carrera teatral, que incluye títulos como *Chicago*, *Los productores* y *A Chorus Line*, comenzaron a salirle canas (a los veintisiete años), padecía insomnio, no rendía bien en el trabajo y enfermaba cuatro veces al año, pero ella creía que todo eso era «normal».

En 2008, Emily descubrió una eficaz práctica que el primer día le curó el insomnio contra el que llevaba luchando dieciocho meses. Dejaron de salirle canas, dejó de enfermar y comenzó a destacar en el trabajo (y a disfrutar de él). Su transformación física y profesional fue tan drástica que quiso compartir esa práctica con otras personas.

Un año después, Emily dejó Broadway y puso rumbo a Rishikesh (India), donde pasaría tres años formándose como profesora de meditación. En 2011 fundó Ziva con la apertura del estudio de Nueva York y creó el primer curso de meditación *online* del mundo.

Tras años formando a miles de personas, Emily se dio cuenta de que la meditación no era suficiente para ayudar a sus alumnos a rendir al máximo personal y profesionalmente. En 2017 desarrolló la Técnica Ziva, una potente combinación de mindfulness, meditación y manifestación concebida para liberar todo tu potencial. Entre los beneficios probados de la Técnica Ziva se encuentran la disminución del estrés y la ansiedad, un sueño más profundo, una función inmunitaria mejorada, un incremento en la productividad y un rendimiento extraordinario.

El estilo de enseñanza de Emily es ameno, accesible, fácil de adoptar y atrae a personas dinámicas y emprendedoras de todo el mundo.

Puedes apuntarte a los cursos zivaONLINE y zivaLIVE en www.zivameditation.com.

En esta misma editorial

RESILIENTE

Cómo desarrollar un inquebrantable núcleo de calma, fuerza y felicidad

RICK HANSON Y FORREST HANSON

En una combinación de neurociencia, mindfulness y psicología, *Resiliente* nos enseña a desarrollar 12 fortalezas vitales que ya están programadas en nuestro sistema nervioso y refuerzan nuestra capacidad de resiliencia. A través de un proceso conocido como neuroplasticidad positiva podremos sentirnos menos estresados, aprovechar las oportunidades con más confanza en nosotros mismos y mantenernos tranquilos y centrados ante la adversidad.

EL ARTE DE PARAR EL TIEMPO

Mindfulness práctico para gente ocupada

PEDRAM SHOJAI

En este libro descubriremos prácticas espirituales ancestrales y destrezas para la vida cotidiana que nos ayudarán a detener el paso del tiempo mediante la conexión con nuestra sabiduría interior, el control de nuestro propio calendario y el desarrollo de límites sanos alrededor del compromiso con el tiempo.

MEDITACIÓN PRÁCTICA

Guía completa paso a paso

GIOVANNI DIENSTMANN

Esta guía paso a paso proporciona todas las herramientas necesarias para cultivar la calma, desarrollar la concentración y encontrar el equilibrio en la vida.

Es adecuada tanto para quienes desean iniciarse en la práctica de la meditación como para los meditadores más experimentados que buscan perfeccionar su experiencia.

En esta misma editorial

MINDFULNESS PRÁCTICO
Guía paso a paso
Dr. Ken A. Verni

Mindfulness Práctico es una excelente guía que te enseña de modo minucioso cómo aplicar en la vida diaria los bien conocidos beneficios del mindfulness: vivir en el momento presente y conquistar la felicidad.

SOFROLOGÍA PRÁCTICA
Técnicas sencillas y eficaces para la calma, la salud y la felicidad
Florence Parot

Con este libro podrás: aumentar tus niveles de energía, concentrarte, desarrollar resiliencia emocional, gestionar el estrés y la ansiedad, dormir mejor, prepararte para exámenes o entrevistas de trabajo o bien para hablar en público, y potenciar la confianza en ti mismo.

RADICALMENTE FELIZ
Guía de usuario para una mente plena
Phakcho Rinpoche y Erric Solomon

En *Radicalmente feliz,* un lúcido maestro budista tibetano y un empresario y meditador de Silicon Valley nos enseñan a alcanzar la felicidad radical, una sensación de bienestar a la que es posible acceder en cualquier momento pero, en especial, cuando la vida plantea desafíos.

Para más información
sobre otros títulos de
GAIA EDICIONES

visita
www.alfaomega.es
Email: *alfaomega@alfaomega.es*
Tel.: 91 614 53 46